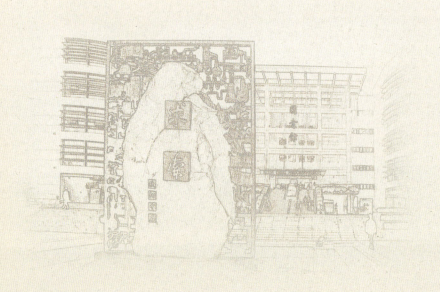

三峡大学校史系列丛书

史迹钩沉

（1923—2000年）

三峡大学校史编修组 编

武汉大学出版社
WUHAN UNIVERSITY PRESS

图书在版编目(CIP)数据

史迹钩沉:1923-2000年/三峡大学校史编修组编 . —武汉:武汉大学出版社,2023.9

三峡大学校史系列丛书/何伟军主编

ISBN 978-7-307-23935-7

I.史… Ⅱ.三… Ⅲ.三峡大学—校史—1923-2000 Ⅳ.G649.296.33

中国国家版本馆 CIP 数据核字(2023)第 155550 号

责任编辑:聂勇军　　　责任校对:汪欣怡　　　整体设计:韩闻锦

出版发行:**武汉大学出版社**　　(430072　武昌　珞珈山)

(电子邮箱:cbs22@whu.edu.cn　网址:www.wdp.com.cn)

印刷:湖北金海印务有限公司

开本:720×1000　1/16　印张:15.5　字数:293 千字　插页:8

版次:2023 年 9 月第 1 版　　2023 年 9 月第 1 次印刷

ISBN 978-7-307-23935-7　　定价:68.00 元

"三峡大学校史系列丛书"编委会

三峡大学求索溪畔桃花全景图（王鑫　拍摄于2018年3月26日）

1933年博医技专毕业生合影

宜昌医专校园一角

宜昌师范师资速成班首届毕业生合影

宜昌师专校园一角

宜昌师专老校门

宜昌大学首届毕业生典礼

宜昌大学新校址奠基典礼

葛洲坝水电工程学院首届开学典礼

葛洲坝水电工程学院校园远眺

湖北三峡学院大门

总序 弦歌不辍的三峡大学百年风景

何谓三峡？三峡是自然造化神功铸就的千古奇观，是山与水相互激荡相互交融形成的人文胜景，也是时间与空间构成的地理大势。何谓大学？大学是知识的殿堂和思想的渊薮，是囊括大典、网罗众家的文化高地，也是传道、授业和解惑的学术共同体。而当"三峡"与"大学"这两个关键词神奇相遇，点面交融，并契合而成"三峡大学"时，一所享誉四方、求索八极的高等学府就此矗立于长江之滨，崛起于楚之西境，成为树立在三峡大地上的一座精神地标，一个实实在在的教育传奇。从滥觞期的筚路蓝缕，到成长期的海纳百川，到勃发期的乘风破浪，屈指算来，学校今年迎来办学 100 年暨本科教育 45 周年的重要时刻。一百年春风化雨，教泽绵长；四十五载弦歌不辍，桃李芬芳，壮哉三峡，巍哉大学，而砥砺前行、上下求索的三峡大学，可谓盛矣大矣，敦兮煌兮。

观今宜鉴古，无古不成今。三峡大学有着十分厚重的办学历史，最早可以追溯至 1923 年的"中国博医会创立医药技士专门学校"。迄今一百年间，根脉发达的三峡大学经历了 20 多所不同名称的办学实体，它们在历史的变迁中艰难前行，以千帆竞发之姿，以舍我其谁之势，以敢于作为之心，开辟出一片片属于自己的新天地，最终百川归海，成就了三峡大学今天的模样。可以说，正是几代人的艰苦创业和披荆斩棘，正是所有先行者的与时俱进和奋发有为，使得走过百年的三峡大学从一棵柔弱的幼苗，茁壮成长为栉风沐雨的参天大树。饮水思源，我们当永远铭记这些奠基者和拓荒者。

装点此关山，今朝更好看。本世纪初的 2000 年 5 月 25 日，原武汉水利电力大学(宜昌)和原湖北三峡学院合并组建三峡大学。自此，学校进入发展快车道，20 多年来，在各级领导的支持下，在社会各界的关注下，经过全校师生的共同努力，三峡大学逐步发展成为一所水利电力特色与优势比较明显、综合办学实力较强、享有较高社会声誉、具有很强发展潜力的综合性大学。目前，学校是国家水利部和湖北省人民政府共建大学，是教育部"卓越工程师教育培养计划"高校，被湖北省人民政府列为"国内一流大学建设高校""省属高水平大学"。这 20 多年，是三峡大学努力融入国家发展大局、呈现澎湃活力的重要阶段，也是学校大力实施"学术立校、需求导向、特色发展"三大战略，为实现"水利电力特色鲜明的国内一流大学"的办学目标而奋斗的关键时期。可以说，正是全体"三大"师生的负重前行和不懈努力，正是全体"三大"人勇争一流的目标追求，三峡大学才有今天的模样，才有光芒闪耀的百年办学成就。

一国有一国之史，一校亦有一校之史。三峡大学历来十分重视校史资料的挖掘、收集和整理工作。2002年，学校决定启动校史编写工作，并开始组织人员拟定编写大纲，广泛收集资料，分头撰写初稿。2004年，学校正式成立三峡大学校史编委会。在编委会领导下，2005年6月，三峡大学校史的初稿克竣，并以此为契机成立了三峡大学校史馆。

在三峡大学迎来办学100年暨本科教育45周年的大喜日子之际，学校党委决定对初稿进行修订、充实与扩编，经过大家的共同努力，"三峡大学校史系列丛书"最终完成定稿，并即将付梓，作为献给办学百年的一份厚礼。

校史以2000年为界，分为两部分，第一部分《史迹钩沉》重在追溯、廓清三峡大学组建前的历史源流，前后跨越77年之长；第二部分《史绩新萃》重在呈现、集纳三峡大学合并后的办学实绩，前后跨越22年之久，两部分合璧，正好拼接成了三峡大学的百年"史记"。一百年，其实很短，在浩瀚的历史长河中，仅为弹指一瞬；一百年，却又很长，尤其是当我们把过往积淀成未来前行的镜鉴。"三峡大学校史系列丛书"呈现的，是厚重的百年成长史、奋斗史、创业史和发展史，在此，我要向为这本书的问世付出辛勤努力的所有同仁表达由衷的敬意与感谢之情。

品峥嵘岁月，弘求索校训，谱一流华章。已历百年办学历程的三峡大学，有一股挡不住的精气神，如高峡平湖，气象泱泱；如大潮汤汤，襟怀八方。百年栉风沐雨，百年春华秋实，百年薪火相传，百年踔厉奋发，"三峡大学校史系列丛书"的问世，非惟拾掇三峡大学百年的过往记忆，也同样昭示着三峡大学下一个百年璀璨之未来。

让我们一起努力，让我们一起出发！是为序。

三峡大学党委书记　何伟军

2023年4月

前　言

　　三峡大学合并组建于世纪之交的 2000 年 6 月。作为在新世纪踏上新征程的高等学校，三峡大学以"立足宜昌，融入三峡，服务湖北，面向全国，走向世界"，"以人为本，民主办学，依法治校"为办学理念，以"求索"为校训，抓住历史机遇，锐意改革，求实创新，快速发展，经过 20 多年的努力，已建设成为一所水电特色鲜明的省属一流国内知名的综合性大学。

　　三峡大学是一所有着悠久历史的高校。其医学教育可以追溯到 1923 年举办的"博医技专"；其文理、师范教育可追溯到 1946 年的宜都师范；其工科教育则肇始于 1978 年举办的葛洲坝水电工程学院和宜昌职业大学，本科教育由此发端。

　　悠久的历史是三峡大学的根。百年的风雨历程，像潺潺小溪汇成浩荡的江河，20 余所不同名称的办学实体在历史的变迁中，分分合合，筚路蓝缕，披荆斩棘，融合发展，经过几代人上下求索，艰苦奋斗，创造了辉煌的业绩。历史见证着学校发展的足迹，镌刻着智者学人的艰辛，形成了神奇的植根于三峡土地的水电和三峡文化办学特色。

　　前事不忘，后事之师；史存镜鉴，启迪后人。为此，三峡大学组建不久，学校就确定由档案馆组织人员进行校史资料的收集、分析等前期准备工作。2002年 5 月，学校决定启动校史编写工作，在先后分管此项工作的校党委副书记马萍和副校长袁洪同志的领导下，由档案馆牵头，全校各有关部门大力协同配合，聘请退休老同志执笔，开始拟定编写大纲，广泛收集资料，分工撰写初稿。2004年 4 月，学校正式成立三峡大学校史编纂委员会，在编委会领导下，2005 年 6 月，完成了初稿的撰写工作，并以此为基础，创办了三峡大学校史馆。

　　2023 年 6 月，学校迎来办学 100 年、本科教育 45 年，为了更好地梳理办学实践，总结办学经验，存史资政，鉴知往来，三峡大学领导班子决定对初稿进行修订、充实，并进一步对 2006—2022 年的办学史实进行编撰。为此，党委书记何伟军同志亲自挂帅，党委常委、宣传部长张锐同志具体负责，由宣传部、档案馆组织编写专班，正式开展修订、编撰工作。

　　三峡大学校史共分为两个部分。第一部分为"史迹钩沉"，第二部分为"史绩新萃"。第一部分重在追溯、钩沉三峡大学组建前的历史源流；第二部分则重在记述、汇集三峡大学合并后的办学成果。整个编撰工作遵循"略远详今、突出重点、实事求是、客观公正"的原则，务求真实、准确。"略远"，是对三峡大学组建前的各办学实体作为"历史渊源"的浓缩略写，重在史实清楚、脉络清晰；"详今"是指对三峡大学组建后的建设和发展，用翔实的资料纪实；"突出重点"是指对历史发展中各办学实体，突出介绍其办学特点；"实事求是，客观公正"是指充分尊重历史事实和客观现实，如实记述，准确表述。对于历史发展进程中一些政治运动或事件及其对办学实体的干扰和冲击，或略去不述，或点到为止，以去芜存菁，着重正面阐述办学状况。

三峡大学校史第一部分的编写以合并前各办学实体的发展进程为"经"，以合并前各办学实体主要办学史实为"纬"，按章节反映各办学实体艰辛的办学历程和突出实绩，铭记先辈业绩，激励后人奋发前进。

第二部分则按照纵向编年和横向分类相结合，以纵向编年为主的办法进行编撰，重在记述重大历史史实，尤其是汇集、展示办学的辉煌成果，激励广大师生再接再厉。

三峡大学校史的编撰，由于时间跨度大，办学历程曲折复杂，且历史资料匮乏，初次尝试，难言完善，拙笔留存，恳请赐教，愿广纳良言，共促校史生辉，彰显价值。

三峡大学校史编修组

二〇二二年十二月

目　　录

第一部分　湖北三峡学院及其前身各专科学校

第二部分　从葛洲坝水电工程学院到武汉水利电力大学(宜昌)

第一部分

湖北三峡学院及其前身各专科学校

第一章　宜昌医学高等专科学校（1923—1996）

第一节　武昌医学专科学校的历史沿革及迁校历程（1923—1960）

宜昌医学高等专科学校是于1960年由当年11月迁至宜昌的武昌医学专科学校同1958年兴建不久的宜昌医学专科学校合并重组而成的。其办学历史悠久，最早可追溯到1923年举办的"博医技专"，其办学单位众多，经数次融合而发展壮大。

一、从"博医技专"到湖北省卫生干部进修学校的演变（1923—1958）

（一）"博医技专"的创立和发展（1923—1952）

1920年，英国的基督教循道会湖南教区传教医生乔治·哈登（George Hadden，中文名字韩永禄）根据在中国教会医院多年的工作经历，写了一篇论文《训练医院辅助人员》，提出要兴办一所学校，并提议由中华医学会组织各教会合作主办。论文在中华医学会北京会议上宣读后，得到响应，中华医学会遂指定一个委员会研究此提议。1923年中华医学会传教部上海会议根据指定委员会的研议，决定采纳乔治·哈登的提议，创立一所学校，定名为"中国博医会创立医药技士专门学校"（简称"博医技专"），总部临时设在安徽安庆的圣·詹姆斯医院（中文名"同仁医院"），任命乔治·哈登为学校首任指导（校长）。确定的办学宗旨是："研究并帮助解决中国各个（教会）医院的问题，以利于改进临床工作以及训练技术和事务管理人员。"学校设置了化验科和药剂科，于1924年开学，全国各地21所教会医院先后选送了22名学生到校学习，学制半年。1927年受北伐战争影响，学校停办。

1928年，中华医学会上海会议讨论恢复"博医技专"问题。鉴于参加会议的英国基督教伦敦会和循道会已在汉口合建协和医院，且汉口具有地理优势，会议决定以汉口协和医院作为"博医技专"总部恢复办学，并决定由中华医学会、伦敦会、循道会、美国的圣公会和协和医院5方指派人员组成董事会（又称"管理委员会"）。董事会成员为7人（1945年抗战胜利后逐步增至15人，英美等外籍人士占多数）。1929年8月，董事会召开首次会议，确认乔治·哈登继续担任学校指导（校长）。9月，招收各教会医院选送的学生20人，正式恢复办学。汉口协和医院为学校化验班提供教室、化验室和学生宿舍、餐厅等，药剂班则放在汉口普爱医院接受训练（1932年药剂班也转入协和医院）。1936年学校建起了一幢教学兼宿舍楼，取名"哈登楼"。此后陆续修建了5幢校舍，包括办公室及教职员宿舍、女生宿舍、厨房、餐厅、教室、实习工厂、动物房、汽车房等，初步具备办学条件。

1938年10月武汉沦陷后，学校迁往重庆仁济医院继续办学；抗战胜利后，于1946年10月迁回汉口原校址。

学校开设的主要专业是病理实验诊断科（1938年前称化验科）和药剂科。前者在各历史阶段都持续开设，学制最初为半年，1933年起有半年和一年两种学制，1939年起定为三年学制，两年教理论课一年实习；后者在办学过程中偶有中断，学制半年或一年。至1952年，前者共毕业297人，后者为120人。1933年至1938年增设了迷蒙（麻醉）科和X光科，学制半年；从1947年起，增设了医学机械科和物理治疗科，学制一年。学校办学规模小，学制短，在校生最多时未超过40人，每个学生班级最多10人。至1952年8月，总计毕业503人。

学校首位指导（校长）乔治·哈登1933年退休后，继任者分别是：贾溥泉（H. O. chapman，1933年至1936年，代理校长），马克斯韦尔（J. K. Maxwell，1937年至1940年，校长），华理达（Hilda Waddington，女，1938年至1946年，代理校长；1948年至1950年9月，校长），江铭范（1946年至1948年代理校长；1948年至1950年9月，副校长）。

学校在校长之下设有教务主任、事务主任、膳食部主任。1944年，学校共有教职员21人，其中专任教员和实习导师13人；1950年7月，有教职员工40人，其中专任中、外籍教员和实习指导员26人。

学校的办学经费来源，一是由参与合作创办该校的各教会提供，占办学经费的60%以上。二是收学费，由选送学生的教会医院或慈善机构支付。据统计，全国除新疆、西藏外，各地有近百所教会医院选送了学生。三是产品销售收入和师生工作报酬。学校 1931 年组建的机械部(实习工厂)主要生产假肢,同时还生产拐杖、夹板、医用洗手器、消毒敷料盒、病房两用电灯等,颇受各地医院欢迎,销路较好;同时师生为协和医院完成各种化验服务,也可获得一定报酬。四是吁请国际国内各教会医院、慈善或公益机构、教友捐助。学校的"哈登楼"和 1949 年初建成的"贾溥泉楼"都是靠各种捐款建成的。

新中国成立后,学校于 1950 年 5 月更名为"私立汉口博医卫生技术专门学校"。从 1950 年 10 月 1 日起,学校直属中南军政委员会卫生部领导,定名为"汉口博医卫生技术专门学校",中南卫生部副部长姚克方兼任校长,江铭范任专职副校长。1951 年 4 月,中南教育部认定该校"属于专科学校一类"。1951 年至 1952 年上半年,中南卫生部拨给该校办学经费近 13 亿元(合现人民币 13 万元,后同)。

1952 年 8 月,学校迁至武昌熊廷弼路 51 号。此前,1951 年 9 月已有中南卫生人员训练所迁至此地办学。该训练所成立于 1950 年 12 月,最初设在汉口华商跑马场,是中南卫生部举办的培训中级医务人员的办学单位。训练所开设有环境卫生班、公共卫生护士助产班、卫生检验班,学制一年,学员为在职医务人员。姚克方兼训练所所长。至 1952 年 8 月,有教职员工 51 人,共毕业学员 223 人。训练所和"博医技专"先后迁入此校址,为实行合并组建新校作好了准备。

(二)中南卫生专科学校的建立及其演变(1952—1958)

1952 年 7 月,中南教育部和卫生部确定将"博医技专"与"中南卫生人员训练所"合并组建为中南卫生专科学校,9 月正式联合向中央教育部和卫生部提出了申请。10 月,中央教育部和卫生部联合行文批准了合并建校的申请,中南卫生专科学校正式成立。1953 年 2 月,中央卫生部报经政务院批准,将中南卫生专科学校定为中央卫生部直属学校。

中南卫生专科学校由姚克方兼任校长。学校设有教务处、总务处、秘书室,并成立校务委员会作为校长领导下的决策组织;成立了化学、生物、细菌免疫、寄生虫等 14 个专业教学科。1952 年合并建校时,有教职工 148 人,其中教师 61 人;至 1954 年 3 月,教职工增至 210 人,其中教师为 100 人。从 1952 年 10 月至 1953 年,中央卫生部拨给基建经费 100 多亿元,使学校建筑面积从 9758 平方米增至 1.86 万平方米;购置了总价值 51 亿元的教学仪器设备,图书从原有的 5000 余册增至 3.5 万册。

学校开设了药剂、卫生检验、医用机械工程、环境卫生工程四个专科专业,学制二年,还办有物理治疗、妇幼卫生行政、卫生统计、公共卫生护产等学制半年至一年的中级卫生人员进修班，以及卫生干部文化补习班。至1954年上半年，毕业专科生89人，培训各类进修班的卫生干部433人。

在全国进行高等学校的调整中，中央卫生部于1954年4月将中南卫生专科学校改名为"中南卫生干部进修学校"。学校的性质由普通专科学校改为在职卫生干部进修学校，主要招收在职卫生干部进行学历和非学历教育。学校改由中央卫生部领导、中南卫生局代管；中南局撤销后，改由湖北省卫生厅代管。

中南卫生干部进修学校的校长仍为姚克方。学校成立了党总支委员会，实行校长负责制。设置校长办公室、教务处、总务处，下设若干办事组；组建了马列主义、语文、数学、物理4个教研室和化学、细菌学等9个专业；建有学校工会和团组织，继续持有从"博医技专"承袭下来的医用机械实习工厂，并办有一所职工幼儿园。教职工数和校园建设规模未变。先后开办有环境卫生、卫生检验、结核病、流行病学、保健组织、药物鉴定等医师专业班，学制二年；X光技术、卫生统计、卫生助理、物理治疗护士等进修班，学制一年；另办有一些短训班。在校学生保持在500人左右。

1956年8月，中央卫生部与湖北省卫生厅函商后决定，中南卫生干部进修学校完全移交湖北省卫生厅管理，学校更名为"湖北省卫生干部进修学校"。学校进行了调整改组，仍建立党总支委员会，办事机构则改为校办公室、教务科、总务科、财务科、人事科；有政、语、数、理、化、体各教研组和各专业组，还设有卫生室、托儿所。医用机械科专业及其工厂已成建制地调出。学校教职工93人，其中专职教师40余人。继续开办中南卫生干部进修学校时期各专业班、进修班，并增设有卫生学、卫生行政等进修班，继续开办干部文化补习班。

二、湖北省公医专科学校的建立和变迁(1949—1958)

1949年12月，经湖北省政府会议同意，湖北省卫生厅办起一所"湖北省公医专科学校"，主要为全省各县镇医疗卫生机构培养医务人员。开设了内科和外科两个专科班，学制二年；化验班和X光班，为中等专业班，学制一年。专科班向社会招生，内科、外科各招了50人；中等专业班学生由各地医疗机构选送。1950年2月正式开学。

省卫生厅长栗秀真(女)兼校长，卫生厅医政处长孙光珠兼副校长。学校最初只有秘书、指导员、教务员、管理员以及教师等15人，其中专任教师仅3人，主要由湖北省立医学院和省人民医院安排人员上课和组织实验、实习。办学过程中逐步设置了教务处、人事科、总务股。1951年底，已有教职工47

人，其中教师 24 人。教学工作由担任教务主任的董克恩教授主持；没有建立学校党组织，指导员马建华负责思想政治工作。学校教师已基本上可独立承担各课程的教学。

学校校址在武昌文昌门正街 22 号。学校初建时，有校舍 8 栋，教学和实验设备简陋。除省卫生厅拨给学校的各项经费外，中南卫生部在 1950 年、1951 年共拨付 13.8 亿元经费，学校建起了细菌室、生化室、生理室、病理室、动物实验室、尸体解剖室等，并购置了一批教学设备仪器。

由于湖北省公医专科学校未报经中央教育部批准，未予正式认可为专科学校，中南教育部和卫生部 1950 年 12 月给了省卫生厅一个办医士学校的指标。省卫生厅遂将此指标放在公医专科学校内并设立医士部，并且从 1950 年 12 月起，学校主要办医士班。至 1953 年上半年，先后招收了 6 届医疗医士和公共卫生医士学生共 1011 人。第 1~3 届学制为二年，第 4~5 届学制为三年，第 6 届学制为五年。此外还办了妇幼卫生、卫生行政、环境卫生、血防检验、工矿卫生、文化补习等进修班、短训班。至 1953 年暑期前，学校共招收专科班、医士班和各种进修班、短训班学生 1942 人，其中毕业专科生 184 人，医士等中等专业毕业生 320 人，各类进修班、短训班结业 490 人，在读医士班学生和进修班学生 1132 人。

1953 年 8 月，学校更名为武昌医士学校，由孙光珠兼任校长。孙光珠升任省卫生厅副厅长后，1955 年不再兼任校长，由马建华先后任代理副校长、副校长并主持学校工作。1954 年初，学校建立党支部，由人事科主任科员屈俊杰任党支部书记。学校的机构设置和教学组织未变更。

学校师资队伍在办学过程中有较大的发展。1953 年 8 月学校更名时有教职工 78 人，其中专任教师 41 人；至 1958 年 8 月，教职工增至 115 人，专任教师增至 58 人，各科都有业务水平较高的骨干教师 1~2 人，已可承担全部教学任务。至 1958 年 8 月，校园建筑面积有 1.1 万平方米，已有较完备的教室、宿舍、礼堂、图书室、饭厅等基本教学设施和配套的教学、实验器材设备，基本上能满足教学、实验、实习的需要。

学校仍只办医疗医士和公共卫生医士两个专业，也办有少量进修班、短训班。在校医士班学生保持 700 人左右，至 1958 年 8 月已毕业医士班学生 1100 人。

1958 年 9 月 2 日，湖北省人民委员会批复同意省卫生厅的报告，将武昌医士学校改制为湖北省医学专科学校。学校只设置医疗专业，当年招生 53 人，在校生共 524 人。学校改制为专科学校后，领导人员和组织机构等均无变化。

三、武昌医学专科学校的组建及迁校历程（1958—1960）

1958 年 12 月，湖北省根据毛主席关于加强中医工作指示的精神，决定以湖北省卫生干部进修学校等 8 单位所在地武昌熊廷弼路 51 号为校址成立"湖北省中医学院"。省卫生厅报经省人民委员会批准，将湖北省卫生干部进修学校迁出与新近升格的湖北省医学专科学校合并，合并后的学校更名为武昌医学专科学校。

两校合并后，湖北省人民委员会于 1959 年 1 月任命了新的学校党政领导班子。湖北医院院长张仓祥兼任学校校长，调湖北医院副院长刘致远专任校党总支书记，调珞珈山干部疗养院院长丁正学专任党总支副书记。原湖北省卫生干部进修学校和原武昌医士学校各一位副校长分别任校办公室副主任和教务处副主任。学校实行党总支领导下的校长负责制，组建了新的校办公室、教务处、人事科、总务处等职能机构，设有专职的党团工作干部。

两校合并后，教职工有 195 人，其中专任教师 85 人；由于办有农场、幼儿园等，此类人员达 51 人。

学校 1959 年招收医疗专业新生 102 人，加上 1958 年招的 53 人，以及从武昌医士学校延续下来的医士班 308 人，至 1960 年上半年共有在校生 463 人。学校在 1958 年至 1960 年间，受"大跃进"影响，也出现了一些"左"的错误做法，对教学产生了一定影响。

1960 年 4 月 7 日，湖北省委同意省高教厅分党组《关于继续调整新建高等学校和中等专业学校意见的报告》，决定从学校过于集中的武汉市外迁 6 所专科学校和 3 所中等专业学校到各地市，其中决定将武昌医学专科学校迁至宜昌，与新建不久的宜昌医学专科学校合并重组。作为全省医科新校的重点之一，学校实行省和宜都行署共同领导体制。为了加强合并后的宜昌医学专科学校的建设，省计委、省卫生厅安排了专项的迁校工程项目拨款，用于新建教学楼、实验楼、图书楼、学生宿舍、综合食堂等。

根据省委批转的文件要求，武昌医学专科学校积极进行了迁校准备。一是根据省卫生厅要求，坚持正常教学，确保了 308 名医士班学生 1960 年暑期按时毕业。二是按照规定，在 1960 年暑期后将 1959 年入学的 102 名专科学生转入新成立不久的湖北省中医学院重新编班学习；将 53 名已进入实习阶段的 1958 年入学的专科学生委托湖北省中医学院代管，仍以武昌医学专科学校名义负责这些学生至毕业。三是对全校教职员工进行分流，57 人由党总支副书记丁正学带领随学校成建制迁往宜昌(教师有 39 人);从事工、农、副业生产的人员和幼儿园工作人员等 45 人被精减;其余人员留校处理善后或自己联系单位调出。包括校党总支书记刘致远、校长张仓祥在内的一批处理善后的人员,后来调入湖北省中医学院工作。四是进行了设备器材的随迁准备工作。

1960 年 11 月 30 日,武昌医学专科学校的随迁人员和设备器材到达宜昌,受到宜昌医学专科学校师生的热烈欢迎。

第二节　艰难奋进时期(1958—1977)

一、宜昌医学专科学校的创办和合并重组

1958 年春,为建立宜都工业区,湖北省委指令湖北医学院选派骨干教师到宜昌,兴办专科学校。5 月,湖北医学院派了 1 名中层干部到宜昌考察;8 月,7 位医学基础课教师到达宜昌,在宜都工委领导下,开始创建宜昌医学专科学校。

1958 年 9 月 8 日,湖北省人民委员会批准成立宜昌医学专科学校,校址在宜昌市行署人民医院旁边(现为夷陵路 159 号)。学校成立初,暂借行署人民医院部分房屋作为教室和学生宿舍,并抓紧抢修了部分急需用房。

学校由宜都工业区行政公署领导,校长由行署副专员杨筱震兼任,并指定王敬、贺振德负责学校工作,行署采取转学和保送的办法组织生源,从宜昌卫生学校在校生中集体转学 53 人,分配各单位保送 110 人,共计 163 名学生,编了一个 18 人的两年制医疗专业班、一个 77 人的三年制医疗专业班(分为三个小班)、一个 42 人的两年制中医专业班和一个 26 人的一年制文化补习班。9 月 14 日开学,22 日正式上课。

1958 年 11 月,宜都工委任命王敬为校党总支书记(实际上,1959 年 5 月 26 日宜都工委才批准学校成立党总支,此前王敬、贺振德暂任临时支部书记、副书记)。1959 年 4 月,正式任命任福成为校长,杨筱震不再兼任校长;1960 年 3 月,任福成调离后,原诚任副校长主持学校教学和行政工作。学校先后建立了党总支办公室、教务处、总务处、生产办公室,成立了教工会、团总支、学生会。学校创办时,紧急调集了 25 名教职工,15 名教师中有 13 名为基础课教师,8 名基础课教师是湖北医学院等高校支援的骨干教师,初步解决了学校创办之初基础课教学的需要。至 1960 年秋,教师增至 40 人,成立了普通基础课、解剖学、生

理学、病理学、中医学、内科学、外科学、马列主义 8 个教研组。

1959 年，根据省高教厅指示，学校的中医专业和二年制医疗专业停办，只招医疗专业三年制新生；同时，将"宜都工业区卫生学校"划入，办二年制医士专业。1959 年秋季医疗专业专科招生 182 人，医士专业招生 86 人；1960 年秋季医疗专业招生 117 人。1960 年暑期前，1958 年入学的两年制专科学生 60 人毕业。1960 年秋季招生后有在校学生 376 人。

"教育与生产劳动相结合"是当时教育革命、教学改革必须坚持的原则和方向。由于学校新办，制度尚不健全，1958 年至 1959 学年度，学生停课参加修建食堂、平整校园和工、农业生产劳动的时间累计达四个月；在 1958 年 9 月开学后仅一个多月，就将全校 190 余名师生组织到各县、各公社搞除害灭病、扑灭疫情工作，时间长达三个月。学校在办学三年的工作总结中回顾说：第一学年的劳动时间和下乡时间过多，影响了学生的基本理论学习。学校总结了第一学年的经验教训，从第二学年起，加强了对教学的组织和管理，坚持做到以教学为主，注重抓教师的备课、上课、辅导各教学环节，加强教学检查，严格学生管理，逐步建立起较为规范的规章制度，从总体上保障了稳定的教学秩序。

1960 年 11 月，武昌医学专科学校奉命迁至宜昌，合并重组，成立了新的宜昌医学专科学校，原武昌医专的建制被正式撤销。宜都工委重新任命了学校领导班子，重组了各职能机构和各教学组织。丁正学任党总支书记兼校长，原诚任副校长；原宜昌医专党总支书记王敬从省委党校学习返校后，1961 年 4 月重新任校党总支书记，丁正学则专任校长。1961 年 12 月王敬调离，党总支改选，丁正学任党总支书记，原诚任校长。学校的党总支办公室、教务处、总务处等职能机构均新任命了负责人。

合并后的职工人数、教师人数都增加很多。教职工为 119 人，专任教师 65 人。教职工中有共产党员 23 人，共青团员 38 人，民主党派 5 人；教师中有讲师 4 人，助教 53 人，教员 6 人，见习助教 2 人。同时，学生中的党团员数量多，故学校党总支下设有 8 个党支部，校团委设有 11 个团支部。

教师数量增加，业务门类齐全，学校为此建立了 14 个教研组。师资队伍中，解剖学、化学、生物化学、生理学、病理学、药理学、政治经济学等学科都有了造诣较深的业务骨干，具有培养青年教师的能力和水平；师资队伍整体素质提高，能胜任各门课程的教学；教学器材设备大为充实，多数课程建立了实验室，可以按教学计划开出主要的教学实验。

合并重组后的第 1 年至 1961 年，学校确保了原宜昌医专 58 级 77 名医疗专业学生于 7 月顺利毕业；按规定于 1 月招收了一个二年制的公社医生班 19 人，8

月招收了医疗专业新生 76 人,秋季后在校学生达 397 人。学校合并重组后,党总支十分重视加强思想政治工作,充分发挥党团组织和党团员的作用,突出强调加强团结,增进相互了解和理解,艰苦创业,共建校园,因而始终保持了团结、稳定的局面;在教学上,大力加强常规教学的组织与管理,严格教学纪律,确保了教学秩序的稳定。

二、坚守中巩固

合并重组后的宜昌医学专科学校正处于三年经济困难时期,国家实行"调整、巩固、充实、提高"的方针。1961 年 7 月全省撤销了 15 所 1958 年建立的省属高等学校。1961 年冬,省教育厅和省卫生厅组成联合调查组到校考察评估。调查组考察后认为学校办学已有了一定基础,"应予保留"。1962 年 7 月,全省再次撤销了 19 所高校,在全省保留的全部 12 所高校中,宜昌医学专科学校是武汉市以外的唯一高校,这使全校师生备受鼓舞。

学校保留以后,省教育厅确定学校的办学规模为 450 人,人员编制 127 人,只办一个医疗专业,学制三年。从 1962 年至 1965 年,根据省计委下达的招生计划,学校分别招生 123 人、126 人、122 人、148 人。学校还保留了一个"业余医学院"进行业余成人教育,只 1962 年招生 70 人,还办了数期"血防干部训练班"、"内科进修班",每班 20 人左右。教职工总数也始终在限编的 127 人之内,并且逐年略有下降,1964 年底,教职工为 104 人,其中专任教师 53 人,比合并重组时有所减少。

学校在 1962 年至 1965 年的办学中,坚持巩固办学基础,确保教学质量,力求稳步发展,其间着重抓了三方面的工作:

(1)从整顿入手,抓好基础性建设,营造良好的办学环境。1962 年,学校以贯彻执行《中华人民共和国教育部直属高等学校暂行工作条例》为契机,开展全面整顿。一是通过学习讨论,牢固树立以教学为中心的思想。纠正"大跃进"以来一度盛行的重生产劳动轻专业教学的偏向,倡导又红又专,培养学生德智体全面发展。二是通过整顿教学秩序和工作秩序,加强校风、教风、学风建设。清理、修订学校各项教学和管理的规章制度,制定各职能机构及各教研组的职责、工作规程和管理细则。按照严肃、活泼、踏实、勤俭、朴素的要求,以自觉遵守校规校纪、尊敬师长、遵守时间、爱护公物为基本内容,在学生中进行作风和纪律整顿工作。整顿中,学校党总支充分发挥各党团支部、工会、学生会、班委会的组织作用,坚持正面教育,对学生进行思想、道德、人生观教育，进行热爱专业、热爱集体及树立为人民服务、为农村医疗卫生奉献、为病员服务的思想教育。三是开展整顿校容活动，组织师生员工参加建校劳动，筑路栽树、种花培草、清除垃圾、修葺校园、美化环境。经过一年多的共同努力，校园环境焕然一新。

（2）坚持以教学为中心，抓改革，抓质量。按照教学要求，突出贯彻"少而精"的原则。一是根据医专的培养目标，从学生的实际水平和实际需要出发，在专业上着重进行基本理论、基本知识、基本技能的教育；在教学内容上切实划分好三类教材内容：第一类为"学生必须掌握的"，第二类为"学生必须熟悉的"，第三类为"学生只需了解的"，提倡、鼓励教师在执行全国统一的教学计划的前提下，编写补充教材或辅助教材，适时反映医学上的新进展和新趋势。二是加强学生的基本训练，提高实验、实习课质量，增加基本操作训练的内容并给予学生独立操作的时间，培养学生科学的工作作风和独立工作能力。三是改革教学方法，大力推进启发式教学，同时减少考试课程和考试时间，增加平时考核、考查比重。

（3）抓好师资队伍的建设。明确要求教师正确认识红与专的关系，敢于学习和钻研教学业务。学校培养提高教师的主要措施有：①举办基础英语班、英语语法班、医学专业英语班、医用电子学班、教学绘画班等，组织对教师的培训。其中：张光明举办的各种形式的英语培训班就有5期。为了使教师了解、学习国外医学新知识，学校无论经费多么困难，均坚持每年预订、影印英文医学专著，供老师们学习。②安排教师脱产进修。③个人自学和教研组集体学习、定期讨论相结合。要求一个学期内未任课的教师至少有计划地精读一本专业书，写出两篇以上读书心得或文献综述报告；各教研组每月至少组织一次学术讨论（座谈）会或读书心得报告会。学校还办了内部刊物，发表老师们的文献综述和译文。④要求各教研组和教师理论结合实际，主动与医院、防疫站等卫生部门挂钩或合作，结合教学开展科学研究工作。⑤重视在教学实践中提高教师的教学能力、业务水平，坚持听课、查课、讲评制度，特别是发挥教研组的作用，加强集体备课，相互听课，组织观摩课、示范课等，通过相互交流学习，切实提高教师业务能力。

从学校合并重组到1965年底的4年左右时间，学校经过相互磨合，已经完全融为一体，进入了一个相对平稳的办学时期。学校有教学大楼、实验大楼、图书大楼、礼堂等23栋建筑，建立了各种实验室24个，各种陈列室23个，图书阅览室10个，图书资料、实验仪器设备已能满足教学和实验的需要；师资队伍整体素质有很大提高，可以担负全部课程的教学任务；校园经过清理和绿化美化，整洁而幽静。这一时期，学校增强了整体办学实力，呈现出生机勃勃的新局面。

三、曲折中奋进

"文化大革命"的十年中，1966年6月至1972年11月，是学校由"乱"到"治乱"的阶段。

1966年"文革"开始，学校很快陷入混乱状态，党团组织停止了活动，许多干部、教师、职工以及学生被批斗，图书馆、实验室、动物饲养场以及其他许多教学设施遭到破坏，派性斗争还常引发校内外的武斗。1968年1月，湖北省军区批准学校成立"革命委员会"，宜昌地委宣传部副部长赵茂林任"革委会"主任。不久，"工人宣传队"和"解放军宣传队"进驻学校领导"斗、批、改"；"革委会"在随后的数次调整中充实进数名学校领导干部。由于两支"宣传队"的工作和"革委会"成员中的领导干部逐渐发挥作用，学校的混乱局面逐步好转。

经过一年的整党建党，1970年10月，学校建立起教学和行政两个党支部，全校教职工中的23名共产党员有18名恢复了党的组织生活；学校"革委会"所设的政工组、办事组、教育革命组、校务组等办事机构，也分别纳入两个党支部的领导之下。1972年11月11日至12日，学校召开党员大会，选举产生了校党委会，报经宜昌地委批准，最终由赵茂林任党委书记，杨震洲、廖亚远为副书记；12月，学校共青团也召开了团代表大会，选举产生了团委会。这是"文革"之初党团组织停止活动之后，正式恢复党委的领导和全面恢复党团组织活动，标志着虽处于"文革"中，但学校进入了一个新阶段。

在这一新阶段，校党委以"复课闹革命"、恢复办学为契机，着力于学校的教学建设，突出抓了两方面的工作：

(一)努力抓好教学设施的修复和建设

为了搞好1971年1月开始的"复课闹革命"，1970年10月刚成立的两个党支部就抓紧准备教学大纲、教学计划，落实任课教师，制定必要的教学规章制度，下力气对遭到损坏和破坏的教室、实验室、图书馆等设施进行修复。1972年11月党员大会的工作报告，强调要抓紧附属医院的建设，进一步改善专业条件，继续清理和修复实验室设备并争取购置新设备，加强实验动物饲养场建设、搞好图书采购和恢复图书馆的开放服务，以此作为新建党委的重要任务。这些任务均逐步得到落实。

这其中，学校把抓紧附属医院的建设放到了重要地位。附属医院是医学院校组织临床教学的基本设施，早在"文革"前学校就呈交了建设附属医院的报告。1967年3月，省计委批准了报告，要求建成一所综合性教学医院，并面向社会提供医疗服务。1968年初工程动工，仅建成了600平方米的附属用房就因"文革"乱局被迫停工。1971年学校恢复办学以后，1972年初，校整党建党领导小组向上级提出了恢复附属医院的要求，8月获准用已建成的600平方米用房先开设一个有30张简易病床的门诊部；在校党员大会闭幕的第三天——11月15日，门诊部正式落成。此后，校党委动员和组织师生参加续建医院的工作，并在人员、经费上尽力给门诊部以支持。1973年和1975年，先后争取到了省教委的拨款，工程再次启动，建成了1800平方米的教学医疗楼，有50张病床，门诊部各科室也组建齐备，逐步添置了医疗设备，日均门诊量达到400人次。

(二)加强对教学的组织和管理，努力保障教学质量

为了实践"教育革命"，1970年10月至1971年1月，刚成立的教学党支部就组织、带领大部分教师分别赴枝江县江口镇和远安县荷花区办"农医班"，为面向农村"开门办学"、培养适应农村需要的"赤脚医生"进行"教改探索"。1975年前后，分别在当阳县龙泉公社办了一个"龙泉教学点"，在长阳县乐园公社办了一所"五七医科大学"。通过办学基地的培训，先后为当地培训了一批农村实用的"赤脚医生"。"文革"后，学校为集中人力、财力、物力办好国家规定的专科教育，取消了这两个教学点。

自1971年1月起，学校恢复办学，每年至少招收3个班的工农兵学生。从1971年到1976年每年招收的工农兵学生数依次为131人、153人、200人、201人、294人、155人，6年中共招23个班1134人，其中1975年、1976年恢复了中医专业，每年招一个班。此外，1972年至1976年还办了一年制的各类进修班5届，培训结业210人。校党委努力加强对教学工作的组织和管理，逐步恢复了各项教学管理制度，加强常规教学检查与考核。注意落实知识分子政策，调动教师队伍的积极性，鼓励教师认真钻研教学业务，开展学术交流活动，组织教师编写培养工农兵学员需要的教材、讲义。当时，办学处于"文革"政治环境之中，常受种种"左"的干扰，但学校保持了正常的教学秩序，基本上保障了教学质量。在校的工农兵学生中，大多数有强烈的求知渴望，学习认真，不少人成绩优良，他们中的许多人在"文革"后经过个人努力和继续深造，成了各方面的骨干。

第三节　发展与创新(1978—1996)

一、正本清源，实现工作重心转移

1976 年 10 月，粉碎了"四人帮"、结束"文革"十年内乱，学校进入了新的历史发展时期。在抓住历史机遇，加快学校发展过程中，中共宜昌地委于 1978 年 11 月对学校党政领导班子进行全面调整：卢克田任党委书记，杨震洲任党委副书记、校长，徐辅桂、刘少勇任副校长，原党委书记赵茂林、原校长原诚为顾问。1980 年 5 月再次充实、健全领导班子，任命高进仁为党委副书记、副校长，于丁、张光明为副校长。

调整后的领导班子于 1979 年 5 月对党政办事机构和基层党支部进行了全面调整，形成了通畅的组织活动体系。同时，根据校党委的部署，学校共青团先后于 1977 年 4 月和 1979 年 12 月召开团代表大会，校教育工会也于 1979 年 3 月召开了首次会员大会，选举产生了各自的团委会或校工会委员会。群团组织重新活跃起来，并在学习贯彻党的十一届三中全会精神、进行拨乱反正和整顿教学秩序等中心工作中发挥着重要作用。

在校党委的关心和大力支持下，学校的中国农工民主党、中国民主同盟等民主党派也恢复了活动，他们围绕着学校的中心工作，为推进学校的建设和发展发挥着各自的独特作用。其中，中国农工民主党中央委员、湖北省委副主任委员、宜昌市委主任委员张光明教授是一位德高望重的学者，以其在教学上的卓越成绩和从事社会工作的突出表现，于 1979 年被评为湖北省模范教师，1980 年 5 月担任副校长、1984 年 6 月担任校长、1986 年 10 月以后任名誉校长，1983 年、1988年、1993 年连续当选为第六届、七届、八届全国人民代表大会大表。

学校党政领导班子在"文革"后的最初几年，主要是大力抓好以下两方面的工作：

(一)端正思想，落实政策

坚持把思想教育放在首位。通过教育，把"文革"中搞乱了的思想端正过来，达到澄清是非、消除派性、增强团结的目的。教育的方法，一是坚持进行正面教育。主要的教育活动有：学习全国科学大会和全国教育工作会议精神，学习全国开展的实践是检验真理的唯一标准大讨论的基本观点，学习党的十一届三中全会精神，学习党的十一届六中全会《关于建国以来党的若干历史问题的决议》，学习十二大及十二届历次全会精神，深刻领会"解放思想，实事求是，团结一致向前看"的思想路线。二是组织揭批"四人帮"罪行，尤其是批判"四人帮"炮制的、给广大教育工作者和知识分子带来巨大精神伤害的"两个估计"，使全校教职工获得了精神上的解放。

根据上级部署，1985年7月开始为期5个月的全校整党，在党内进行了一次彻底否定"文化大革命"、进一步从思想上正本清源的深刻教育活动。通过整党，统一了思想，纯洁了组织，使学校获得了更坚实的发展基础。

平反冤假错案，落实党的政策，是彻底解决"文革"中以及"文革"前历次运动中遗留问题一项政策性很强的工作。1978年5月，校党委本着实事求是精神，着手清理历史积案。1978年7月7日，在全校公开为"文革"前担任校长的原诚同志平反，恢复工作。1978年11月，调整后的学校党委加快了平反冤假错案的步伐，于12月正式成立了校党委领导下的工作小组，开展专项工作。一方面在全校组织传达、学习平反冤假错案的各项政策，形成正确的舆论导向；另一方面抓紧进行调查研究，开座谈会，个别谈心，发调查表，清理档案资料，彻底查清底细，研究落实措施。至1979年5月底，1957年被错划为右派分子的10人全部得到改正，"文革"中被立案审查的22人全部得到妥善处理。1982年、1984年、1985年和1986年，根据中央文件精神和上级的指示，学校四次"回头看"，进行自查、复查，并按要求进一步清理了人事档案，对获得纠错同志的结论材料，做到坚决不留"尾巴"。同时还抓紧补发了因错误处理而被扣发的工资，尽最大努力清退了"文革"中被查抄的私人物资。

与此同时，校党委认真落实知识分子政策。在政治上，解决知识分子"入党难"问题。1979年，有4名副教授和讲师入党；至1985年底，在以教师为主体的知识分子中，发展了党员35人，其中有教授、副教授和民主党派中的高、中级知识分子14人；着重在知识分子中培养、选拔干部，在1978年、1979年和1984年的干部调整中，先后有教授、副教授三人担任了校级领导，担任各处室中层领导职务的知识分子占这些领导职务的86.7%，显著改善了干部队伍的知识结构和年龄结构；积极评定专业技术人员职称，1978年4月全省首次开展职称评定工作，学校十分重视，抓紧评审申报，首次有3人获副教授职称、14人获讲师职称、44人获助教职称。至1984年底，在全校210名教师和实验、图书、医疗等各类人员中，有187人获得各自专业的职称，其中有教授1人，副教授、副主任医师18人，讲师、主治医师48人；在生活上，知识分子中夫妻长期分居和配偶、子女的"农转非"等问题得到妥善解决,住房分配给予了他们优先照顾。

(二)全面整顿,把学校工作重点迅速转移到教学上来

在正本清源、落实政策的同时,着力抓好整顿工作,包括整顿校园秩序、工作秩序、生活秩序,重点是整顿教育秩序。严格执行各项管理规章制度,狠抓工作纪律、教学纪律、课堂纪律、食堂纪律、学生宿舍纪律等,注重实效,不走过场。

学校把整顿教学秩序作为实现工作重点转移的一项基础性工作,采取了以下主要措施:

(1)坚持学校各项工作以教学为中心统筹安排,确保教学工作不受干扰和冲击。减少并合理安排劳动时间和各种会议时间,保证教师每周有不少于六分之五时间用于教学和科研工作。

(2)重订或修订教学计划。1977年2月重新制订了1976级的教学计划,初步纠正了"文革"中教学内容支离破碎的状况。1977年秋季恢复高考招生后,学校1977年和1978年招收两届四年制本科生,两届共招生365人,为此新制订了四年制教学计划,并增编、补编有关教材和实验讲义。1979年5月,卫生部颁发教学计划,规定医学专科的学制为三年,为此按三年制要求并根据"文革"后恢复办学的实践经验,又制订了新的专科教学计划,计划中突出"三基"(基本理论、基本知识、基本技能)的学习,增加了集中教学实习时间,使之成为此后较长一段时期内都被沿用的较为成熟的教学计划。

(3)加强教学常规管理。一是迅速恢复、修订、新订了教学管理的系列规章制度,1981年还先后出台了《学生学籍管理暂行条例》《关于教师工作量的暂行规定》等,使教学常规管理工作逐步规范化。二是狠抓了备课、课堂教学、课后辅导三个环节,推动教师不断提高教学水平和改进教学方法。

(4)加强对学生的教育管理。在严格学籍管理的同时,采取了多种形式对学生进行守法守纪教育、思想品德和社会公德教育、形势和理想前途教育等。坚持一般教育与个别教育相结合,学校教育与家庭教育相结合,解决思想问题与解决实际问题相结合,坚持正面教育与引导,取得良好的效果。

二、推进教学改革,把学校建成具有多专业、多形式办学格局的合格医学专科学校

党的十二大以后,学校进入了以改革为动力、促进全面发展的新阶段。学校

整党工作结束后，1984 年 6 月，宜昌地委任命高进仁为党委书记，杨震洲为党委副书记，中国农工民主党领导人张光明为校长，谢宝善、何业枞、刘远明为副校长，于丁为顾问。原领导班子中的卢克田、徐辅桂、赵茂林、原诚均离休。这次全面调整，使领导班子初步实现了新老交替。1985 年 11 月 25 日，湖北省委、省政府确定学校为副地级事业单位，确定学校办学规模为 1200 人。1986 年 10 月 13 日，根据干部管理权限，湖北省委、省政府和省委科教部分别任命查光祥任党委书记，谢宝善任校长，谭德福任党委副书记，何业枞、刘远明任副校长，张光明为名誉校长。1987 年 5 月 27 日至 29 日，学校召开"文革"后的首次党代表大会，选举产生了以查光祥为党委书记的校党委会和以谭德福为党委副书记兼纪委书记的纪律检查委员会。1988 年 12 月查光祥调离后，则由谢守信任党委副书记主持全面工作。1991 年 4 月谢宝善校长卸任后，由鲁知文接任校长并兼任党委副书记，1992 年 2 月，何道容调任副校长。

学校提升办学级别，是学校发展的新起点、新机遇。校党委抓住全国进行教育体制改革的有利时机，加大各项教学改革的力度，目标就是尽快改变长期办学专业单一、办学形式不灵活的不利局面，适应国家经济建设和社会发展对培养人才的需要，努力形成多专业、多形式的办学格局；同时通过学校内部的各项改革，提高办学质量。学校在推进教育教学改革中，着重抓好以下三个方面的工作：

(一)努力发展多专业，办出特色，办出水平

长期以来，学校只办医疗专业，为改变学校办学专业单一的局面，1984—1985 年在广泛调研的基础上，学校对社会需求和开办专业的可行性进行了论证。学校把发展社会需要的，并适宜办出特色的专业作为发展重点，于 1985 年初向省教委申报开办"放射诊断"和"妇幼保健"两个专业，4 月 25 日获得批准。由于这两个专业比较准确地适应了社会对人才的需求，最初几届的毕业生供不应求。"放射诊断"专业是一个全新专业，确定开办此专业过程中，学校派人向全国许多医科院校学习取经，但难以取得真经。在征询有关专家意见后，学校发挥本校教师的集体智慧，在探索、实践中逐步完善了该专业的全套教学用书，使其成为具有本校特色的重点专业。此专业 1989 年改称"医学影像"专业，1995 年被批准招收本科生；学校并入湖北三峡学院后，2000 年 5 月被批准为学士学位授权点专业之一。

学校在开展社会调查和组织论证的基础上，被批准开办的新专业还有：1992 年 1 月的"中药炮制"专业(1994 年 11 月改称"中药学")，1994 年 8 月和

12 月的"高级护理"专业和"医学实验技术"专业,1995 年 12 月的"生物医学工程"专业。此外,学校还挂牌"北京航空航天大学三峡教学基地"。根据协议,1993 年 9 月和 1994 年 8 月联合开办了"机械电子工程"和"计算机应用"两个专业。

1977 年至 1986 年,受卫生部和省卫生厅委托学校还先后举办了心电图班、生理学师资班、麻醉师班、检验师班,为全国、全省培养了一批教师和医生。至 1995 年,包括原有的"医疗"(后改称"临床医学")、"中医学"两个专业在内,共办有 10 个专业。在校学生早已突破规定的 1200 人规模,经批准,临床医学专业 1993 年招收五年制本科生 40 人,在校本、专科生达 1827 人。学校彻底改变了专业单一、办学规模始终徘徊在数百人的小规模局面。

(二)拓宽办学渠道,大力开展多种形式办学

学校狠抓机遇,不断拓宽办学渠道,服务社会,提高办学效益。在办好普通专科的基础上,学校先后举办了多种形式的成人学历教育和非学历教育。1985 年 2 月 5 日,省教育厅批复同意学校开办夜大学(1986 年 3 月 20 日获得国家教委正式批准),开设医疗、中医两个专科专业。但夜大学学制长,专科学制为五年,且学习时间不集中,很难满足改革开放后许多成年人迫切的求知欲望,参加夜大学习的人不多,因而逐步演变成脱产学习和业余学习共存的两种成人教育形式,并且以脱产学习形式为主体。脱产学习的成人教育专业有临床医学、中医、医学影像、妇幼保健、中药炮制、高级护理学等 6 个专业。

从 1985 年起,学校先后获批举办医学干部专修科班、医学影像专业证书班、内儿科专业证书班等;同时,开始采用委托培训、定向培养等形式办学。委托培训生的来源,远及四川涪陵、万县以及湖南、福建等省。

学校的成人教育办学规模不断扩大。1985 年有医学干部专修科班、委培班、医代班、夜大班 4 个,学生 147 人。1987 年办有医学干部专修科班、夜大班、医代班 7 个,其中委托培训的医代班学生近 200 人。1994 年招收了成人教育脱产学习班学生 354 人。1992 年暑期,学校招收由宜昌市卫生局委托的农村医士培训班 500 人、招收高级护理专业自学考试辅导班 350 人,还办有解剖学技术研讨班等。

学校起初在教务处内设专管成人教育(夜大学)的专职人员,后单独设立成人教育部。学校建立了比较完善的成人教育的教学管理规章制度,在教学上坚持与普通教育实行同层次、同规格、同要求的"三同",确保了教学质量。1991 年 5 月,省教委成教处检查组到校全面检查了学校从 1986 年以来的成人教育状况,对学校坚持的"三同"教育给予充分肯定。

（三）以培养应用型、复合型人才为目标，推进教学改革，提高教学质量

1988年5月，学校在向国家教委高教三司呈报的《宜昌医专教育情况的报告》中提出：医学专科教育培养的学生主要输送到县及乡镇医院，所以培养目标应从实践性、针对性、应用性出发，加强"三基"（基本理论、基本知识、基本技能）教育，通才和专才培养兼顾。为此，学校于1992年进一步提出了"培养高层次的应用型和复合型人才"的目标。学校紧紧围绕培养目标推进教学改革，主要包括以下六个方面：

（1）修订教学大纲、教育计划，优化专业课程结构和优化教学内容。在多次修订中，一是加强专业课、实验课建设，注重学生动手能力的培训。适当精减基础理论课内容和反复验证的实验，增加实验课学时比例，将平时教学实习时间纳入毕业实习时间中，毕业实习时间由30周延长到38周。二是调整和新设置体现专业特色和学以致用的课程，如医学影像学专业增加"介入性放射学""X-CT""B型超声诊断"的学时，妇幼保健专业增加"医学遗传学""优生学"课程等；增加体现医学新进展的内容。三是根据新的要求，增设了"大学生修养""职业道德"等德育课程。四是减少了必修课，增加了选修课。

（2）实行选修课和主辅修制度。为使学生拓宽知识面，调动学生学习的积极性，从1981年开始，学校根据专业特点推出指导性的选修课，并对选修课试行学分制。选修课程从最初确定的13门，逐步增至30门，包括文献检索、医学心理学、流行病学、法医知识、老年保健、计算机应用等。为适应培养复合型人才的需要，1992年起在实行选修课的同时又实行了主辅修制，即学生在学习主专业的同时，可以有选择地辅助性地修另一专业，辅修专业实行学分制，学满规定的学分，由学校发给合格证书。

（3）抓好实验实习课教学，着重培养学生独立操作能力、实验观察和收集处理数据的能力，分析实验结果、描绘实验过程、绘制实验图像的能力；同时，培养学生严谨细致的工作作风，严肃认真的工作态度，爱护公共财物的良好品德。

（4）下大力气改革毕业实习的考核办法，推行毕业实习一体化教学模式。学校对学生到教学（实习）医院进行毕业实习明确提出要做到"四个有利于"，即有利于实现医学专科的培养目标，有利于学生理论结合实践，有利于培养学生实际工作能力，有利于医护结合。为了防止在毕业实习中可能出现的重理论轻实践、重考试轻实习、重医疗诊治轻护理、重视大科轻视小科的倾向，学校制定了《关于学生毕业实习成绩考核暂行办法》，重在加强毕业实习全过程的考查考核，办

法是：除在毕业实习过程中学校组织巡视组实地巡查外，在毕业实习结束时实行"三听、四看、一抽考"。"三听"，即听实习医院负责人对实习学生的全面评议，听医院带教老师的评议，听同学的相互评议；"四看"，即看毕业实习手册上的评语和成绩，看在实习中书写的诊疗病历，看学生对体检的掌握状况，看学生的现场实际操作；"一抽考"，即由学生在笔试和口试题中随机抽签进行当面考核，并检查实习期间的考勤情况。从1993年起，学校进一步探索性地试行临床教学、毕业实习一体化教学模式，即将学生的临床教学、毕业实习、考试考核、毕业鉴定、毕业教育，直至毕业派遣等，都在教学（实习）医院进行。这一改革措施得到教学（实习）医院的充分肯定。

（5）建立教学质量评估制度，改革理论课程考试方法。学校大力抓好备课、课堂教学和课后辅导各环节的教学常规管理。为了加强对备课和课堂教学指导，先后举办了"如何备课""课堂语言的运用""板图板书在教学中的作用和运用""课堂教学中如何突出重点"等专题研讨会。人体解剖学教研室主任吴先国教授对教学板图技法有独到的研究，不仅在教研室内对教师进行培训，还主持编写了国内第一部《人体结构教学板图技法》教材，于1989年、1990年举办了两期"教学板图学习研讨班"，全国9个省市医学院校40余名教师参加了学习研讨，教学效果惠及了其他院校。坚持加强教学过程的管理：实行任课教师个人备课和教研室集体备课相结合，实行主讲教师制，实行教学评议制度。各教学部成立了教学评议组，教学评议包括收集学生的评议意见，并对教案质量、教学内容、教学方法、教学态度进行综合评估；学校建立了视导员制度，对教学各环节进行巡视和指导，并在实践的基础上于1993年10月出台了《视导员制度暂行办法》，对视导工作进行规范。

从1986年起学校着手改革理论课程的考试方法。一是建立试题库，实行教考分离。二是在组织考试时，不同班次、不同专业学生混合编考场、交叉排座位。有条件的专业课程则实行口试，以考出学生真实水平。三是实行学科考试和平时考核成绩的综合评定，改变一张试卷判定局的状况，考卷成绩占60%~70%，平时成绩占30%~40%，综合评定学生成绩。

（6）加快附属医院的建设。在"文革"后期续建的基础上，1981年宜昌行署同意扩建附属医院。1983年由省、地和学校共同筹款，建成了4000平方米的门诊和住院部的综合楼，此后相继建了一些附属用房，使建筑总面积达到7700平方米。1989年1月19日，省政府发文正式批准了附属医院建制，确定医院隶属宜昌医专领导，核定设置120张病床，核编156人，由省财政核拨经费。此时，学校建立医院党总支，任命了医院院长，健全了领导班子，完善了各科室组织，持续开展内部整顿，加强各项规章制度建设，强化医疗质量的管理。在临床教学和医疗实践中，医院的临床教学水平和医疗技术水平迅速提高，医疗业务不断扩大，门诊和住院部内、外、儿、眼、耳鼻喉、口腔、皮肤、新针理疗、放射等各科种类齐全，还开展了心内直视手术、显微外科、大网膜头皮切除、内窥镜电切术、人工授精等大中型手术 300 余种，逐步购置了一批先进的大型医疗设备。至1995 年，医院病床床位已超过核定的 120 床，达到 170 床，并具备了开设 300 张床位的能力。1996 年医院被评为"二等甲级医院"和"爱婴医院"。医院的在编职工已超过 160 人，教学编制人员超过 50 人，拥有主任医师、副主任医师、教授、副教授以及各技术门类的高、中、初级职称的专业人员。附属医院已发展成为能很好地履行临床教学和医疗服务双重职能的教学医院。

学校还十分重视校外临床教学和毕业实习基地的建设，宜昌、荆州、沙市、襄樊、武汉市的 40 多家医院同学校签订了建设实习医院的协议。1991 年 10 月，学校召开了有 40 多家实习医院领导人和医教科长到会的"实习医院带教研论会"，交流了带教经验，表彰了带教实习的先进医院和个人。

三、努力建设一支高素质的师资队伍

建设一支高素质的教师队伍，是学校推进教学改革、加速学校发展的一项极为重要的任务。但教师队伍的现状不容乐观：数量不足，年龄老化，业务技能总体不高。学校对师资队伍的建设，坚持从现实基础出发，采取了多项有效措施。1980 年以前，学校对师资队伍的业务素质提出了"过三关"的要求：过基础理论关、外语关、新技术关，并采用"以校内培养为主，外送进修为辅；在职学习为主，脱产学习为辅"的方法培训提高。在师资力量青黄不接的情况下，以培养中年教师为主。为此，学校相继开办了英语、日语、中医内经、生理师资、基础医学等学习班、进修班，坚持每两周举办一次全校性学术讲座，介绍医学及医学理论的新进展。对"文革"中从工农兵学员中选拔留校的青年教师，则选择了七种医学基础课教材，组织他们学习，并进行严格考试，使他们业务能力得到极大提高。同时积极选送教师到外校进修或到外校、外地学习、访问。1979 年是贯彻党的十一届三中全会精神的第一年，到校外进修、访问学习的教师就达 103 人次，校内学习的达 160 多人次。学校对青年教师还采取了"以老带新"的办法，落实有经验的老教师实行包教、包训、包督促、包检查。

1985 年以后，学校办学专业不断增加，办学形式不断丰富，办学规模不断扩大，不仅要求在数量上扩大师资队伍，对师资队伍的素质也提出了更高要求，学校明确提出要建设一支高素质师资队伍。一是注重引进高学历、高职称人才。二是对现有师资进一步培养提高。学校制定了师资队伍的培养提高规划，1988年6月出台了《教师培养管理条例》，继续坚持校内为主、在职为主、自学为主，提倡竞争、鼓励冒尖、择优培养方针。有计划地选送和鼓励教师自己报考并举，在不影响教学的前提下，尽可能多地让教师读定向培养硕士研究生、博士研究生、代培研究生，以及助教进修班等。从1987年起，每年由学校送出去的代培研究生都在10人以上。1988年送同济大学攻读博士学位的教师黄自平、刘先哲于1991年7月学成返校任教；1990年，仅学校基础部就有7人报考了博士、硕士研究生。至1994年底，学校专职教师队伍已达169人，其中有教授10人，副教授39人，讲师78人；图书馆、实验室等教学辅助人员29人，其中高中级职称者11人。初步形成了人才梯级结构，在主要专业、主要学科方面有了学术骨干和学科带头人，在年龄结构上，原来的老中青失衡、青黄不接的状况已得到根本改变。许多教师在教学、科研等领域都做出了重要贡献，受到表彰。放射诊断学何业枞主任医师1979年荣获"全国优秀教师"称号；人体解剖学吴先国教授1991年获"湖北省优秀教师"称号后，又于1995年获"全国优秀教师"称号。还有张光明教授1979年荣获"湖北省模范教师"称号，李如义教授1994年荣获"湖北省优秀教师"称号，李兴富实验师1991年荣获"湖北省先进实验员"称号。

四、开创学术科研工作新局面

校党委把大力开展学术科研、不断提高学术科研水平、做到教学和科研互相促进作为加强师资队伍建设的一项重要内容。

学校在"文革"后尚处于拨乱反正的情况下，从1978年起就把学术科研工作列入了工作议程。1976年，寄生虫学的张森康等教师在兴山县进行流行病学调查时，发现该县肺吸虫病严重流行，感染率达26.48%，患病率达10.16%，开始以肺吸虫病为课题进行研究。学校对此明确给予大力支持，1978年专门成立了肺吸虫病研究组。经学校申报，1978年3月，宜昌行署科委将"肺吸虫病防治研究"列入重点科技研究项目，给予学校1000元科研经费资助，这是学校首次获得政府科研立项并获得科研补助经费。1979年此项目又被列入全省科研项目。在"文革"中的1971年至1974年间，学校的妇产科、卫生学、病理学的教师发现了宜昌地区宫颈癌患病率高，通过深入调查写出了《宜昌地区1971—1974年115753例死亡原因》的调查报告，得出了宜昌地区宫颈癌死亡率占首位的结论。随后的扩大调查又进一步证实宜昌地区是全国居首位的宫颈癌高发区。此调查成果引起湖北省和全国肿瘤防治办公室的高度重视。由于处于"文革"乱局之中，学校教师形成的有关研究课题未能得到有效的支持，没有坚持下去。相比之下，"文革"后学校对肺吸虫病研究的大力支持，为这一课题组此后不断取得显著成果创造了宽松的环境条件。

1979年1月，学校成立学术委员会；1983年4月又成立高等教育研究会。1984年12月创办了《宜昌医专》校报，随后创办了《宜昌医专学报》，后来改版为《实用医学进修杂志》。从1983年起，高等教育研究会和校学术委员会每年都举行一次科研报告会和学术讨论会；校学术委员会还每年主持15次以上的学术讲座。针对科研工作，学校提出了"新、行、土"的选题原则："新"是指课题应具有创新意义；"行"是指要从实际条件出发，使所选课题具有可行性；"土"是指要有本地区乡土特色，从而较易于得到地方有关领导和业务部门的支持，也有利于实现科研成果转化。这些举措大大推动了最初几年的学术科研活动。

1985年整党结束后由省委、省政府任命的新党政领导班子，进一步加强了对学术科研工作的领导。管理体制上，在教务处设置科研科予以专管；1992年又成立了一个专门的科技开发办公室对科研、开发、产业实行综合管理。学校先后制定了《科研管理条例》《科研成果奖励实施细则》《教师考核实施细则》《关于教职工参加校外各级学术会议管理办法》等18项科研管理制度，将科研工作纳入了规范化、程序化、制度化管理。学校提出并坚持科技工作"三结合"的方针，即科技工作与教学、医疗相结合，与师资和科技队伍建设相结合，与服务经济建设和本校自身发展相结合。重点加强应用性研究，通过政策导向，提高应用研究的比例。学校创办了校办产业，以促进科技成果的转化。学校加大了科研经费的投入，对于应用研究、开发性项目，在立项及经费上给予优先和重点扶持；对重点科研项目和取得显著成果的人员在经费投入、实验仪器设备购置与使用等方面实行政策倾斜。学校先后成立了6个研究室和23个临床科室，使开展学术科研活动有"用武之地"。学校的学术委员会、高教研究会坚持每年举行学术讨论会和科技报告会，使这一学术科研平台在提高学术科研水平方面发挥了重要作用。《宜昌医专学报》和由学报改版的《实用医学进修杂志》，办刊质量和水平也日益提高，前者先后获得1989年湖北省优秀科技期刊奖、省高校优秀学报二等奖和中国高等医药院校优秀学报奖，后者获1995年全国高等学校自然科学学报系统"三优"评比三等奖。

学校的学术科研工作大体上形成了1988年前后两个高潮期。1987年以前，学术研究的内容以医学基础理论和关于教学思考的选题居多，每年发表100余篇论文，但多在校内学术刊物和在学校每年一次的科研报告会、学术讨论会上发表，在省级和国家级学术刊物上发表论文较少。1979 年卫生部组织编写全国医学专科学校各科统编教材，张光明主编了《生理学》教材，其他教师则参编了《生物化学》《解剖学》《卫生学》《外科学》《眼科学》《耳鼻喉科学》《放射诊断学》等教材。在科学研究项目上，形成了流行病学和血液病学两个方向上的科研群体。流行病学方面主要是肺吸虫病研究组开展对肺吸虫病的系列研究。1979 年 8 月和 1980 年 8 月，湖北省卫生局在宜昌市召开了第一、第二两届全省肺吸虫病科研协作组会议，学校的肺吸虫病研究组在会上承担了三个基础理论课题和一项临床诊断课题的研究。研究组在研究中首次发现了肺吸虫中间宿主的四种淡水螺种，并在学校较为简陋的实验条件下，人工饲养成功了拟钉螺和小豆螺两个新螺种。此成果成功获得中科院动物研究所好评。从 1980 年起，研究组成员张森康、江光锐、望西玉、王作成、樊中丽等都在省级以上学术刊物上有论文发表。张森康为第一作者的三篇相关研究论文分别于 1981 年 9 月在广州举行的"中国贝类学会成立大会暨学术讨论会"，1983 年 11 月成都举行的"中国贝类学会第二届学术讨论会"上交流。此三篇论文均收入《中国贝类学论文集》第一辑、第二辑。1984 年 2 月，"肺吸虫第一中间宿主（包括新种）的发现及其人工饲养"科研成果通过了由省卫生厅组织的专家鉴定。张森康的"宜昌地区肺吸虫病流行病学的研究"和张森康、薛江合作的"肺吸虫第一中间宿主新种的发现"分获湖北省 1985 年和 1986 年科技成果二等奖。张森康的论文《湖北省肺吸虫第一中间宿主的种类及分布调查》，被 1990 年 6 月在韩国汉城举行的"第二届国际医学与应用软体动物学学术交流会"采用；1992 年 9 月在泰国曼谷举行的第三届学术交流会上予以交流。此外，流行病学研究的另一个课题，即 1979 年起由张森康主持的肾膨结线虫病研究也取得成果，所写的《国内首次发现肾膨结线虫病》论文，获 1982 年湖北省科技成果三等奖。

血液学方面的研究始于 1978 年，学校后来成立了"心血管研究组"，主要开展对治疗血液病药物的研究，着重进行猪蹄爪、地黄、水牛角等对治疗血液病的药理研究及开展对相关社会人群的社会调查。钱达春、杨荣阜、彭哲贤等于 1980 年完成的"血液 1 号片（复方猪蹄爪甲制剂）治疗细胞卫核（微核）及血液学异常的研究以及猪蹄爪药理研究"，被中国医学科学院血液病研究所给予了较高评价。1982 年 3 月，此项成果获湖北省科技成果三等奖。在 1981 年"全国生化药物学术会议"上，钱达春等人在会上发表了三篇相关论文，论文后来收入会议论文集。1982 年 11 月举行的"第四届中南、西南地区白血病及其他血液病学术会议"上，钱达春等人出席会议再次发表相关论文，会议纪要中还专门提到"会议介绍的血液 1 号治疗淋巴细胞卫核（微核）的研究"，"表明在环境理化因素所致血液病的研究方面做了不少工作"。此"血液 1 号片"1992 年列入了学校产学研工程,经申报批准,1995 年 1 月由宜昌市民康药厂正式投产,年产值 5000 万元。

1988 年以后,学校的学术科研进入了高产期,质量和水平都有很大提高。尤其在学术论文和出版著作方面,每年都有一批论文在国外刊物或国家级、省级学术刊物上发表,参加国际学术会议和国内学术会议交流、宣读论文者日益增多;出版了一批个人主编或参编的学术科技著作,有多篇教学或科研论文获省级以上奖励。据档案资料统计,1988 年至 1990 年间,有 8 篇论文在国际学术会议发表,在全国性学术会议和省级学术会议上发表的论文分别为 16 篇和 14 篇;在国家级学术刊物发表论文 24 篇、省级 51 篇;主编或参编、协编出版著作、教材 13 部。1988 年,计子勋等在"第五届东南亚和西太平洋地区药理学会"上宣读论文 3 篇,1990 年,刘朝奇、王志强、杜惠杨、谭复成分别在"第三届国际病毒学会""缺氧与肺病理生理国际学术会议""国际大黄学术会议"上宣读论文。1988 年,黄自平有 4 篇论文获"全国十年来肝病论著交流大会"优秀论文奖;王艳林、张华征合写的 1 篇论文和张森康、冯大钧、吴先国、薛江各 1 篇论文分别获得湖北省优秀论文三等奖。1989 年,尤庆文、胡学华、刘孝全合写的 1 篇论文获全省高校优秀教学成果二等奖。个人主编出版的著作或教材有原桃茸的《儿童保健学》,谭德福的《中国实用刺血疗法》,田祥斌的医药专科学校教材《英语》第一册;有 10 人分别参编出版了《预防医学》等 10 部著作或教材。

"八五"期间,各教师主编或参编出版各类著作 44 部;在国际刊物发表论文 3 篇,国家级刊物 156 篇,省级刊物 248 篇;参加国际性、全国性和省级学术交流会宣读或交流论文近 200 篇。陈涛"八五"期间在国内外重要学术刊物上发表学术科研论文 20 余篇,5 次应邀参加在日本、美国等国举行的国际学术会议并宣读论文,参加全国性学术会议 10 多次。他参加的国家自然科学基金资助的项目"二仙汤及其拆方对大鼠下丘脑—垂体—性腺轴调节作用的实验研究",获 1993 年国家中医药管理局科技进步一等奖,他的《养血生乳液促进产后乳汁分泌的实验研究》等论文被美国《医学文摘》转载或被科尔比科学文化情报中心(CICSC)输入全球电脑信息网络。王艳林等 20 多人在国家级学术刊物上发表了多篇学术论文。王延凤、李剑、谭复成、陶治中、王兴武、刘先哲等人分别参加了"国际高血压和冠心病学术会""国际传统医药大会""中华自然疗法首届国际会""第一届中日血瘀症综合研讨会""亚太地区电生理与起搏大会"等,并宣读了论文。参加全国性学术会议宣读论文的有 33 人。郭贤坤的 1 篇论文获 1991 年全国医学卫生学术论文大赛二等奖;耿志国、张森康合写的 1 篇论文获 1993 年全省普通高校教学研究成果三等奖。个人主编出版的著作或教材,有张光明主编的全国中医专科教材《心理学》，田祥斌的《医用拉丁文》，谭德福的《中药调剂学》，朱国志的《新编医学伦理学》，谭德福、尤庆文、王兴武合编的《中国实用针灸疗法》。吴先国、王缉兴、赵长林参与了全国新版医学教材的编写，还有 30 多人参编、协编出版了《农村医生晋级指南》等近 40 部著作或教材。科技研究成果方面也有新进展。从 1988 年起，由学校申报经省教委下达的每年 2~3 个立项科研项目，多数均按期完成。1991 年至 1995 年间有 5 项科技产品获国家 1 项发明专利、4 项实用新型产品专利。以王艳林为主开展的省重点研究项目"拐枣的开发利用价值研究"，1993 年通过了省级专家鉴定。陈超研制的"淡水鱼保活剂"、附属医院研制的"癫宁片"，以及"血液 1 号片""狗骨营养滋补汤"等均已成功转化为生产产品。

五、推进管理体制改革，转换机制，增强活力

学校管理体制改革主要是两方面：一是改革人事制度，分配制度，精简机构，提高效率；二是进行后勤改革，使后勤工作逐步向社会化服务发展。

在机构和人事制度改革方面，1984 年宜昌地委调整学校党政领导班子以后，学校对校内机构进行了一次全面调整，设置了纪委、党委办公室、组织部、宣传部、学生工作部和学校办公室、教务处、人事处、总务处、直属财务科，以及工会、团委。将教学组织调整为基础部、医学部、中医部；各教研组改组成为 29 个教研室。各基层党支部也作了相应调整，取消了具有"文革"色彩的政治处。

1988 年，教学组织调整为两部两系，即公共课部、基础部、医学系、中医系。这一调整为此后实行校系（部）两级管理体制作了组织准备。

1986 年起，从学校实际出发，在全校推行了干部职工岗位责任制，在教师中全面实行教师工作量制及评聘制，重点在教研室推行教研室主任责任制，形成了学校、系部和教研室三级管理的运行体系。

1991 年，学校在基础部试行管理体制改革。改革的主要内容一是放权。学校适当下放人、财、物权和内部机构调整权，将经费下放到基础部包干使用。学校制定出教学质量、科研、师资培训等方面的职责、要求和评估指标，以此加强对基础部的随机和定期的检查监督。二是改革人事管理制度和分配制度。对基础部定编、定岗、定责，根据德、能、勤、绩的全面考核结果实行奖惩。在经费包干范围内，打破"大锅饭"，不搞平均主义，此项试行改革效果良好。

1992 年起，学校在全校全面推进内部管理体制改革。主要内容一是理顺关系。在坚持实行党委领导下的校长负责制前提下，实行校系（部）两级管理体制。

下放人、财、物权,扩大系(部)实施教学行政管理的自主权;按照责、权、利一致原则,各系(部)实行目标管理责任制,在保证完成教学任务的前提下,发挥本系(部)的积极性,挖潜创收,增强自身发展活力。同时,按照精简高效原则,对学校党政办事机构进行同步调整,将职能相近的纪委、监察、审计合署,学生工作处和团委合署,人事处和保卫科合署,减少了机构和人员,注重发挥整体功能,增强为系(部)、为基层的服务意识,从而进一步理顺学校与系(部)、机关与基层的关系。二是在全校推进干部人事制度和分配制度改革。对各级干部实行聘任制、任期责任制和轮岗制,力求形成干部能上能下的良性机制。1993年,按照群众评议、组织考核等程序,选拔聘任了11名中层副职和科级正职干部,有15名中层干部实行了轮岗。平时坚持对在岗干部进行德、能、勤、绩全面考核。在分配制度上,推广基础部已成功试行的打破"大锅饭"、不搞平均主义、适当拉开分配差距的措施。

在后勤改革方面,1980年,学校对后勤部门管理的食堂、印刷厂、接待室、综合修理组,实行岗位责任制和经济独立核算,学校建立基金委员会,按半企业化管理,给予适当的经费补贴。1983年起,食堂实行经济承包责任制,在职工中开展以服务质量、服务态度、成本核算、清洁卫生为主要指标的劳动竞赛,劳动效率与经济利益直接挂钩,大大调动了食堂职工的积极性。1998年4月省教委发文提出"省属高校的后勤改革方案不必报批,由各校自行确定",学校于5月9日正式发布了《关于总务后勤改革的决定》,按照所有权和经营权分离的原则,实行总务后勤的全面承包。以总务处为甲方,服务公司为乙方,采取招标方式择优选定承包人,服务公司则实行经理责任制。这是一次较大力度的后勤管理体制改革,改革运行较为顺利。此后的几年,主要是改善承包,强化责任制,但未能推行后勤工作完全社会化的改革。

学校从1923年到1996年,走过了73年的发展历程,尤其在1978年党的十一届三中全会以后的18年间,学校得到快速发展。1993年在校生1324人,已超过核定的1200人办学规模;1996年6月在校生达2272人,其中本科生140人。至1996年6月,全校教职工478人,其中专职教师171人,包括正副教授和正副主任医师77人,讲师等中级技术职务者182人。校园和附属医院占地面积116亩,建筑面积近6.5万平方米。教室、实验室的生均面积8.76平方米,学生宿舍生均面积9.2平方米,均超过国家规定的生均标准。图书馆藏书11万册,中外文期刊930余种。1993年6月,国家教委统一全国普通高等专科学校校名,学校正式定名为"宜昌医学高等专科学校"。学校的发展已颇具实力,进入全国医药高等专科学校的前列。

第二章　宜昌师范高等专科学校(1946—1996)

第一节　从宜都师范学校到宜昌师范学校(1946—1958)

一、宜都师范学校的建立和革命活动

抗日战争初期，在第二次国共合作背景下成立于武汉的"战时儿童保育总会"(宋庆龄为会长，邓颖超实际负责)，在武汉和周边地区收容了一大批孤儿和贫苦家庭儿童，将他们分批送往"大后方"四川省各地，并设立一批"保育院"进行小学教育，这些学生通称为"保育生"。"总会"在1938年10月武汉沦陷后迁往重庆，又敦促国民党中央教育部，在四川荣昌县成立了一所专收各"保育院"小学毕业生的"国立第十五中学"。不久，为解决初中毕业的"保育生"升学就读问题，学校更名为"荣昌师范学校"，初中毕业的"保育生"可以在校内升读普通师范。1945年左右，在该校读书的湖北籍"保育生"约600人。

抗战胜利后，湖北省实施了一项教育复员计划。抗战时期流落到省外被收容读书的学生及所办的学校陆续"复员"回归至原地，在四川被收容的"保育生"也要求返鄂。1946年春末夏初，湖北省救济总署终于派了一批木船和20多辆汽车，从水陆两路将荣昌师范学校约600名湖北籍"保育生"接回武汉，安置于武昌难民居留所。

由于迟迟不见国民党主管当局采取行动解决这批学生的问题，学生们连续数天围住省教育厅请愿，要求办学校、有书读。省教育厅被迫答应立即开办学校。为了分化这批"保育生"，省教育厅决定在本省东部的武穴和西部的宜都各办一所师范学校进行安置。

1946年7月29日，省政府委派的"省立宜都师范学校筹备主任"梁瑞麟率筹备人员到达宜都选校址。8月15日，梁瑞麟向省教育厅长呈文称："费时旬余，

勘地七处，结果以距县城三十里之红花套镇较为适合条件。该地系一平原，镇中心国民学校在焉。离江百步，距镇半里，柴水菜蔬，均感便利。""鉴于该地环境优良，交通便利，已决定以红花套镇为省立宜都师范学校校址。"据该呈文及其附件记述，校区占地不大，有镇中心国民学校八间教室和一栋庙宇可用于教学；当地官绅还开会承诺，将新建六间教室、八间学生宿舍以及厨房、厕所等。省教育厅据此认可了该校址。

1946年9月至11月，省教育厅分三批将约400名"保育生"分派到校；同时还从宜都、长阳、五峰、松滋等县招了一批"插班生"，却在这批"插班生"中安排了许多三青团分子和军警宪特便衣分子。1946年11月学校正式开学。开学时共有学生493人，其中普通师范二、三年级154人，编4个班；初中二、三年级339人，编7个班。

梁瑞麟为首任校长，学校设教务处、训育处、事务处。教职员主要由省教育厅调派，至1947年1月，有教职员41人，其中专任教员22人，其他为童子军教练及助教、会计主任及助理会计、干事、书记、校医等，另有校工14人。

学校从办学伊始就处境艰难。当地官绅承诺新建的木架篾扎结构建筑，至1947年6月还未完全动工，各乡保之间为摊派竹材之类事情互相扯皮，尚未竣工的女生宿舍已经倾斜。1947年底，所承诺的建筑物基本完工后，学校的教学场所才勉强可敷使用，但无教学仪器和图书资料，甚至学生的课本、文具也常短缺。只有女生可住校内，师生的口粮由学校每一、二个月向县政府写一次请领报告，手续繁琐，常有断炊危险。

学校的师范班基本上按照普通师范应开设的课程共开了16门左右的基础课和专业课。虽然办学条件差，教师们多能尽责上课，教学质量尚有基本保障。学校每年都招普通师范学生，在校生数1946年初办时154人，1947年323人，1948年341人，1949年上半年410人。

学校设初中部，但初中不招新生，原有各班学生至1948年暑期都毕业后，初中部停办，学校从此成为完全的普通师范学校。

学校成立于全国解放战争时期，这一时期的一个显著特点是学生运动高涨。国民党当局在决定办宜都师范学校时就已对学生严加防范，先是决定办两所普通师范学校对返省的"保育生"分而治之；学校开办成功后立即以招"插班生"之名安排了一批反动分子到校与原"保育生"混合编班；开学后又成立公开反共的学生反动组织"建中社"（新中国成立后，此组织被定性为"特务组织"），教务主任魏祥才任名誉社长，"插班生"中的国民党少校军官李贞祥任社长，宜都县国民党县党部书记长曹子龙兼学校教员；县党政军联席会特务行动组长何英及其手下在校内外公开或秘密监视、跟踪进步学生。

但是，学校有一批早在荣昌师范学校期间就参加了中共地下党外围组织活动的杜文华等进步学生骨干，他们针对"建中社"的反动宣传，立即秘密恢复了在荣昌师范学校成立的"三三读书会"，阅读进步书刊；成立了一个公开的文体组织"武教团"与"建中社"对立。1947年春节期间，杜文华找到了在宜都的湘鄂边中共地下党组织，成为中共地下党组织联络员。9月，杜文华、周思远等5名学生相继入党。找到党组织后，杜文华等人在1947年宜都县春季运动会期间，在县城组织了一次"反内战、反饥饿、反迫害"的学生游行示威活动，组织学生剧团公演话剧《日出》《雷雨》，产生了较大社会反响。不久，"建中社"分子挑起学生争斗，持刀行凶刺伤了两名"武教团"学生。杜文华等组织学生查抄了"建中社"，查出三青团的秘密指示、印章、名册等予以揭露。学校不仅不追究"建中社"分子，反而决定开除被刺伤的学生，引起公愤。杜文华等人组织全校师生停教罢课，迫使学校收回错误决定，改而开除了两名"建中社"分子，校长梁瑞麟为此事件而被撤职。1947年5月，第二任校长胡楚藩到职。胡楚藩到校不久，被指派为国民党的"国大代表"。1947年冬至1948年春，地下党组织秘密将4批学生(每批10多人至20多人)送到江汉军区和襄西游击支队学习或参加革命工作。由于学生成批"失踪"，校长胡楚藩于1948年春被追究责任而黯然离职，换了第三任校长朱全纪。

杜文华、周思远等人的活动引起了特务分子的注意，多次被特务跟踪，于1947年10月以后相继奉命撤离学校。撤离后，杜文华成为于1947年12月成立的"江南游击支队"政治部主任。江汉军区城工部和襄西地委在1948年秋至1949年夏还多次派人秘密进校将多名学生送到了解放区；学生杨仲民等三人则主动找到了江汉军区城工部领导人，而后带一些学生到了解放区。

1949年7月宜都解放前后至1950年3月迁校到宜昌市之前，又有42名学生投身革命参军参干，其中1950年1月毕业的30名学生中就有15人参加了革命。

二、宜都师范学校迁校与易名

1949年7月16日，宜昌获得解放，宜昌行政区专员公署立即接管了宜都师范学校。根据初期对旧有各校采取的"维持现状，立即开学"的方针，在原有校长离校的情况下，任命该校地理教师熊筱崮为校长，于9月16日按时开学。开学时，原有留校学生234人，招了部分新生，合计在校生319人，教职员为26人，工友16人。

新中国成立后，湖北省文教厅提出了积极恢复学校的要求，宜昌专署根据宜昌地区急缺农村小学教师的实际情况，于1949年11月17日提出"要有重点、有计划、有步骤地恢复学校"，并把恢复和发展师范教育作为一项紧迫任务。为了使宜昌地区唯一的师范学校得到更好的发展，宜昌原专署在对学校进行初步整顿后，于1950年3月4日将学校迁至宜昌市西坝一所中学旧址办学。4月4日，省文教厅批准学校更名为"湖北省立宜昌师范学校"。5月1日，学校正式对外启用印章，使用新校名。

西坝校址紧邻宜昌船厂，校园面积90.51亩，迁入时有校舍面积1974平方米，后逐渐增至5600平方米，有四栋楼房、十余栋平房，建有普通教室、音乐和美术教室、图书室、理化实验室等，图书室有图书1.3万余册，理化仪器、生物标本、风琴和体育器材逐步得到充实。校区外有两所附属小学。1950年的宜昌市仅7.6万人口，由于城区曾被日寇轰炸、侵占，后来国民党军队又在此打仗，城市毁坏严重。当时，校区没有电，学校每天发煤气灯供学生晚自习用；没有自来水，学生和教职工轮流到长江挑水；师生要过江买回柴米油盐。在校园建设中，师生们搬砖运瓦、挑沙石煤渣铺路。大家以艰苦奋斗精神建设校园、改善生活，生活虽清苦，精神却充实。1954年长江发生特大洪水，学校被洪水包围，全校师生员工全力抗洪，保卫了校园。洪水过后，学校还将收获的近万斤荞麦支援重灾区，受到表彰。

1956年，宜昌船厂需占用学校校址扩大建厂。同年9月21日，宜昌专署致函船厂主管部门，表示服从国家建设整体利益，同意宜昌师范学校另择校址。1957年底，正式签订了由船厂出资47万元建新校的转让合约。经宜昌专署和宜昌市多次专门会议协商，确定在张家店子地段（现胜利三路33号）由宜昌市城市建设规划委员会划拨75亩土地建校，1958年初正式动工。起初是按普通师范14个班的学生规模建校，4月间获知学校将筹办成为师范专科学校，当即调整规划，按20个班的学生规模修建教室、学生宿舍、食堂、大礼堂、教师宿舍等。在工程尚未完全竣工、水电尚未接通的情况下，1958年暑期学校迁入了新校址。

三、宜昌师范学校发展的两个阶段

（一）第一阶段为破旧立新阶段，从1950年到1953年

"破旧"主要内容是：（1）精简整编。在迁校前的初步清理整顿基础上，着重精简整编。1950年4月和6月，省文教厅先后发出对各地学校进行缩编的指示。

宜昌专署对宜昌师范学校规定：教职员与学生的比例为 1：12，1950 年的在校生规模控制在 6 个班 200 人，以后有计划地逐年增加规模和教职员编制。6 月，学校据此整编，教职员从原有 27 人减为 17 人，在校生在暑期后按 6 个班 200 人的规模招生补齐。此后，1951 年在校生增至 8 个班 276 人、1952 年增至 8 个班 338人、1953 年增至 12 个班 577 人；教职员也分别相应增至 24 人、26 人和 43 人。

(2)对教学内容进行全面清理。坚决清除反动的和唯心主义的内容，对于繁琐的或不适应新社会需要的内容也予以删除。增加了政治思想教育课程和劳动教育时间，提高了体育、音乐、美术课程的教学地位。

(3)对师生员工进行思想改造教育。组织师生参加农村土地改革运动和农村调查，参加抗美援朝中的声讨美国侵略罪行的各种集会，参加工农业生产劳动等，进行阶级教育和爱国主义、国际主义、劳动光荣的教育。1953 年冬，全校教职工还奉命到武汉参加由省委直接领导的全省第二届知识分子思想改造的学习，接受了一次贯彻党的团结、教育、改造知识分子政策的生动教育。

"立新"主要内容是：(1)建立各种组织。1950 年初，学校根据宜昌专署1949 年 11 月 17 日成立学生会组织的指示，成立了学校学生会和各班的学生会(后改称班委会)。1950 年 9 月，成立了中国新民主主义青年团支部，在学生中培养和发展团员。1952 年 2 月，成立了教育工会，在宜昌市文医工会领导下，在教职工中有组织地开展工会活动。从 1950 年 4 月起，在教师中按不同的教学业务建立起教学研究组，后经过多次调整，形成了语文、数学、教育、理化生物和社会科学五个教学研究组，以及体育、音乐、美术小组。各教学研究组发挥集体智慧进行备课、听课、评议，在提高教师的教学业务能力方面，起了重要的作用。

(2)建立各项规章制度。1950 年 10 月 9 日，学校首次以文件形式发布第一次校务会议做出的关于建立会议制度的决定。发布的会议制度有六种：①校务会议。由校长主持并报告学校工作，每学期 1～2 次，讨论决定学校重大事项。②校务委员会。由校长主持并部署学校每月度工作。③教导会议。教导主任主持，研究部署每月教学业务。④事务会议。事务主任主持，研究每月后勤事务、生活管理。⑤辅导会议(1951 年秋季以后改称班主任会议)。教导主任主持的全体级主任(后改称"班主任")和政治辅导员参加的学生工作周会。⑥教学研究会。各教学研究组的业务会议。在此前后建立的主要规章制度还有：课代表制度，班主任值日制度，复习时间的定量分配制度，学生守则，教职工和学生分别召开的每周一次生活检讨会制度等。

(3)在改进教学法方面进行了有益的探索和实践。学校明确提出，要贯彻理论与实践一致的原则，反对填鸭式教学，实行启发式教学。教师必须充分备课，写出教案。1951年7月，学校在关于改进教学法的专题总结中总结了五种典型经验：①去繁存简的纲领教学法；②语文课的人物分合教学法；③化凌乱为整体的教学法；④师生课堂互讲教学法；⑤个人钻研与集体讨论取长补短教学法。

这一阶段的显著成效是：通过加强教学管理和在教学法上的探索实践，教师的业务能力和教学水平稳步提高；班主任、辅导员制度和学生课代表制度的建立，以及学生代表参与学校各项民主管理，建立起了一种新型师生关系，学校形成了尊师爱生的良好风尚；通过思想教育改造和团组织、学生会、班委会的民主管理、民主自治，学生政治热情高涨，积极向上成为学生的主流，仅1950年冬到1951年春，在抗美援朝爱国主义热情激励下，投身革命、参军参干的学生就有77人。

（二）第二阶段为规范发展阶段，约从1953年下半年起始

这一阶段有两个显著标志：一是学校成立了党支部。1952年8月27日，共产党员张子荣到校任代理副校长，成为学校第一名共产党员。1953年6月27日，宜昌专署发布命令，任命共产党员、时任秭归县县长的张晓光为宜昌师范学校校长（省人民政府11月4日行文批复确认了这项任命），邹吉烨任副校长，原代理副校长张子荣调离。1953年11月，调入共产党员彭新沛任专职青年团干部。1955年3月，调入共产党员傅天峻任副校长。至此，学校有了三名共产党员。1955年5月，学校正式成立了党支部，张晓光任党支部书记兼校长。1955年学校还选举产生了共青团总支委员会，在学生班级和教职工中分别建立了团支部。

二是遵循《师范学校规程》办学。1954年11月，教育部颁布了《师范学校规程》，随后又颁布了《师范学校教学计划》《师范学校教学实习办法》等规章。学校组织教职工认真学习《师范学校规程》和有关规章，提高认识，统一思想，对照学校实际找差距、订措施、抓落实、促发展，学校出现了有序的、规范化发展的良好局面。

这一阶段，学校得到了全面发展，主要体现在：

（1）明确了培养目标，坚持了以教学为中心的指导思想。学校在1954—1955学年度的工作总结中说：1953年以前，对于应该如何办师范学校，学校的性质、任务怎样，思想上还很模糊。1954年以后，明确了学校是以培养小学教师为目标，"面向小学"是办师范学校的方针，必须树立以教学为中心的指导思想，促进学生全面发展。

学校在制订教学计划、组织教育实习和各项教学活动中，首先要求教职工始

终明确办学方针和指导思想,避免盲目性,增强了贯彻办学方针、着眼培养学生全面发展的自觉性。在教学上,学校要求教师全面系统地钻研大纲、钻研教材,认真分析学生情况,要在备课中把三者统一起来;教学中必须坚持启发式,坚持理论联系实际,坚持因材施教,做到目的统一、要求统一、进度统一,不允许有随意性。

1955年7月,学校《贯彻全面发展和面向小学方针的总结》和另外七篇专题总结材料,被全省中等师范学校会议选定为会议交流的典型经验材料,获得好评。

(2)加强了师资队伍建设。1953年下半年,学校明确提出要依靠教师办好学校。为团结教育知识分子,加强师资队伍建设,学校采取的主要措施有:坚持每周半天的学习制度,提高教师的政治思想水平;大张旗鼓地组织学习苏联教育理论,从开始照抄照搬,到认识到"必须把苏联经验与本校实际情况相结合",在学习和实际应用上都有了质的飞跃;加强教研活动,有计划地组织公开课、观摩课,强调集体备课和课后的集体总结、评议的重要性,共同提高业务能力;加强教学的检查督促,促进教师认真教学;鼓励和支持教师根据自己的文化基础和实际能力提出自学计划,学校则组织必要的学习辅导。此外还组织教师学习普通话等。

(3)进一步完善了规章制度。学校根据《师范学校规程》等规章的要求加强规范化建设。一是对各教学研究组、各班主任,各办事机构、群团组织,从过去的一般工作要求,到逐步明确各自工作职责,有的理出了条文,制定了细则。二是通过修订、增订,形成了较为系统化的规章制度。规范化的制度建设反映了学校管理工作走向成熟,管理水平逐步提高。

(4)发展了函授教育。1956年暑期,学校设立了函授部,在宜昌地区首次开展了函授教育。秋季招收了首批中文、数学两科的函授生945人,旁听生319人。学校在函授生最多的五个县城设立了函授站,在乡镇设了14个函授点,聘请校外兼职教师和辅导员82人。学校开辟的这一新的办学渠道,既帮助县乡小学解决了在职教师急需提高的实际困难,也是学校办学实力增强的一个标志。

经过几年的办学,学校的发展已粗具规模。1956年,已有专职教师38人,专业门类齐全,结构也较为合理,在较为稳定的教学环境中,大多数教师已成为教学骨干;在校学生(不含在籍函授生)已达13个班653人。学校形成了"艰苦朴素,面向农村,面向小学,忠于党的教育事业"的校风,培养的毕业生有较好的思想品德、知识才能、身体素质,普遍能服从组织分配,受到宜昌各山区县的欢迎。学校的办学规模和办学水平已位居全省中等师范学校的前列。

但在 1957 年全国"整风""反右"运动扩大化浪潮中,学校受到严重冲击。运动中有 13 名教职员被错划为"右派",还有多人受到处分。学校的发展落入低谷,1957 年只招收新生 79 名。而秋季升入三年级的 5 个班 235 名学生,也由于学校任课教师不足难以继续完成全部教学计划,因各县乡小学在"反右"后急需补充教师缺额,于 1958 年 2 月提前毕业分配了工作。

第二节　奋进与曲折(1958—1978)

一、乘势而上,拼搏奋进

从 1958 年 4 月起,学校开始了创办师范专科学校的各项筹备工作:

(1)调整即将迁入的新校址建设规划,增加修建专科教育的教学设施和专科学生宿舍等,确保秋季开学前能竣工使用。

(2)参照外校办师专有关资料,在暑期内拟订出中文、数学两科的教学大纲和教学计划。

(3)抓紧调入一批具有本科学历、能适应师范专科教学需要的教师。调入教师的渠道,一是调入华中师范学院当时在宜昌地区一个农场下放锻炼的讲师一人,助教 2 人;二是从宜昌地区范围内的高中或县级师范学校中选调拔尖者;三是从华中师范学院和武汉大学应届本科毕业生中择优选定后提前分配到校。在秋季开学前后,共调入 23 名教师,比较好地保证了师范专科教学任务的需要。

(4)特别函请革命教育家徐特立先生为学校题写校名。5 月发函,7 月徐老亲笔题写的"宜昌师范专科学校"校名及其孙女代笔的复函就寄到了学校,寄托了老一辈革命教育家对教育事业的深切关爱。

1958 年 8 月,宜都工业区行署文教会议决定,宜昌师范学校戴帽办师范专科教育,从秋季开始学校改名为宜昌师范专科学校。专科设置中文、数学两个专业(1959 年增设物理专业),学制一年(1959 年起改为二年)。根据行署分配的名额,由各县推荐保送首届新生,最终入学新生 206 人,中文、数学各三个班。

办学之初校内分为专科和中师两部分。专科部负责新开办的师范专科教育,有专职教师 23 人,党政人员 10 人;中师部负责原宜昌师范学校的中等师范教育,有专职教师 36 人,党政人员和工勤人员 19 人。

1961 年春季开学后,根据宜昌专署的决定,校内增设一个"中学教师进修部",由学校的函授部和专署文教局属下的教学研究室合并组成,共同负责学校的函授教育和中小学教师在职进修事宜。

为解决师范教育必备的附属学校问题,经地市领导人协商后确定,市第六中学改名为隶属师专的附属中学;将远离新迁校址的原宜昌师范学校附属小学交宜昌市改为市属小学,市港区小学则改为师范学校附属小学。

1958年11月,行署文教局长徐汝潭调任宜昌师范专科学校校长,原宜昌师范学校党支部书记兼校长张晓光调任行署文教局长。1959年7月14日,中共宜都工委批准建立师专党总支委员会,徐汝潭任党总支书记兼校长,雷举才任党总支副书记兼校团委书记,傅天峻为党总支委员并于1960年2月9日被任命为中师部主任。

宜昌师范专科学校在1958年"大跃进"中乘势而上,虽为戴帽办学,办学条件也难以令人满意,但教职工热情高涨,以艰苦奋斗精神克服困难,决心把学校办成真正的师范专科学校。然而处于特定的历史环境中,学校和教职工付出的努力难免带有时代的烙印。在当时盛行"教育革命要大搞群众运动""要从生产劳动着手"等口号下,学校也轰轰烈烈地办起了农场、机械厂、化工厂、砖瓦厂、炼铁炼钢炉厂等,种粮种菜,养猪鸡兔鱼,烧砖烧炭,大炼钢铁,教学计划总被打乱,正常的教学秩序受到严重冲击。

经过一个学期的办学实践,1959年1月,学校形成了《宜昌师专1958年的总结》和《关于我校教学改革情况的报告》,认真总结了办学中的经验教训,明确提出了"以教学为中心全面安排学校工作","以教学为中心建立和健全正常的教学秩序,严格执行各种规章制度,全面提高教学质量"等相关要求。

1959年1月以后,学校为办好专科教育采取了以下主要措施:

(1)加强对教学工作的统一领导、统一决策,保障教学工作的时间。1959年1月,学校成立了"三合委员会"。委员会由学校领导人、部门领导人和骨干教师11人组成。委员会根据"以教学为中心全面安排学校工作"的指导思想,通过合理调配,保障教学的时间,防止或减少对教学工作的冲击。1959年春季开学以后,由于"三合委员会"发挥了统一领导和协调作用,学校再没有随意停课。

1961年8月7日,学校党总支决定,学校实行党组织领导下的校长负责制,并成立校务委员会作为校长主持下的集体决策机构。同时,专科部、中师部、进修部也分别设立了部务委员会。在党总支领导下,校务、部务委员会对校、部教学中的重大问题较好地发挥了集体决策作用,推进了学校发展。

(2)加强对专科教育的管理,努力提高教学质量。1959年初,学校为加强对师范专科教育教学的组织与管理,调整充实了专科部办公室人员,设立了专科教学的各教研室，专门制定了专科班主任职责，将专科学生的宿舍楼、食堂、活动场所等，作为专门区域加以管理，保障专科学生有一个相对较好的生活、学习环境。

在教学工作上重视制度管理和教学过程的管理。学校坚持抓学生守则、考试规则、课堂纪律、辅导答疑制度、教研组工作制度、教务工作制度等规章制度的落实，用制度保障学校的正常教学秩序。

（3）以培养合格初中教师为目标进行教学改革。1959年、1960年的工作安排中，学校明确提出教学改革"要以培养合格初中教师为目标，全面提高教育质量"的要求。

为此，从1959年起，学校把加强基础课和工具课，增加基础课的广度和深度，千方百计保证基础课质量作为教学改革的重点，增加了基础课的教学内容和教学时数，并增加了基本技能训练的时间；对专业课程，则在保证学习质量基础上，删减繁琐或重复的内容，合并相近或交叉、重叠较多的内容，增加本专业领域的新知识；保持所选用教材的科学性和系统性，可根据教师的经验积累、经过教研室的集体讨论，编写补充教材；教学方法的改革则强调调动师生的积极性和师生互动。

（4）重视师资队伍的建设。1959年，学校形成了《我校是如何培养提高教师的》总结材料；1961年，制定了《宜昌师范专科学校教师提高规划》，认真贯彻党的知识分子政策，搞好青年教师的团结，抓好教师的业务进修，千方百计地调动教师的积极性，提高教师的业务水平。

在思想政治工作方面，从1959年起在教师中开展了政治挂帅好、备课好、上课好、批改作业好、辅导复习好的"五好"活动，激励老师"力争上游"；关心教师的政治进步，认真培养考察党的积极分子，1960年7月，学校党总支首次在中年教师中发展了两名党员，在全校知识分子中产生了较大影响。对于教师业务水平的培养提高，学校提出了三个层次的要求。第一个层次是打好基础。多数教师没有教过专科，少数教师没有本科毕业学历，学校要求这些教师首先打好基础，必须尽快过好"四关"：独立教学关、独立研究关、领导学生实习关、自学关。本着缺啥补啥、弱项先补的原则，各有侧重。未达到本科毕业学历的教师在两年内必须补习完本科的专业课程，办法是带、评、辅。"带"，采用拜师带徒方法传带带，由有高教经验、教学水平较高的教师进行一对一、一对二甚至一对三的帮带；"评"，有计划地组织公开课、观摩课，课后组织集体研究、评议；"辅"，学校保障教师个人自学时间，组织短训班或开设辅导课进行必要的辅导。第二个层次是对基本过了基础关的教师，根据教学需要实行定位、定向培养，明确各自的发展和进修方向。一是要求教师制订个人进修计划，经教研室（组）认可，坚持按计划自修，学校的图书资料优先满足教师教学和进修的需要；二是根据需要和可能安排教师到外校进修或作短期访问。第三个层次为"由博到约，博约结合"。教师在具有较广博知识和经验的基础上，在"专"的方面达到较高水平，在科研、学术上应有成果。学校要求这个层次的教师每学期至少应写出两篇较有见地的读书笔记或论文。

1959 年到 1961 年上半年，这两年半是学校的师范专科教育获得较为平稳发展的时期。1961 年暑假前，学校教职工达 145 人，其中专任教师 67 人；在校学生总数达 1005 人，其中师范专科 9 个班 271 人，中等师范以及幼师、体育、教育行政干部班共 16 个 734 人，这是学校发展的一个高峰。

二、调整后的曲折办学

由于自然灾害和经济困难，国家对高等教育进行了调整。1962 年 7 月 17 日，中共湖北省委批准了省教育厅再次调整省属高等学校的报告。在这次调整中，全省师范专科学校全部被撤销，宜昌师范专科学校"专科撤销，改办中专"。

中共宜昌地委于 8 月做出了停办师专、在原师专中师部基础上恢复建立宜昌师范学校的决定。原师专党总支书记兼校长徐汝潭调离，原师专副校长兼中师部主任傅天峻被指定为宜昌师范学校负责人，稍后调入黄荣誉主持宜昌师范学校全面工作。师专撤销时，学校对 82 名非毕业班专科学生作了妥善安排，或安排当了小学教师，或动员到农业第一线参加劳动。教职工队伍也进行了较大幅度的调整，教职工总数减少到 59 人，其中教师减为 31 人。教职工编制明确分为两部分：宜昌师范学校教职工共 40 人，其中教师 18 人；中学教师进修部共 19 人，其中教师 13 人。

中学教师进修部早在 1962 年 3 月就根据宜昌专区的安排，开始举办初中教师进修班，招收了首届 31 名学生独立组织教学。1963 年 3 月，宜昌专区正式决定"中学教师进修部"改名为"宜昌专区教师进修学校"，担负全地区在职中小学教师和教育行政干部的离职培训和在职函授任务。由宜昌专区文教局长王剑兼校长，傅天峻任专职副校长。

宜昌师范学校与宜昌专区教师进修学校由原师专的两个部而独立设置，同在一个校园，教学资源共享，关系密不可分。为此，中共宜昌地委决定实行一套党政班子、两块学校牌子的领导体制。1963 年 4 月，任命黄荣誉为党支部书记兼宜昌师范学校校长，傅天峻任宜昌师范学校副校长和宜昌专区教师进修学校专职副校长。

宜昌师范学校的培养目标是"面向小学"培养教师。根据不同的生源情况，学校实行三年制和一年制两种学制。以初中毕业生为招生对象的普通师范学生，学制三年；以高中毕业生为招生对象的"速成师范"班学生，学制一年。1965年还举办了一个"耕读师范班"，秋季从农村招生46人，实行"半农半读"，学制三年。1965年秋，有普通师范和耕读师范在校生9个班399人，速成师范在校生两个班147人，共11个班546人，为1962年以来在校生人数最多的一年。这一年，学校教职工也从1962年的40人增至62人，其中教师从18人增至35人。

宜昌师范学校具有长期办中等师范教育的实践经验，教学管理规范，规章制度健全，教学设施较完备，师资队伍的整体素质较高，因而1962年恢复性建校后充分展现了办学的继承性和连续性。为坚持以教学为中心，学校提出"必须防止一切妨碍教学工作的活动，从时间、精力、思想上坚持做到以教学为主，扎扎实实地提高教学质量"的要求。坚持从"面向小学"的培养目标出发，从农村教育的实际需要出发，把提高基础知识教学质量和加强学生教学技能的培养作为教学的重点。学校以较强的办学实力和较高的办学质量在宜昌地区赢得声誉。

宜昌专区教师进修学校在函授方面以"业余高等学校"名义同华中师范学院挂钩办五年制函授学历教育，办有汉语言文学、数学、物理、化学4个专业，至1965年秋，各年级的在校函授学生共有228人。同时坚持在一些县乡办中等师范函授教育。在校内则举办各种进修班，分为两个层次，一是初中教师进修班，分语文和数学两科分别办班，第一、二期的学制为半年，从第三期起改为学制一年，以解决初中教学中的实际问题为主，要求学员扎实地掌握初中教材的内容及教学法，学习必要的新知识，共同探讨和解决实际问题。二是小学教师进修班，学制一年，从1963年秋季起办班，每年招收3~4个班，以提高文化基础知识和教学基本功为主，集中学习语文、算术的课堂讲授，组织试教和见习等。此外还办有小学教育行政干部轮训班，学制半年，每年办一期，主要学习教育学、心理学和教育行政管理有关知识。1965年秋，有初中教师进修班、小学教师进修班和小学教育行政干部轮训班学生7个班共197人。这一年，宜昌专区教师进修学校的教职工增加到48人，其中教师增至34人。由于各进修班教学内容针对性强，能解决实际问题，颇受各中小学的欢迎。

三、"文革"中的办学和华中师范学院宜昌分院过渡期

1966年6月，"文化大革命"爆发，学校停课，党组织停止活动，各级干部

和以教师为主体的知识分子成为被批斗对象，两校先后有 17 人被关进"牛棚"，校园内各种设施横遭破坏，许多图书资料损毁或流失。

1967 年 12 月 25 日，学校首先成立了以专区文教局长兼校长王剑为主任的"宜昌专区教师进修学校革命委员会"。1968 年 4 月，重新成立以王剑为主任的两校统一的"宜昌师范学校革命委员会"，从此不再使用"宜昌专区教师进修学校"校名。

1968 年 11 月，"工人宣传队"和"解放军宣传队"进驻学校"全面领导斗、批、改"，两支"宣传队"的领导人成为校"革委会"的主要负责人。1969 年 10 月，宜昌地区"革委会"决定增补詹玉华、舒德彦、王秀珍三名干部为校"革委会"副主任委员或委员，由此校"革委会"内两支"宣传队"领导人和校内干部占有主导地位。

1970 年 10 月，学校成立临时党支部，工宣队长任临时党支部书记。1971 年 3 月，宜昌地委调管先润到校任"革委会"负责人和临时党支部负责人，全面主持学校工作；12 月，上级批准成立宜昌师范学校党总支委员会，管先润任总支书记，舒德彦任总支副书记。党总支成立后，着手重建校内机构，调整校内人事，整顿校内秩序，学校从此得到一定程度的恢复。

1971 年开始"复课闹革命"。秋季，学校首次招收中文、数学两专业工农兵学员和代培工厂委派学员 438 人，学制一年。1972 年增加英语、理化、革命文艺三个专业，五个专业共招收工农兵学员 591 人，学制一至二年。1973 年起基本形成两种比较规范的办学模式，一是办普通师范的语文、数学、英语三个专业，学制二年，为农村初中和小学培训教师，或为厂办小学代培教师；二是办语文、数学、理化、英语等专业的进修班，学制半年，主要培训各县的初中在职教师。经宜昌地区教育局批准，1975 年和 1976 年招中文、物理、英语三专业的"高师班"共 150 人。

其中：1975 年招 2 个班，分别分中文、物理班；1976 年招 3 个班，为中文、物理、英语班。1973 年恢复函授教育，先后在宜昌地区 8 个县开展了高等师范和中等师范的函授教育，约 70%在职教师参加了函授学习。此外，还举办了体育、美术、文艺短训班，中学领导干部、政治教员等学习班；派出多批教师到各县搞"面向农村、开门办学"，办了数十期短训班、培训班、进修班、辅导班，参加学习者近 1600 人。

自"复课闹革命"恢复办学以来，学校办学存在一些问题：一是学生数量多，但文化基础参差不齐，学制也不规范，主要是学制短，学生大进大出。二是办学质量难有保证。受"文革"的极"左"思潮影响，教学上搞所谓"打破陈规"，专业知识和教学技能学得不扎实。

1976 年粉碎"四人帮"、结束"文革"十年内乱以后,振兴高等教育、尽快弥补"文革"造成的人才断层是一项紧迫任务。1977 年,全国在秋季首次恢复高考招生。湖北省革命委员会以此为契机于 11 月 7 日发出"鄂革〔1977〕93 号"文件,批转省计委、省教育局《关于发展高等院校地区分院的报告》。《报告》列出要办的 15 所分院中包括"华中师范学院宜昌分院",规定"规模暂定为 360 人,设中文、数学、物理、化学等专业。学校设在宜昌地区师范学校"。因此,宜昌师范学校根据文件的精神更名为华中师范学院宜昌分院。1977 年 12 月 13 日,湖北省计划委员会正式下达了 1977 年全省各分院(校)的招生计划,为华中师范学院宜昌分院分配了中文、数学、化学三个专业各招收 30 名专科生的指标,学制四年(1978 年春季开学后即改为三年),由于后来扩大了招生规模,实际招收了中文、数学、物理、化学、英语五个专业的专科生 336 人。中等师范专业从此停办。

在 1977 年的扩大招生中,学校还以华中师范学院宜昌分院名义在当阳师范学校招收了物理、化学两个专业的专科生 34 人。同时,在原宜昌师范学校当阳县教学点试办了中文、数学两个师范本科专业的函授教育,招生 322 人。后来这两处的学生按上级有关规定移交了出去。

华中师范学院作为华中师范学院宜昌分院的总院,遵照批转文件中的要求在教师培训、教材建设、教学资料、教学物资等诸多方面给予了热情的帮助、支援,进行了人员交流和指导。

第三节　发展与改革(1978—1996)

一、在拨乱反正基础上实现学校稳步发展

1978 年 4 月 1 日,教育部在《关于同意恢复和增设普通高等学校的通知》中,发布了经国务院同意恢复和增设的一批普通高等学校,其中湖北省有七所,宜昌师范专科学校是七所之一。这是学校发展进程中的重大历史转折点,为学校的快速发展提供了历史性的机遇。

对宜昌师范专科学校的改建,中共宜昌地委把加强学校党政领导班子的建设放在首位。1978 年 5 月 5 日,地委任命原宜昌师范学校党总支书记兼革委会主任管先润为宜昌师范专科学校党委副书记兼校长,调王丽云(女)任党委副书记兼

副校长。两位领导人随即主持校内的组织、人事调整工作，办事机构设立了学校办公室、政治处(1979年初改为党委办公室)、教务处、后勤处。9月26日，任命安兰硚为副校长、党委委员；同时任命了各办事机构主任，其中校办公室、政治处、后勤处主任为党委委员。学校正式成立党委会，并实行党委领导下的校长负责制。1979年7月24日，王丽云调离，新任命詹玉华(女，原校办公室主任)、张国然(原后勤处主任)为副校长。1980年5月14日，管先润专任校党委书记，张国然出任校长。1981年9月28日，安兰硚调离，张国然任校党委副书记兼校长，朱辕任副校长。在1982年党的十二大以后，随着教学改革形势的发展，1984年7月，宜昌地委对学校领导班子进行了一次大的调整，除党委书记、校长未变动外，王正清、周力、刘锦程新任副校长，詹玉华改任纪委书记，朱辕改任顾问。领导班子的知识结构和年龄结构得以改善。

学校在"文革"后直至1983年左右的工作重点，主要是着力抓好思想上、组织上的拨乱反正，落实党的政策，同时在大力整顿教学秩序的基础上，明确办学定位，制定发展规划，实现学校的稳步发展。

(一)拨乱反正，落实政策

首先，从思想上拨乱反正。1978年7月，学校传达学习全国、全省教育工作会议精神，在全校大张旗鼓地开展拨乱反正的教育活动。这次教育活动，着重是彻底推翻"四人帮"在"文革"中为恶意诋毁全国解放以来教育战线的巨大成就而炮制的"两个估计"，使全校教职工，尤其是知识分子在思想上得到解放。此后，相继开展了学习党的十一届三中全会精神、学习"实践是检验真理的唯一标准"、批判"两个凡是"等教育活动，从思想路线上正本清源。1981年7月，组织学习《关于建国以来党的若干历史问题的决议》，认真领会中央关于实事求是地评价1949年以来功过是非等论述，在全校比较好地达到了"统一思想，团结一致向前看"的目的。在党的十二大以后，根据分期分批进行整党的任务安排，学校于1985年7月10日开始全面整党，1986年1月整党结束。这次整党活动进一步在党内统一了思想，纯洁了组织。

其次，从组织上拨乱反正，落实党的政策，妥善解决历史遗留问题。1978年12月，学校根据党的十一届三中全会精神，成立了由管先润任组长的三人领导小组，下设落实政策办公室，开始接待来访，甄别材料，清理历次政治运动中受到审查、批判、处分、处理的人和事，开展平反冤假错案的工作。主要工作于1979年完成，此后根据中央相继出台的政策，遵照完全彻底、不留尾巴的要求，数次进行了复查，一直延续到1985年才正式结束。在此项工作中，妥善解决了各类个案 34 件，包括在历次政治运动中被错划"右派"、被关"牛棚"、被错误定性或"戴帽"以及受到处分、处理的各类个案；全面清理、整理了 208 份干部档案，清除了档案中在历次政治运动中所形成的种种不实之词材料；清退了"文革"中被查抄的物资。

在落实政策妥善解决历史遗留问题的同时，学校十分重视落实知识分子政策。在政治上，珍惜知识分子的进步追求，从 1980 年到 1983 年，先后发展了 16 名优秀知识分子入党，破除了过去一段时期里高、中级知识分子入党难的局面。在干部任用上，按照干部"四化"的要求，着重考察、选拔了一批中、青年知识分子担任校、处、科(室)领导职务，改善了干部队伍的知识结构和年龄结构。在解决教师的职称待遇问题上，1978 年 6 月湖北省首次恢复高校教师职称评定工作，学校立即组织评定和报批，有 12 位教师获得讲师职称。至 1983 年，先后有 6 人晋升为副教授，48 人获得讲师职称，36 人被定为助教。在生活上，比较好地解决了夫妻两地分居和家属子女"农转非"等实际问题，一定程度上改善了知识分子的住房条件和其他生活条件。

(二)大力整顿教学秩序

学校以建立正常的教学秩序为重点，狠抓教学的治理整顿。一是思想教育，力求清除"文革"中无视纪律、否定规章制度所造成的思想混乱；二是抓紧建章立制，有恢复，有增订，很快形成了系列的规章制度；三是加大管理力度，严格执行纪律，做到奖惩分明。学校把规范教师的课堂教学行为，加强常规教学的组织管理工作作为建立正常教学秩序的重点，分别出台了"十项要求"和"九项坚持"等规定。对教师课堂教学的"十项要求"是：一要按时上课；二要带讲义上课；三要严格要求，既要讲好课，又要管好课堂纪律；四要板书整齐有序；五要用普通话讲课，语言要清晰明白；六要注意讲课内容的科学性、观点的明确性和论证的逻辑性；七要讲明重点和难点；八要引导学生读书，启发学生独立思考、独立获取知识；九要布置适当的作业；十要坚持教书育人，管教又管导。对常规教学组织管理的"九项坚持"是：一是坚持检查上课讲稿；二是坚持以教研组为单位听课；三是坚持到课堂查课；四是坚持以教研组为单位组织公开课；五是坚持青年教师试讲；六是坚持主要学科的辅导制度；七是坚持随机的和阶段性的教学检查；八是坚持在教研组内有计划地开展教研性的集体备课；九是坚持校处领导深入教学第一线听课、查课。"十项要求"和"九项坚持"在学校改建最初几年内，较好地做到了教学有规矩、考试有依据、检查有标准，对于克服教学中的随意性和盲目性，稳定教学秩序，保障教学质量，发挥了重要作用。

(三)明确办学定位，落实发展规划

1980 年、1981 年，学校在全校组织传达了全国师范院校工作会议、全省高等学校教学工作会议和全国中小学师资工作会议精神，突出解决了一个问题：办学方向，确立学校的办学定位，规划学校发展。办学方向是：面向初中办学，为宜昌地区培养合格的初中教师，全心全意地为初中教育服务。办学定位是：学校办学应具有"八字特点"，即新办、地方、师范、专科。"新办"是指学校在"文革"后刚改建成为专科，过去办中师的教学和管理水平不能适应需要，既要有迅速提高办学水平的紧迫感，又必须面对现实在新起点上先打好基础再加快步伐。"地方"，是指学校办在山区县居多的宜昌地区，培养的人才必须适应鄂西山区发展教育事业的需要，使之能扎根山区。"师范"，这是学校性质所在，学校应当成为培养初中教师的摇篮，要使学生既有较宽厚的知识根底和从事教育工作的技能，又具有良好师德，能为人师表，会做学生工作。"专科"，是指学校属于不可或缺的专科教育层次，既不能用长期办中等师范教育的模式沿用于办专科，也不能高攀本科教育办成"压缩饼干式"的专科，要立足于探索、实践，在新的历史条件下办好专科之路。基于对"八字特点"的认知，学校制定了《1981 年至1985 年发展规划》，用以指导办学实践。

《1981 年至 1985 年发展规划》(简称《发展规划》)重在打好办学基础。《发展规划》着重抓好两项基本建设：一是教学上围绕提高教育教学质量打好基础，抓好各项基本建设，以及相关的基础设施建设；二是以提高整体素质为目标的师资队伍建设。

学校坚持以培养合格初中教师为目标，提高教育教学质量，采取的主要措施有：着眼于打好基础、开发智力、培养能力，编写好教学大纲，调整好教学计划，组织骨干教师在"文革"后尚缺乏合适的师范专科教材情况下编写适用的系列教材、讲义、习题集，以解燃眉之急。克服困难，投入经费，创造条件，努力解决好教学实验的仪器设备和实习基地等问题，使实验、实习等实践性教学环节得到加强；加强图书馆建设和其他教学设施建设。为使学生更能适应山区学校的实际需要，在体育课程教学中适当增加体育理论的教学；在体育锻炼方面，统一推行《国家体育锻炼标准》，实行男女学生分班上课和组织锻炼，大力组织各项竞赛活动，努力提高运动水平和学生体能。十分重视对学生进行"以教师为荣""以献身山区教育事业为荣"的专业思想教育，把这种教育贯穿于教育教学全过程。教育部黄辛白副部长 1981 年 10 月 28 日到校检查工作时，对学校确定的培养目标、制定并实施的发展规划及所采取的措施，给予了充分肯定。湖北省教育

厅(局)在 1981 年至 1985 年间，组织编写全省师专通用教材时，吸纳学校 11 名教师参与此项教材和大纲的编写工作，其中帅绪芝、谢道弋、曹文安、危世琼、颜克美、李祖林分别主编了《解析几何教学大纲》《解析几何讲义》《高等几何教学大纲》《现代文学教学大纲》《中国现代文学名著选讲》《心理学》《分析化学》《现代汉语》《初中古代汉语实习资料》；其他教师也参与编写了有关教材。曹文安还于 1984 年主编了《全国师专古代汉语教学大纲》，并担任全国师专通用教材《古代汉语》的副主编。

学校把提高师资队伍整体素质作为实施《发展规划》的一项基础工程来抓，主要措施有：调入、引进了部分高学历、高职称的教师，将一部分学历较低且不适宜教学工作的教师调出，以改善教师队伍知识结构。按照"校内为主、外送为辅"的原则，在校内举办各种培训班、进修班，并尽力选拔一批教师到外校进修。把培育、提高教师的学术科研水平作为师资队伍的一项基本建设来抓。针对学校在学术科研方面基本处于空白状态的实际情况，学校于 1979 年首次提出"科研要起步"的要求，并成立教学研究委员会、学术委员会，创办校内学术交流刊物《教学与研究》(1984 年经批准改为《宜昌师专学报》)，从 1980 年起每年举行一次科学报告会，为全校开展学术科研活动创造条件。1981 年湖北省教育厅召开全省高校科研工作会议，明确提出"新建院校要适当开展科研工作"的要求。学校提出了"围绕教学，面向中学"的学术科研方向，规定讲师以上教师要撰写论文，把提高学术科研水平列入教师必备素质。从 1983 年起，学校每年安排专项经费，以支持各教学科申报学术科研项目。至 1985 年，全校共发表论文 547 篇，虽然基本上都是在校内《教学与研究》刊物和科学报告会上发表的，但已出现了不少水平较高的论文。同过去相比，已实现了从无到有的突破，为 1985 年以后迅速在科研方面出人才、出成果打下了良好的基础。

二、以改革促发展，全面提高办学水平

在全国教育领域兴起改革的形势下，学校根据 1983 年 8 月全省师专教学改革座谈会的精神，当年在后勤、教学方面局部推行改革。1984 年 11 月学校召开首届教职工代表大会，对正在实施的《1981 年至 1985 年发展规划》适时进行调整，提出了一个推进改革措施的新的三年发展规划。

1985 年 5 月，中共中央发布《关于教育体制改革的决定》，标志着全国的教育体制改革进入了新阶段。1985 年 9 月，湖北省委、省政府确定学校为副地级事业单位。1987 年 2 月，省委、省政府和省委高校工委任命高进仁任党委书记兼校

长，周力任党委副书记，王正清、刘锦程任副校长，管先润任纪委书记，这是在全国教育体制改革新形势下出现的学校领导班子的重大变化。学校党政领导班子审时度势，于 1987 年 12 月召开第二次教职工代表大会，制定并通过了学校发展新三年规划；1988 年 4 月学校召开第一次党代会，进一步把学校发展的指导思想明确为"解放思想、深化改革、总结经验、创新前进"，并审议通过了学校 1986 年至 1990 年的"七五"发展规划。

于 1983 年起步的几项局部改革，之后逐步扩展为全面推进改革的态势。尤其是 1985 年到 1991 年，是学校推进各项改革，迅速增强办学实力和提高办学水平，获得全面发展的重要阶段。推进的各项改革及其成效主要包括以下四个方面：

（一）围绕培养目标推进多项教学改革，成效显著

学校根据 1983 年全省师专教学改革座谈会精神，把"面向农村培养教师，增强学生适应能力，提高学生的教学技能"作为教学改革的主要方向，提出了"加强基础、培养能力、注重实践、训练技能"的教改原则，先后实施了以下改革措施：

1. 大力推进合格课程建设

从 1983 年开始，学校调整、更新课程内容，压缩讲课时间，让学生有适当的自主学习时间。为防止实践中的随意性，加强规范性，1987 年开始了"课程建设"和"题库建设"活动，先后出台了《题库建设办法》和《课程建设与评估方案》，推进教考分开。经各系选报，1989 年有 6 门课、1990 年有 7 门课被选定进行课程建设。"课程建设"分为"合格课程"和"优质课程"两个等级。1991 年 2 月，学校出台《课程建设合格课程评估方案》初稿，9 月出台修改稿，按照评估方案的规定，确定了系评估验收小组审查通过、校评估小组核实验收、校教学委员会审议同意的程序。据此首次评出了 6 门合格课程，至 1996 年，又评出合格课程 18 门，其中"马克思主义哲学原理"课程于 1994 年被省教委评为优质课程。

2. 成功推进了主辅修专业模式，开设选修课程

学校针对毕业生主要到山区县任教，在专业结构和知识面上需要成为多面手的实际情况，在两方面推进改革：一是在专业上实行"主辅修"。即学生以学习一个专业为主，同时辅助性地学习另一个专业的主要课程，这是为适应山区县中学教师常常教两门不同专业课程的需要而提出的改革方案。经报省教育厅同意，首先在 1983 年入学的化学专业学生中试行化学辅修生物模式。学校对 1986 年毕业的全部 59 名毕业生作了跟踪调查，有 31 人在中学同时教化学、生物两门课

程，证明此项改革十分必要。1986年11月省教委正式批准了此项专业模式。在此基础上，学校相继实行了生物辅修化学，以及物理、政史等专业辅修相近专业的模式。二是开设选修课程。从1984年起，试行把音乐、美术、体育等列为学生选修课程，经逐年扩展，至1991年，学校公布的选修课程达30项，所选课程已涵盖学校全部专业范围。选修课程实行学分制，学满学分为合格。学生主修专业成绩优异，本人愿意，也有潜力多选修几门课程，其主修专业的某些课程可以申请免听课而只参加课程考试。

3. 强化学生的基本技能训练

1984年、1987年、1991年，学校先后制定了《能力培养大纲》《语言文字工程》《学生的教师职业技能训练方案》，规定了学生必须具备的讲、写、画、唱、教各种技能要求，并提出了"十项技能测试"标准。学校于1988年10月成立了语言文字工作委员会，把规范语言文字和讲普通话作为学生必备技能进行检查指导，并在全校大力推广、指导讲普通话活动。此项工作成绩突出，1991年，学校被评为全省语言文字工作先进集体；刘芳老师于1984年就被评为湖北省推广普通话先进工作者，1993年被评为湖北省语言文字先进工作者，1992年和1997年被评为全国语言文字先进工作者，1995年获得全国语言文字规范知识竞赛指导奖和优秀组织者奖。学校有计划地组织多种形式的演讲、竞赛活动，使学生的技能有天天练、经常练的机会。为强化理科学生的实验基本技能，学校对理科学生开放实验室，让学生从教师的"手把手"到"自由走"，从摹仿性实验到自主设计实验。对师范学生必不可少的综合性教学实习，学校不仅延长了综合实习时间，在实习内容上也从过去较为单纯的讲课实习，改为讲课与做班主任工作并举，学生在掌握讲课技能的同时，还必须掌握做班主任工作所必需的家访、个别辅导、主持学生课外活动、召开家长会等技能。

(二)在管理体制改革方面取得较好成绩

1. 实行校、科两级管理体制

从1984年起，学校给各教学科下放自主权。学校进行宏观管理，各教学科实行科主任责任制。按照责、权、利一致原则，各教学科在组织、检查教学工作，安排教师教学任务，开展学术科研工作，超工作量酬金和学生奖学金的评定、发放等方面行使自主权，有力地发挥了教学科的主动性和积极性。

2. 试行中层干部的民主推荐

1987年，学校党委对中层干部的任用首次采用了民主推荐与组织考察任命相结合的方法。通过召开教职工座谈会推荐、组织民主推荐等形式，广泛听取教职工意见，在此基础上经过组织部门按规定程序进行考察、报批，共有57名具有副教授、讲师职称，年富力强的干部担任了副县级和正副科级领导职务，这是优化干部队伍年龄和知识结构、增加干部队伍建设透明度的一次成功实践。

3. 职能部门实行了管理评估制度

为推进规范化管理，提高管理水平，学校于1988年10月出台了《教学管理评估方案》，从内部建设、职能作用、工作纪律、工作绩效等多个层面作了条理化的评估和量化评分规定。学校成立考核评估小组，对各教学职能部门和单位进行评估，效果良好。以此为样本，1989年学校相继出台了《机关管理工作评估方案》《学生管理工作评估方案》等，在全校开展全面评估，并将评估结果与干部职工的任用或聘用、职称的评定以及经济利益挂钩，有效地促进了管理工作的规范化。

此外，对于学生的教育管理，学校在强化落实学生管理部门责任的同时，把"管理育人""教书育人""服务育人"分别列入学校其他管理人员、教学人员、服务人员的责任制之中，在全校范围逐步形成了"三个育人、齐抓共管"的机制。

（三）在师资队伍建设上，大力推进教学、科研"双实践"，出现了人才、成果双丰收的可喜局面

1984年以后，在师资队伍建设上，学校从过去侧重于充实数量转到了注重提高质量上来，并且突出教师队伍的教学、学术科研梯队意识。学校着眼于通过大力推进教学、科研"双实践"，为教师提供一个能更好地施展才华的广阔平台，在不断出人才、出成果中提升教师队伍的整体素质，形成梯级人才队伍。在教学上，要求中老年教师上教学第一线，起到示范作用、把关作用，当好青年教师的导师；对青年教师则首先要求必须过好教学关，学校组织"青年教师优质课"和"青年教师职业技能竞赛"等活动，促进青年教师提高教学水平。在学术科研方面，重视发挥中老年教师的骨干带头作用，在时间、经费等方面适当倾斜，为他们到校外进修、做访问学者、参加各种学术科研交流活动提供方便；对青年教师，支持、鼓励他们在学术科研上发挥创新精神，支持、鼓励他们攻读研究生，并带着课题去拓展思路，取得成果。

学校于1986年首次制定了"七五"科研规划，明确提出了"以提高教师学术水平和业务素质为主要目标，以教学为中心，以科研促教学"等要求。学校设立了科研科，建立了专项科研经费和项目的申报、审批制度。从1987年起，学校申报的科研项目每年都有二三个项目被省教委选中作为重点科研项目立项，拨给科研经费；学校也每年确定一批校级科研项目予以支持。学校坚持每年召开一次科学报告会，展示成果，交流经验。

在教学和学术科研成果方面，1985 年至 1991 年间，开始出现人才、成果双丰收的可喜局面：

（1）出版了一批教材。全校有 35 人主编、参编了全省师专通用、中南五省师专通用和全国师专通用的教材 63 部，其中王正清、曹文安、朱辕、危世琼、帅绪芝、方东升、颜克美、周力、李拱辰、罗善翠、甘良仕、刘瑄传、李友益、刘青春等先后主编出版了《数学物理方法》《原子物理学与原子核物理学》《近代物理》《普通物理——光学》《古代汉语》《心理学》《教育学》《解析几何》《高等几何》《高等代数简明教程》《分析化学》《有机化学》《综合英语》《综合英语教程》《英语阅读》《实用英语基础语法》《中国当代文学教程》《马克思主义原理纲要》《当代中国社会主义的理论与实践》《形势与政策简明教程》等 31 部教材。

（2）出版了一批著作、译著。有 5 人出版了个人专著、译著（共 8 部），包括张道葵 1987 年的《美学通论》，金道行 1985 年、1991 年的《中学作文技法》和《写作心理探索》，曹海英 1988 年、1989 年的译著《东经三十四度线》和《芭蕾之恋》，姚永标 1989 年、1990 年的诗集《而立之年》和《陌生的城》，彭万华 1988 年的《中外著名化学家传略》；有 7 人合作编写或分别参与编写出版了《元曲词典》《简明当代西方经济学辞典》《实用教学词典》等 9 部著作。

（3）参加国家自然科学基金资助重要项目的课题研究或在国内外重要学术会议上发表了一批高质量的论文，有的取得了重要成果。其中，冯明在华东师范大学攻读在职研究生期间，参加了由中国科学院系统科学研究所、北京大学、清华大学、南开大学、上海交通大学、华东师范大学等 19 所著名高校和科研所共同进行的国家自然科学基金委员会资助的重大科研项目"中国控制系统计算辅助设计（CADCSC）软件系统"的研究。参加研究者 125 人，冯明在导师阮荣耀教授的指导下，独立承担了"开发 SSMDID 子系统"的课题研究，并将此课题于 1989 年 6 月研究生毕业返校时带回学校继续圆满地完成了研究任务。此项重大科研项目于 1991 年 11 月通过了国家自然科学基金委员会组织的成果鉴定，认定"该软件系统已达到国际先进水平"。冯明在导师指导下完成的又一个国家自然科学基金资助课题的论文《多变量随机系统的辨识软件 IDMR》，1991 年 7 月在匈牙利布达佩斯举行的"第九届国际辨识与系统参数估计会议"上采用，本人应邀到会宣读了论文。1989 年 10 月，日本系统控制和信息工程学会"第 21 届随机系统理论与应用年会"采用了冯明的论文《离散随机自适应控制系统的稳定性分析》，并发出了参会邀请，冯明因故未能到会。

石亚非在华中师范大学做访问学者期间，在刘连寿教授指导下，与庄鹏飞博士等合作，开展高能重离子碰撞唯象理论研究。1990 年 1 月，在美国《物理评论》上发表了与刘连寿、庄鹏飞共同完成的论文《高能核——核碰撞的快度分布》。这是学校教师在国际权威学术刊物上最早发表的论文。1989 年至 1991 年，他先后与同行合作，在国家核心学术刊物《高能物理与核物理》及其英文版、新加坡《现代物理快报》等学术刊物发展论文 10 余篇，并获得湖北省自然科学优秀学术论文三等奖。

王正清教授领导的"粒子物理研究课题组"所研究的粒子物理课题，从 1987 年起连续 7 年被省教委列为省级重点科研项目，每年拨给科研经费，王正清个人或与他人合作先后在国内《高能物理与核物理》、美国《物理评论》、新加坡《现代物理快报》等刊物发表了《高能不等核碰撞的末态粒子的快速分布与流体模型》等 5 篇重要论文。

孟祥荣在上海复旦大学做访问学者前后的 1987 年至 1993 年，在《中华文史论丛》杂志上发表了 4 篇研究晚明文学的系列论文，得到上海古籍整理规划小组副组长、该杂志主编的专门推荐并高度评价该文"为晚明文学研究做出优越贡献"。

冯笙琴 1988 年研究生毕业回校工作后，从 1988 年至 1990 年在《高能物理与核物理》等国家核心学术刊物发表重要论文 3 篇。彭必源 1986 年 2 月至 10 月参加《光明日报》组织的"社会主义经济理论通信讨论会"，有 4 篇论文被收入会议简报发表；1991 年参加武汉大学"经济发展与经济增长"课题组，也有两篇论文被课题组采用发表。

（4）在教学和学术科研以及书法赛等方面获得一批奖项。获奖者中包括教师、学生和其他干部职工。主要奖项有：

张道葵及金道行的论文，获 1989 年全省高校优秀教学成果二等奖；后勤干部杨成武的论文获 1988 年全省高校后勤管理学会优秀论文一等奖，另有两名干部的两篇论文获三等奖；张金华、周敏合写的论文获 1991 年湖北省体育研究会论文一等奖；从 1987 年到 1991 年，有 14 名在校学生的论文获全省大学生科研论文三等奖。

周德聪 1987 年、1988 年分获全国青少年书法篆刻第二届神龙大奖赛青年甲组金奖，湖北省书法大赛二等奖，湖南省"龙年国际书法电视大赛"铜奖，中央电视台硬笔书法大赛三等奖，并于 1988 年获得全国书法六段段位。

此外，张德煌、张德炯合作研制的"变色彩灯"于 1991 年 10 月获国家专利局的专利证书。

（四）后勤改革成绩突出

1983 年初，学校开始试行食堂经营承包责任制，打破原来的教工食堂、学生食堂界限，改为第一、第二食堂展开竞争。8 月的全省师专教改座谈会后，进一步完善了承包措施。两食堂在竞争中增加花色品种，转变服务态度，明显改善了伙食质量，受到师生欢迎。1984 年 5 月，《湖北日报》发布消息，称赞"宜昌师专食堂办得好"。1988 年 9 月，省教委在学校召开全省师专食堂工作现场会，总结、推广学校食堂改革经验。

1983 年下半年，学校成立服务公司作为独立核算的经济实体，对全校各项后勤服务工作实行统一管理、分项承包。其中校园环境绿化承包成效最显著，校园绿化覆盖率达 85%，校区美化、洁净，学校多次被评为省市绿化先进单位；1986 年、1991 年还被中央绿化委员会等单位评为"全国绿化先进单位""全国造林绿化先进单位"。王志超获得全国绿化先进个人奖。

1988 年 7 月，省教委批准了学校的《深化后勤改革方案》。根据《方案》，学校服务公司实行企业化管理，进行人事、工资制度改革，打破干部、正式工、临时工界限，实行人员"双向选择"。此项改革进一步搞活了学校的后勤工作，效果显著。1989 年 3 月，省教委在学校召开全省专科学校后勤管理体制改革现场研讨会；4 月，学校服务公司被省教委评为"先进单位"；1990 年 4 月，学校总务处也被省教委评为"全省高等学校先进集体"，刘锦程、董明香则被评为全省高校后勤先进工作者。1990 年 6 月，国家教委在武汉召开全国高等学校后勤工作暨表彰大会，学校被评为"全国高等学校后勤工作先进集体"，校服务公司经理杨泽尧被评为 1990 年度"全国高等学校后勤系统先进工作者"。

在各项改革取得显著成效的情况下，学校步入了快速发展的轨道。普通专科办学，1978 年只有语、数、理、化、英五个专业，现增加了教育管理、政史、体育三个专业，还有化学辅修生物等五个主辅修的专业；在校学生数至 1991 年底已突破省政府 1985 年核定批准的 1800 人规模。函授、夜大学、干部专修科等多种形式的成人高等教育进入发展高峰期，函授专科有 6 个专业，夜大学有 5 个专业，从 1985 年至 1990 年招收函授生 1665 人，毕业 1015 人；招收夜大学生 347 人，毕业 204 人；招收和毕业干部专修科学生 272 人；此外还办有高等教育自学考试、电视大学以及各类培训班、短训班，拓展了与外单位联合办学渠道，招收自费生、委培生。学校已形成多形式、全方位的办学格局。学校教职工队伍不断壮大，1978 年，全校教职工 168 人，其中专任教师 91 人；至 1991 年底，全校教职工数达 420 人，其中专任教师 232 人，包括教授 4 人、副教授 25 人、讲师 62 人，其他专业技术人员有 81 人获得高、中、初级职称。图书馆图书 1978 年约 10 万册，至 1991 年超过 30 万册。校园建筑面积 1991 年比 1978 年增加近两倍，校容校貌发生了巨大变化。1988 年省教委对全省师专的办学进行检查时，学校被评为"办学方向端正，办学条件、办学效益俱佳"的学校之一，获得奖金 10 万元。

三、在深化改革中开创新局面

1991 年前后，湖北省委、省政府对学校党政领导班子进行了新调整。1990 年 12 月，杨红(女)、石亚非两位青年干部充实进领导班子分别任党委副书记兼纪委书记和副校长；1991 年 5 月，宜昌地委宣传部长易纪维调任校党委书记，高进仁则任校长、党委副书记；1992 年 11 月，增加一位副校长李光明。新一届校党委和行政班子把大力推进学校的深化改革作为工作重心。1991 年秋季新学年开始后，党委书记和校长就分别带领有关干部到全国近 20 所本专科院校就深化改革问题学习取经，返校后在教职工中组织传达讨论，在中层以上干部中结合学校实际情况进行深入探讨。1992 年春，邓小平南方讲话的发表，为学校推进深化改革提供了强大的动力。校党委于 1992 年 3 月 27 日召开专题研究学校深化改革的党委会，确定从学校内部管理体制和教育教学两方面有序地推进和深化学校的改革，明确内部管理体制改革是突破口，是关键，要先行一步；教育教学改革是核心，在内部管理体制改革取得进展后再有序跟进。因此，决定先成立一个学校内部管理体制改革领导小组，由副校长刘锦程、石亚非担任领导小组正副组长，研究、草拟内部管理体制改革方案。5 月中旬，校党委审议同意了经过广泛征求意见和反复论证后成稿的《宜昌师专内部管理体制改革方案》，并先后向省教委和宜昌市委、市政府领导人作了专门汇报，获得同意和支持。此后，改革方案又经过学校中层以上干部会议五天的讨论，对改革方案及与之配套的系列子方案达成了共识，统一了思想。7 月 2 日至 4 日，学校举行第三届教职工代表大会，经过充分讨论，大会通过了《宜昌师专内部管理体制改革方案》及其 11 个子方案。

1992 年秋季新学年开始，学校正式组织实施内部管理体制改革方案。由于改革方案出台前思想政治工作做得比较扎实，讨论较为充分，认识较为统一，各项改革措施推行比较顺利，取得明显成效。

在此情况下，1992 年 12 月 21 日，校党委以贯彻全国高校工作会议精神为契机，召开了深化教育教学改革专题会议。会议认为要抓住有利时机，把教职工在内部管理体制改革中激发出来的积极性适时地引导到积极投入教育教学改革实践中来。通过教育教学改革的适时跟进，使内部管理体制改革和教育教学改革在后续的同步并进中互相促进，更好地开创学校发展的新局面。会议提出学校深化教育教学改革的指导思想是：全面贯彻党的教育方针，解放思想，更新观念，转换办学模式，改革教学管理，优化课程结构，更新教学内容，改进教学方法和手段，加强学生的素质和能力培养。目标是：通过改革，逐步建立起适应市场经济需要、具有师专特色、有利于使教学工作充满生机与活力的教学管理体制，建立起能够主动适应农村基础教育转轨和经济建设需要的内容体系和课程结构，建立起有利于充分调动和发挥教与学双方积极性的激励竞争机制，促进学校的教育质量和办学效益上一个新台阶。会议决定成立以主管教学工作的副校长石亚非为组长的学校教育教学改革领导小组，由其负责制定出改革方案。1993 年 4 月，经过广泛征求意见和校党委多次讨论修改的《宜昌师专教育教学改革方案》出台，在向省教委专门汇报并获得同意后，学校将教育教学改革方案及其 11 个子方案，提交给 4 月 22 日至 24 日举行的第三届二次教职工代表大会审议，大会经过充分讨论，通过了执行决议。

在内部管理体制改革方案实施一年后，1993 年秋季新学年伊始，教育教学改革方案也正式实施，从此两个改革方案在实施中同步并进。两个改革方案的实施触及了学校各个方面。学校的发展已突破前十年认定的"新办、地方、师范、专科"的"八字特点"定位，已经从"新办"走向成熟，已经不限于"地方、师范、专科"而扩展了发展空间，进入了快速的大发展时期。

学校在实施两项改革进程中，不断发生着深刻的变化，主要体现在：

（一）以内部管理体制改革为突破口，转换了机制，增强了活力

1. 改革了行政管理体制

在坚持党委领导下的校长负责制的前提下，实行校系两级管理，重心向下，加强系级力量。明确系是按专业性质设置的教学行政组织，健全了系级领导班子，实行了系主任负责制，建立了系级的党政联席会议制度。系在学校工作总目标下，有相应的师生管理、教学管理、校内工资和创收留成自主分配等多方面的自主权。在校一级，采取合并、合署办公等措施精减党政办事机构和人员，办事机构由 21 个减至 14 个，工作人员减少了 22%；明确各职能办事机构的职责范围，在各职责范围内根据党委和校长的决定发挥计划、指导、督办、服务作用，

强化服务意识。学校对系和学校各职能办事机构实行目标管理，各系和各职能办事机构都要签订目标任务书，学校根据目标任务书实行考核。目标任务书目标明确，任务清楚，各司其职，各尽其责，提高了校系两级管理运行的效率。

2. 改革了劳动人事管理制度

学校实行全员定编、定岗、定责和全员聘任制。除党群系统由选举产生的干部仍按有关章程办理外，全校其他各级干部都实行以任期目标责任制为基础的聘任制。学校各行政职能部门的正职和各系主任，由党委研究决定，校长聘任；副职及正副科级干部实行"双向选择"，由党委考核，再由所在单位的正职聘任。党委工作部门的正职由党委聘任，副职由正职提名，党委聘任。实行干部聘任制后，全校原有95名中层干部聘任了82人，其中有11人高职低聘，有19人低职高聘，并且有16名德才兼备、学有所长的青年干部被聘任到领导岗位上，体现了选贤任能原则。

对教师实行职务评聘分开，可高职低聘、低职高聘。对确有真才实学，经考核为优秀、能履行高一级教师职务者，实行低职高聘。1992年至1994学年度，讲师高聘为副教授者8人，助教高聘为讲师者5人。对在相应职务上经考核为不称职者实行高职低聘。同时根据教师工作量情况来确定对教师的全聘、半聘或缓聘。

在其他干部、职工的人员配置上，实行"双向选择"，使干部职工有一个选择能发挥自己专长的工作岗位、有人尽其才的机会。

3. 实行了分配制度的改革

学校实行工资、职务双轨制和校内工资基数包干制度。干部职工的工资分为档案工资和校内工资两部分。档案工资由国家政策规定的职务工资、工龄工资以及各类补贴组成；校内工资则由岗位职务工资、任务工资和奖励工资三部分组成，分别与岗位职务、工作量、工作表现挂钩，分等级发放。校内工资的多少视学校创收效益而定，实行校内工资基数总额包干，学校按编制和效益给各单位核拨校内工资总额，由各单位包干使用，体现按劳分配原则。分配制度的改革，打破了平均主义，有效地调动了干部职工的积极性，提高了工作效率。

学校的改革也促进了学校各项创收收益不断增加，从而为实施校内工资提供了可靠保障。学校主要是通过拓宽办学范围，发展多形式、多层次的办学，扩大委培、自费生源，以及成立"宜昌教育实业开发总公司"进行多种科技开发服务来增加创收收入。1995学年度的创收收入比1991学年度增长约7.2倍。全校教职工的校内工资在1992年、1993年、1994年也随之同比增长了120.3%、

141.3% 和 186.7%，全校教职工从改革中得到了实惠。

(二)通过教育教学改革，成功地建立了新的教学管理制度，调整了专业结构，优化了人才培养模式

1. 推进以学分制为主体的教学管理制度的改革

改革传统的学年教学管理制度，实行以学分制为主体的弹性教学管理制度，这是教学改革的一项核心措施，其基本要点是：一是以指导性教学计划为基础，根据教学计划规定的对学生培养的基本要求，将课程划分为必修课、限定选修课和任意选修课。必修课是人才培养的"合格"部分，主要保证学生的专业培养规格和基本要求。选修课是人才培养的"特色"部分，其中限定选修课分为若干课程组合，形成不同的专业方向，学生可根据自己的基础和能力选修一组或几组课程，获得规定的学分；而任意选修课则主要是跨系、跨专业的课程，先后开设了73门课，对发展学生的个人兴趣和爱好，扩大知识面发挥了重要作用。必修课、限选课、任选课各占总学分的 70%、20%、10%。二是以课程的分级管理为原则，学校主要从计划、类别、比例、学分标准、评估课程质量、审批教学计划等方面进行宏观管理与指导，各系则拟定各类课程的具体课目和学分，制定教学大纲和编写教学指导书等，并具体组织落实。三是以师范专业奖学金为经济调节手段，实行以学分绩点为基础的专业奖学金和优秀学生奖学金双轨运行的奖学金制度。四是将规定的基本修业年限和灵活的激励措施相结合。学生修满规定的总学分，达到培养目标中的有关要求，即可毕业。学生在保证完成本专业学习任务的前提下，还可以辅修第二专业，达到了规定学分者，学校颁发第二专业证书。学生若在规定修业年限内未能修满总学分，转为自费试读生或作退学处理，自费试读的继续修业年限不得超过两年。学校在 1993 年入学的新生中推行这项改革。在实施这一改革措施中，学校还制定了《关于试行免听的暂行规定》《关于重修的有关规定》等系列配套措施。这项以学分制为主体体现"合格加特色"的改革措施，取得了明显成效。1994 年 11 月，国家教委师范司司长金长泽在全国师专教学方案审定会议上称赞"宜昌师专的学分制是具有师专特色的学分制，很有特点，很有启发"。以学分制改革为内容的省级课题"师专特色学分制改革与实践"，荣获 1996 年湖北省政府颁发的湖北省高等学校教学成果三等奖。

2. 调整了专业结构，转换了办学模式，提高了办学效益

学校着力于发挥各专业的特点和优势，适度扩大办学规模，扎实办好重点专业和新办专业，努力提高办学质量和效益；通过调整专业结构，增加办学层次，拓宽办学渠道，来适应地方基础教育转轨和经济建设、社会发展的需要；逐步将

学校单一的办学模式转换为以师范为主体、非师范为补充，以专科为主体、其他层次为补充，以全日制普通教育为主体、非全日制的成人教育等为补充的教、科、产相结合的多专业、多层次、多形式的人才培养模式。针对此目标，学校为此采取了多项措施：一是调整师范长线专业，适当发展短线专业，由此暂停了教育管理专业，增办了社会急需的学前教育和艺术教育两专业；二是开办非师范类的旅游、精细化工、企业管理专业以及成人教育的非师范类计算机及应用、财会、文秘等专业；三是发展联合办学形式，与湖北师范学院实行联合办学，利用学校的汉语言文学为省级重点专业的优势，联合办了本科班；与当阳师范学校和宜昌市教育学院联合办了小教专科班和职教师资大专班；四是增设了8个成人教育专业，开展了函授、卫星电视、自考三结合的"专升本"培训等。通过改革学校扩大了办学规模，提高了办学效益。至1995年初，全日制在校生已达2195人，成人教育学生达到2127人。

3. 推进教学内容、教学方法和手段的改革，加强对学生的能力培养

在教学内容上，实行"一保三增一减"。"一保"指保证和加强基本理论、基本知识、基本技能的教学；"三增"指及时增加反映最新发展成果的教学内容，增强教学内容的针对性、实用性；"一减"指删减掉陈旧重复和超越师专培养规格的内容。

在教学方法上，实行"一加强三结合一改变"。"一加强"指大力加强实践性教学环节，抓好活动课的开设，确定好职业技能课、实习和实践课的学分比例；"三结合"指努力探索系统讲授与专题讲座相结合、课堂教学与课外活动相结合、校内教学与社会实践相结合的教学模式，把提高学生素质、培养学生能力贯穿于教学全过程；"一改变"指改变教学手段单一和落后的状况，推进手段的现代化。为了发展电化教学，学校在1984年就建立了电教室。经过多年努力，至1995年已有6名专职人员，320平方米电教用房，建立了语言实验室、电教课实验室、专用视听室等，有了一批常规的电教设备。但与日新月异发展的计算机信息、网络系统等先进手段相比，仍有很大差距，1995年，学校争取到75万美元世界银行贷款，购置了一批先进的仪器设备。

(三)在深化改革中，进一步优化了师资队伍结构，普遍提高了学术科研水平

学校在内部管理体制改革中实行的教师职务评聘分开以及由此形成的竞争机制，在教育教学改革中所推进的导师制、学分制，都对教师的整体素质、教学水平、学术科研能力提出了更高要求，也促使教师有迅速提高素质和水平的强烈愿望。学校始终把师资队伍建设放在突出的、关键地位，采取了一系列重大措施。1991年学校制定了《"八五"期间师资队伍建设规划》，随着形势的发展、情况的变化，1994年4月又制定了《师资队伍建设规划》，提出实施"93321"工程的建设目标，即经过几年努力，在规模效益上使生师比达到9∶1，在学历层次上使教师中具有研究生学历的比例达到30%，在职称结构上使高级职称比例达到30%，在专业结构上使非师范专业的专任教师达到20%，在梯队建设上使学科带头人达到10%。为了加强师资队伍建设，学校在1991年以后，先后出台了《关于引进高层次人才的暂行规定》《关于青年教师导师制的暂行办法》等13项规章制度。

学校在优化师资队伍结构方面，一是重视提高师资队伍的学历层次，办法是：引进人才时，注重引进具有博士研究生、硕士研究生学历者，并认真考察其真才实学和政治思想素质；大力选送在职教师离职提高学历，从1992年到1995年上半年，学校选送攻读博士学位者4人、硕士学位者28人，安排做国内访问学者10人，还有18名原有学历层次不高的教师获得本科学历，有多人参加骨干教师培训班和助教进修班学习。二是努力优化教师的职称结构。办法是：以中青年教师为培养重点，为中青年教师在教学、科研实践中脱颖而出采取鼓励、奖励措施；重视全体教师在教学、科研中的实绩和成果，及时组织评定相应的职称。1992年至1995年，获得高级职称者36人、中级职称者37人。三是注意优化专业结构。为适应发展非师范专业和科技开发的需要，学校在教师队伍中相应配置了一定比例的非师范专业教师，在科研和科技开发部门配置了专职科技队伍。

学校的教师队伍，经过长期办学实践，尤其是在深化改革中重视优化结构，已在专业、职称、学历、年龄等方面形成了较为合理的梯次结构。1995年，有专职教师220人，其中中青年教师占80%，高级职称者45人，占20.5%，具有博士、硕士学历者53人，占24.1%。一批老中青骨干教师在教学和学术科研方面发挥着带头人的作用，其中有的教师以其教学科研上的造诣在国内省内的师专系统都有一定影响。王正清1993年、1994年先后被批准享受湖北省和国务院政府特殊津贴，他受中国教育出版社委托，主编全国师专通用教材《普通物理学》系列，他主编的卫星电视教育教材《普通物理学》近代物理学分册，获得国家教委优秀教材二等奖。石亚非1994年获得湖北省有突出贡献的中青年专家称号。金道行、帅绪芝、颜克美1994年同获"曾宪梓教育基金奖"。为了加强学术梯队建设，学校根据上级的部署和要求，始终坚持把选拔培养学科带头人作为一项突出工作来抓。1992年至1993学年度，学校首批选拔了5名学科带头人和9名学科带头人培养对象。1994年12月，学校出台了《关于学科带头人的若干规定》，规范了推荐学科带头人、学科带头人培养对象、省级学科带头人的条件、职责、要求、保障措施、检查考核办法。1995 年 3 月，根据新出台的规定，学校选拔了第二批 8 名学科带头人和 14 名学科带头人培养对象，教师队伍的学术梯队建设走上了规范化的轨道。

科研工作是学校的一项重要工作，也是加强师资队伍建设的一个重要组成部分。1985 年至 1991 年，学术科研工作已有了良好局面，1992 年 1 月，学校制定了《科学研究工作暂行条例》，把科研工作纳入规范化管理。1993 年 12 月，又正式出台了《科研工作条例》，进一步对科研工作计划管理、项目管理、经费管理、成果管理、奖励办法做出了明确规定。为了发挥学科群体科研优势，学校先后成立了"高教研究所""三峡文化研究所""高能重离子碰撞理论研究室""古文献研究所"等研究机构，有组织地开展课题研究；同时，学校同各系签订目标任务书，将科研任务分解到教研室，落实到个人，由各系进行检查指导，重点抓好科研项目管理和项目的过程管理。

"八五"期间，尤其是 1992 年以后，是学校科研工作进一步打开局面、科研水平进一步提高的时期。根据档案资料统计，1984 年至 1995 年底，教师和部分干部职工参加学术科研活动并且在校外本科高校的学报或省级以上的刊物上发表论文、出版著作者 146 人，共 669 篇（部），其中，有 20 人出版个人专著、译著或主编、合编著作 17 部。如由国家社会科学基金资助的《明实录类编》系列丛书项目，吴柏森个人主编或吴柏森、阮荣华、田强、阎颖合编出版了系列丛书中的"军事史料卷""文教科技卷""自然灾异卷"三卷；省级科研项目"三峡文化研究"，由曹文安领导课题组完成并出版了《三峡文库》丛书共 10 册；金道行出版了个人专著《写作心理探微》，这些著作在学术界引起了关注和积极评价。此外，还有易纪维、方东升、刘明君、田泽新、周德聪、阮荣华、吴益民、肖宜中、胡长贵、孟祥荣、杨君、罗善翠、郑贵宇、彭豪祥、陈启湖等分别出版了个人专著、译著或合著，如《建设有中国特色社会主义理论与实践》、《颜柳欧赵楷书临范》、《中华姓氏通书——李姓》、《钱钟书文论选释》、《南回归线》（译著）、《阿Q 不精厚黑学》、《猇亭诗粹》、《毛泽东的智慧——领导卷》、《现代教师心理学》、《体育高考手册》等，11 人任副主编或参加编写了《英语百人百论》《新编英美概论》《元曲百科辞典》《代数学辞典》等 10 部著作。91 级中文专业学生宋秀洲 1993 年出版散文集《野孩子》，此书被评为湖北省 1994 年度大学生优秀科研成果二等奖。

在学术科研工作中，有 4 人参加了国家自然科学基金等资助项目的课题研究并发表了重要论文。其中，1994 年 4 月《高能物理与核物理》杂志第 18 卷第 4 期发表的、由冯笙琴撰稿的论文《高能诱发核反应中粒子产生的相对信息熵》，是国家自然科学基金、国家教委优秀青年教师基金、霍英东教育基金、第三世界科学院以及德国、瑞典、印度、美国的有关单位资助的课题。冯笙琴作为第一作者发表于《科学通报》1994年9月第39卷第17期的论文是国家自然科学基金和湖北省教委基金资助的课题。由国家自然科学基金资助的课题论文，还有覃长森1993年10月在南京"第二届全国配位化学会议"上发表的论文，田晓兵1994年7月在《自然科学进展——国家重点实验室通讯》第四卷四期发表的论文，以及罗从文在1994年出版的《软代数（Fuzzy格）及应用集》中被收入的一篇论文。冯笙琴还在1993年7月的"全国计算机在现代实验物理和核科学技术中的应用学术会议"以及在《中国物理快报》《高能物理与核物理》期刊上发表了多篇重要论文。周俊婷、覃长森、王浚岭、王钦峰、王涛、方自贤、郭祖胜、夏昌华等在各自参加的全国有关专业性的学术会议上，分别发表了一篇或多篇论文。赵乔翔的论文获全国农村中学语文教改研究会1994年度优秀论文一等奖，王浚岭的论文获1993年8月"第二届全国初等数学学术研究会"优秀论文二等奖，高进仁、刘静、危世琼为主要负责人的三个省级教研课题，分别获得1993年或1996年的全省高校优秀教学成果三等奖。有7名学生的论文、作品获得1992年至1995年的全省大学生优秀科研成果三等奖。在科技研究成果方面，张德煌为主研制的"一个内燃机的活塞环"，1992年5月获国家专利证书；张德煌主持研究成功的"SZT-1501小水电站微机自动监控系统"，1994年6月通过省级专家鉴定，1995年2月获水利部农村水电科学技术进步二等奖。在教材编写方面，有20名教师和党政干部主编、参编出版了18部教材，其中有王正清主编的《普通物理学》系列教材的后续部分"热学""电磁学"，帅绪芝等主编、合编的《初中数学竞赛训练指导》等。

学校在深化教育教学改革中，把加强师资队伍建设以及课程建设、教研室建设并称为"三项工程"建设。在课程建设上，着重推行目标管理，深入开展评选优质课程和合格课程活动，先后有两门课程被评为校级优质课程，34门课程为合格课程，基本完成了师资条件具备的各主干课程的课程建设任务。在教研室建设上，调整了34个教研室，强化了教研室主任的职责，比较好地发挥了教研室在深化教学改革中的组织管理作用，其中"写作文艺理论"和"政治"两个教研室被评为湖北省高校优秀教研室。

（四）进一步深化了后勤改革

1992年推进内部管理体制改革以后，学校把改革后勤工作的管理模式和经营方式作为进一步深化后勤改革的主要方向。在思想认识上，着重破除后勤服务"福利型""供给型"旧观念，树立有偿服务、经营服务和全方位、多形式、多层次的社会服务观念;破除吃"皇粮"观念,树立自力更生、自我发展观念。在后勤管理体制上,实行"事企分开",总务处侧重于行政管理,主要负责财产管理、房屋建设、设备添置和维修等,将校内生活服务、校外经营服务等剥离出来,于1993年2月成立一个"宜昌教育实业开发总公司",对内管理科技开发、校办产业、后勤服务事宜,探索教、科、产结合和后勤服务社会化;对外则是独立经营、自负盈亏机构。公司总经理为法人代表,实行总经理负责制。总公司设立产业、商贸、人事财务、开发、综合服务、公关等部,各部实行目标管理。总公司拥有作为企业单位在人事、财务、经费使用、经营职权等方面的自主权,在内部全面推行人事和工资制度的改革,采用校内聘任、校外招标引进方式进行干部和工作人员的双向选择。总公司成立后,在校内注重挖掘内部潜力,主动改善服务条件,较短时间内实现了增收节支目标。对外则努力拓展外联渠道,扩大经营服务范围,在科技开发、合作经营等方面较快地打开了局面,其创收收入为学校实行分配制度改革发挥了重要的保障作用,也为实现后勤服务社会化提供了实践经验。

（五）加强了深化改革中党的建设和思想政治工作

在推进两个深化改革方案进程中,校党委明确提出"加强党建促改革,围绕改革抓党建"思路。在制定和实施两个改革方案中,始终注意广泛征求、听取教职工的意见,引导教职工正确处理好改革与发展、教学与创收、全局和局部、长远与当前的关系,形成了围绕培养目标提高教育教学质量而齐心协力抓改革、促发展的共识。在深化改革中,重视发挥各基层党支部的战斗堡垒作用和共产党员的先锋模范作用,注意发现和培养党的积极分子,加强组织建设。在1992年至1995年间,师生中申请入党者1700多人,列入党的积极分子培养者600多人,发展了新党员91人。

在深化改革中,校党委十分重视改进和加强对学生的德育工作,提高各德育教育课程的教学效果,几位政工干部和德育教师还参加编写出版了《人生哲学》《大学生思想道德修养》等教材和《从这里走向成功》的大学生思想品德修养丛书。

在深化改革中,学校党的建设和思想政治工作在改革中发展,在探索中前进,并不断取得新成绩。1993年底,学校被湖北省委组织部、省委高校工委和省教委党组授予"党的建设和思想政治工作先进高等学校"称号。

学校内部管理体制改革和教育教学改革,从一开始就得到省市有关领导强有力的支持。省教委领导1992年5月在听取学校内部管理体制改革方案的专题汇报时指出:省教委听取高校深化改革的专门汇报,宜昌师专是第一家,希望以创新精神推进改革，走在前列。当即确定将学校作为省属高校内部管理体制改革的试点单位。在改革实施过程中，省教委领导多次到校考察、指导。国家教委人事司把学校内部管理体制改革方案编入《高等学校改革和发展趋势》一书，下发各高校。学校在两项改革中取得的成绩，省教委领导人多次给予了肯定；《中国教育报》数次对学校的改革予以报道；全国文教工作会议将学校的改革经验确定为会议经验交流材料。学校的改革在社会上产生了一定影响，省内外有 100 多所大专院校 600 余人先后到校考察和交流深化改革的经验。

学校 1978 年改建为师范专科学校，在原来长期举办中等师范的基础上起步，经历了拨乱反正、打好基础，实现向办好专科学校的转变；通过推进改革和深化改革，实现了学校的大发展。学校在 1993 年 6 月，由国家教委统一定名为"宜昌师范高等专科学校"。至 1996 年上半年，校内占地面积 140 亩，固定资产总额 2700 多万元；图书馆藏书 42.5 万册；教职工总数达 433 人，其中专任教师 222人；设置了中文、数学、化学、物理、外语、政史、艺术、体育 8 个系，10 个师范类专业和 3 个非师范类专业，其中的汉语言文学、数学教育、物理教育、化学教育 4 专业于 1995 年成为本科专业，招收了本科生；在校本专科学生已达 2168 人，成人教育在读本专科学生已达 2653 人。学校的办学规模、办学水平已位居全国师范专科类学校前列。学校从 1949 年解放后的宜都师范学校算起，至 1996 年上半年，已培训毕业各类大专、中专学生 14340 人，其中普通教育的专科毕业生 7683 人，普通教育的中专毕业生 3939 人，成人教育（包括函授、夜大、干部专修科等）专科毕业生 2601 人，成人教育中专毕业生 117 人，此外各类短训班结业 1392 人。1981 年，宜昌地委组织部投资 15 万元，在学校修建"干修楼"；1981 年至 1986 年，委托举办干部专修科 6 期，学制两年，培养青年干部 272 人。

第三章　宜昌职业大学（1978—1996）

第一节　宜昌高等工业专科班向宜昌职业大学的演变

一、宜昌高等工业专科班的成立

1977 年 11 月 7 日，湖北省革命委员会以"鄂革〔1977〕93 号"文件批转《关于发展高等院校地区分院的报告》，提出在全省各地区发展 15 所高等学校分院、8 所大专班，建议黄石、沙市、宜昌等市试办高工班，并规定大专班为地、市办学，党政工作、教学工作均由地、市委直接领导。

宜昌市革委会根据省革委会的要求，从 1978 年初开始筹办宜昌高工班。7 月 25 日，市计委和市文教局正式向省计委呈报了筹办情况报告，报告了在筹办中须明确和解决的四个问题：

其一，领导关系。鉴于高工班属于高等工业专科班，拟为市革委会的直属单位，归口市计委、工办管理，由市文教局负责教学业务的指导工作。

其二，校址。决定利用市工业技工学校的校舍和生活设施开办高工班。

其三，专业设置。根据工业发展的迫切需要和师资条件，秋季开学先开设"电机电器"和"工业微生物"两个专业，招生 90 名。

其四，师资安排。秋季开学的师资，由市自筹解决，配备 25 名教职工，其中包括从文教系统抽调基础课教师，从化工和机电工业系统抽调专业课教师，以保证教学工作的开展。报告提出立即试办高工班并于秋季正式招生开学。

省、地计委和文教局同意了筹办报告。1978 年 9 月 19 日，宜昌市革委会正式发文，"决定成立宜昌高等工业专科班"（简称"高工班"），"校址设宜昌市樵湖岭"，"从秋季起参加全省高等学校统一招生"。随后，宜昌市委、市革委会决定主管综合战线的常务副市长倪忠俊兼任高工班主任，市劳动局副局长、市工业技工学校党支部书记兼校长曹诗青同时任高工班党支部书记，调市文教局副局长张振山、部队院校转业的团职干部王虎专任高工班副主任，分管教学和后勤工作。高工班和技校组成联合党支部委员会。市委组织部先后调入了18名教职工。10月，参加全省统一招生，电机电器和工业微生物两个专业分别招生47人和43人，共90人，11月2日正式开学。

高工班与技校从一开始就实行一套班子、两块牌子的办学模式，只是高工班的办学经费实行"分灶单列"，并设有教务处独立组织教学。1980年2月，高工班被批准组建党总支委员会，曹诗青任党总支书记，技校党支部成为高工班党总支的下属支部。

高工班和技校在融合性共同办学中，资源共享、互相促进。高工班的教务处在组织教师到外校学习经验的基础上，制定了电机电器和工业微生物两个专业的教学大纲和各学科的教学计划，由本校教师和外请教师开出了两个专业的全部课程，办起了5个实验室，能开一些基础性的实验课，初步建立了教学和管理的规章制度。

1979年以后，由于国家有关部门一再强调要进一步加强技工学校管理，共同办学已不可能。1980年6月，市委确定高工班独立建立党总支委员会。与之相适应，独立设置了党政合一的办公室，以及教务处、总务处，独立建立了工会和团委。在教职工队伍中，确定属于高工班者53人，其中专任教师和实验室人员、图书管理人员36人；明确属于高工班的实验室5个，图书2万余册。7月8日，市革委会行文决定改变高工班原属计委和工业口管理的隶属关系，交由市文教局管理；同时曹诗青也改任市文教局副局长兼高工班党总支书记。高工班当时处于无校址办学的困境，而且宜昌市在"文革"之后财政很困难，不能另给高工班办学经费，只能依靠省财政厅拨给学生培养费维持。在这种情况下，省计委1980年只安排电机电器专业40人的招生指标，1981年、1982年则完全停止安排招生计划。为了使高工班能继续举办，稳定教职工队伍，根据市委、市政府的决定，由市计委使用电子工业学校的中专招生指标，在1981年至1983年连续三年安排高工班每年招收一个中专班40名学生维持办学。所办专业分别是"食品发酵""微生物工程"和"发电厂及供电系统"（简称"发配电"），均与两个大专专业相近。

1982年9月11日，市政府常务会议决定在最终选定新校址之前将市委党校原在窑湾的旧校址交给高工班办学。该校址离市区约10公里，占地10亩左右，主体建筑是一栋1000平方米左右的三层楼房，另有5间平房教室，一间比教室稍大的会议、活动室，以及厨房等生活设施。1983年1月，高工班正式迁入办学。宜昌市政府拨给高工班一台交通车接送教职工上下班,学生则住校。高工班党总支重视做教职工和学生的思想政治工作,带领大家克服困难,艰苦奋斗。党总支重视发挥党组织的作用,在教职工和学生中分别建立党支部,严格组织生活,强调发挥党支部战斗堡垒作用和党员的先锋模范作用,并重视发挥工会、共青团的作用。在该处办学的三年中,坚持每年召开至少一次教代会,发扬民主,团结办学。严格教学管理规章制度,保障教学质量。至1985年底,先后举办了一个80级大专班,81级、82级、83级三个中专班,受市委组织部委托、经省教育厅批准分别于1984年、1985年办了两个工业企业管理专业干部专修科,共223名学生在此住读。

二、宜昌职业大学的创办

党的十二大以后,在高等教育改革的探索中,全国许多城市出现了职业大学这一新的办学形式。职业大学以其对学生实行收费、走读、毕业后国家不包分配、专业设置较为灵活、学制年限较短、能适应地方建设的需要等特色,成为国家提倡、群众欢迎的学校。1982年12月,省教育厅召开省辖城市教育局长会议,专题研究全省创办职业大学问题。会后,省教育厅高教处到宜昌市实地了解情况,向宜昌市建议在市高工班基础上创办宜昌职业大学。市教育局经过一段时间的调查研究和协商,于1983年4月12日向市政府提交了《关于创办宜昌职业大学的报告》。5月27日,宜昌市人民政府向省人民政府呈送了《关于创办宜昌职业大学的请示》。5月31日,省政府正式批复同意宜昌、黄石、襄樊、沙市四市成立职业大学。批复中说:"经研究,同意你们成立职业大学。从1983年起开始招生,招生对象为本地高考达到一定分数线的考生,学制二至三年,实行收费走读。毕业成绩合格者,承认其专科学历,毕业后国家不包分配,由有关单位择优录用。学校每年招生的专业和人数,要根据本地需要和可能,报省教育厅核定后上报教育部,纳入国家计划。办学所需经费(包括基建经费),主要由市地方财政解决,省财政适当予以补助。发展短期职业大学,是改善我省高等教育结构,加速高等教育事业发展,适应四化建设需要的重要途径之一。请你们加强对学校的领导,并积极创造条件,努力把学校办好。"

6月11日,市政府常务会议决定立即转发省政府的批复文件,要求全市各单位做好宣传,积极支持。7月13日,市政府常务会议专题审议市教育局《关于成立宜昌职业大学若干问题的报告》,提请市委确定由主管文教卫工作的崔传礼副市长兼任宜昌职业大学校长,同意成立由市政府各有关委局领导组成的校务委员会。会议强调"要坚定不移地在现高工班基础上办职业大学"。会议决定由本市地方财政在年内安排 20 万元经费用于宜昌职业大学的开办。

8月26日，市委同意任命曹诗青为宜昌职业大学党总支书记，周运富为副校长；同日，市委组织部任命了校办公室、教务处、总务处负责人。10月27日，市委批准正式组建学校党总支委员会。当年秋季，招收了电气技术（原称"电机电器"）、微生物工程（原称"工业微生物"）两个专业共85名学生。自此起步，学校开始了职业大学的办学历程。

学校成立后，立即着手解决两个紧迫的现实问题：

1. 解决方便学生走读的办学场所

由于原高工班的窑湾校址远离市区，不适宜学生走读，必须在市区设置教学点。经学校多方联系和市教育局安排协调，先后在市区的第一中学和张家店小学借用了部分教室，作为临时性教学点。从 1983 年 9 月至 1986 年 1 月，实行走读的 83 级、84 级、85 级共 8 个班的学生在教学点就读。为适应同时在窑湾校址对住读学生组织教学和在教学点对走读学生组织教学的实际需要，学校在党总支统一领导下组成了两套班子各自运作。在教学点上整顿教学秩序，严格组织纪律。针对学生走读这一特点，着重在学生中培养、依靠一批学生班干部和团干部，建立健全学生中的团组织和班级组织，依靠学生骨干开展工作；同时每个班配一名班主任，除在教学点上全过程对学生进行教育管理工作外，还同学生家庭建立联系，进行家访。

2. 选定永久性的办学校址

窑湾校址是安顿高工班的一种临时性措施。宜昌职业大学成立后，该校址不仅不适宜走读，而且没有发展的余地，若不尽早另觅新址，选定一个有发展前景的永久性校址，学校就可能丧失发展的机遇。因此，学校主要领导带领有关人员跑遍市区和近郊实地调研，反复地比较权衡，在初步认定之后，请市委、市政府几乎所有领导到实地考察、现场听取汇报。1984 年 4 月 17 日，学校正式向市委、市政府提出选址建议。6 月，市委常委会专题讨论发展全市高等教育问题，会议采纳了学校的选址建议，决定将紧邻宜昌师范专科学校的东山赵家冲地域 530 余亩土地作为宜昌职业大学校址，按照一次规划、分期实施的要求建校。会后，学校大力协助和配合城建规划部门进行地形测绘，制定出建校总体规划。市计委同时向省计委呈报了《宜昌职业大学建设计划任务书》。1984 年 9 月，第一期征地 54.14 亩，12 月动工兴建 6300 平方米的教学楼工程。1985 年 2 月 1 日，市委、市政府在校区工地举行隆重的建校奠基仪式，市委书记张健和市长王重农等亲自铲土奠基。1985 年底教学楼工程和部分配套设施基本竣工后，1986 年 1 月正式迁校。学校从此结束了流动办学状态，迎来了稳定、快速发展的新时期。

第二节　宜昌职业大学的地方性特色

一、宜昌市重点发展的地方性高校

宜昌职业大学是宜昌市唯一的市办高校。宜昌市委、市政府把办好宜昌职业大学作为实施"科教兴市"战略的一项重要战略举措，对学校为全市经济建设和社会发展培养人才寄予了厚望。学校的建设和发展列入了全市"七五""八五"计划。市委、市政府几乎每年都对学校建设与发展进行研究，做出指示。1983年7月的市政府常务会议，1984年6月的市委常委会议，1986年5月的市长办公会议，1987年10月的市委工作会议，1991年5月的市委常委会议，都强调把宜昌职业大学作为发展全市高等教育的重点，并对学校的建设与发展或进行专题讨论研究，或做出重要决策。历任市委书记或市长都把学校作为定点联系单位。

市委、市政府主要领导亲自考察和最终选定了学校新校址，亲自审定批准建校总体规划，亲自参加教学楼、图书馆等主体建筑项目的设计方案审定，确定在建校征地和住户搬迁中给予政策上的优惠和照顾。

为加强领导，市委、市政府确定由主管文教卫工作的副市长兼任校长，首任校长为崔传礼副市长，继任校长为符利民副市长。学校成立时，学校归口市教育局管理；1993年9月，市委决定学校党委归入高教口直属市委领导，学校行政直属市政府领导。

在学校领导班子建设方面，1983年11月党总支书记曹诗青调出后，1984年2月调马述祥任党总支书记、副校长，全面主持学校工作。1984年6月，市委常委会按照"在宜昌职业大学基础上办成宜昌市高教中心"的设想，拟在宜昌职业大学内创办一所"宜昌职工大学"，因此于7月12日调叶叔毅到宜昌职业大学任"宜昌职工大学"副校长（后因故职工大学未成立，叶叔毅改任宜昌职业大学副校长）。1986年12月，市委同意马述祥任校党委书记兼副校长，同时调入姚天芹任校党委副书记，并于1987年4月正式批准组建学校党委会，实行党委领导下的主管副校长负责制。随着学校的发展，市委、市政府相继于1989年7月任命陈贤忠为副校长，1992年11月调袁洪任校党委副书记兼副校长，1995年1月任命谭必兆为校党委副书记，叶天健为副校长。

1986 年 11 月，市政府在权限范围内将学校正式定级为"正县级事业单位"。市编委根据学校发展情况适时审定学校的人员编制和机构设置。1987 年 4 月，校党委成立后，核准学校设置党委办公室、行政办公室、教务处、总务处、学生工作处、技术开发处，设置"两系一部"（机电工程系、化学工程系和基础课部）。1989 年批准增设了纪律检查委员会、计财设备处和保卫处。1990 年批准增设校图书馆、校办产业精细化工厂为学校二级单位。1991 年 9 月，批准将原设的"两系一部"调整为"三系两部"（增设管理工程系和实践教学部）。1993 年 3 月，批准增设了党委组织部、党委宣传部、招生和毕业生分配办公室、成人教育处。对于学校的办学规模，市政府在 1983 年学校成立后定为在校生 500 人，1984 年审定为 1000 人，1991 年审定为 3000 人，1994 年则审定为 4500 人。

1986 年 5 月 12 日，市长办公会决定将宜昌职业大学更名为宜昌大学。这是因为，社会上较为普遍地将简称为"职大"的职业大学同国家规定的非普通高等学校的"五大"（电视大学、函授大学、职工大学、夜大学、自修大学）中的职工大学相混，将学校名称中的"职业"二字取消，有利于消除社会和学生家庭的误解。但由于未获国家教委和省政府正式批准，故对省、部的呈文仍保留"职业"二字。

从在新校址上建校时起，市政府每年都为学校确定基建项目，且投入的基建经费不断增加。1992 年 10 月申办三峡学院后，进一步加大投入力度，市政府把新征收的"教育费附加"的大部分，投入学校基本建设之中，投入最多的一年达1000 万元。至 1996 年并入湖北三峡学院时，学校固定资产达到 4500 万元，同时还保证按在校生人数拨给正常教育经费。此外，市政府还出资在校外建了 26 户住房，由市房管部门先后无偿分配十几套公房，一定程度上解决了教职工的住房困难。

二、应用型人才的培养方向

作为宜昌市的市办高校，学校把为宜昌市的经济建设和社会发展培养急需的合格人才作为办学的根本任务。培养目标定位为：按照"四有"要求，培养德智体全面发展的、有较好理论基础和较强动手能力的应用型专科人才。学校提出，为地方提供人才服务，要力求使用人单位"要得到，用得上，留得住"。学校在办学实践中，为实现该人才服务特色做出了不懈的努力。

为使用人单位向学校"要得到"所需专业的人才，学校着力解决主干专业的设置和非主干专业的服务两方面问题。在主干专业的设置方面，一是进行人才需求的调查和预测。多次主动参与了市计委、人事局等委局进行的此类调研与预测，为学校设置专业和制订发展计划提供了重要依据。二是及时跟踪了解和把握全市不断进行的产业、行业、技术等结构性调整的信息和走向，力求使学校的专业调整与之相适应。三是进行专业设置的论证工作。时任宜昌市长罗清泉在1989年一次会议上，根据全市正在进行的产业结构战略性调整、大力发展支柱性产业的要求，提议宜昌职业大学对专业设置进行科学论证。学校于1989年和1990年呈请市计委、市经委、市政府经济研究室、市教委等委局组织论证会，与会专家和有关领导对全市人才需求，尤其是发展支柱性产业的人才需求和学校设置相关专业的可能性深入地进行了科学论证，并对学校已经设置的电气技术、微生物工程、计算机软件(应用)、机械制造工艺及设备、工业企业管理等专业进行了评估，给予了肯定，对新设置专业提出了建议。学校充分尊重论证会的论证意见，经申报，相继增设了机电工程、化学工程、财会管理、市场营销、中文秘书等专业。至1994年，所设主干专业达到10个，对满足以本市为主的人才需求发挥了重要作用。在非主干专业的服务方面，由于各企业单位人才需求的多样性，其中一些专业人才可能很急需，需求量却不多，学校不可能设置众多专业来满足这种需要。本着尽力为地方提供人才服务的宗旨，一是发挥职业大学在专业教学上相对灵活的优势，对需求量较少而专业性质与学校设置的主干专业相近者，采取对相关主干专业的课程设置和教学内容进行"积木式"取舍，向需求的相近专业倾斜；二是学校与设有相关专业的黄石、沙市和湖南岳阳的职业大学签订校际交流和协作培养学生的协议，通过交换招生解决了本市的部分需求。

学校所培养的学生到本市的企事业单位能真正"用得上"，能发挥专长、有所作为，关键在于教学计划和教学内容的安排要符合市情。本市的中小企业居多，学校的人才培养以中小企事业单位的需求为主要依据，专业教学计划和教学内容力求突出"地方性、适应性和应用性"，摒弃"填鸭式"或"仓储式"教学，以必需和够用为原则进行基础理论和专业基础理论教育，注重实习和实验，培养学生较强的动手能力和解决生产中相关技术问题的能力。根据这一思路，在一段时期内，学校对各专业的课程内容大体上按照基础理论和专业基础理论课、专业课、实验实习各占三分之一的比例安排；1990年秋季起，经适当调整，基础理论和专业基础理论课约占一半课时。学校曾对部分毕业生和用人单位数次进行跟踪调查或问卷调查，多数毕业生能用所学专长发挥骨干作用，用人企事业单位较为满意。

让学校毕业生在用人单位"留得住"，客观上，这是由学校的地方性特色所决定的。因为学生基本上来自宜昌市城区和所属各县市，毕业后又大部分回原地工作，有就地生根的亲情和乡土之情。学校十分重视对学生进行热爱专业、扎根基层、艰苦创业、开拓进取的教育。学校的学生工作，坚持教育与管理并重的原则，重在提高学生的思想道德素质。在教育方面，建立了三个体系：一是德育教育体系。坚持德育为首，成立了校党委领导下的德育教育领导小组，成立了德育教研室，开设了专门的德育课程，着重对学生进行人生观、世界观、价值观和遵纪守法教育。二是"三个育人、齐抓共管"工作体系。将教书育人、管理育人、服务育人列为教师、管理人员、服务人员的重要职责和考核内容。重在营造一种人人言传身教、关爱学生的良好育人环境。三是学校、社会、家庭三结合的教育体系。这一教育体系具有职业大学的地方性优势和特色，学生同社会、同原来的中学同学等联系密切，学校也可以通过各有关中学、有关部门得到反馈信息；学校可以同学生家庭建立直接联系，进行家访或召开家长会等，使这一教育体系更好地发挥作用。在管理方面，主要有三项措施：一是建立政治辅导员和班主任制度，建立政治辅导员在学生宿舍轮值夜班制度和值周责任制度，对学生进行全过程的关照和教育管理。二是通过培养和组织起一支班、团学生干部队伍和党团员骨干队伍，发挥他们的带头作用和桥梁作用，建立起一种自我教育、自我约束机制。三是强化纪律约束。严格执行大学生守则，严格课堂纪律、考试纪律、食堂纪律、宿舍纪律，严格学籍管理，严明奖惩。这些教育管理措施，对学生发挥了综合性的潜移默化作用，学生的整体素质良好，先后有一大批学生被评为"三好学生""优秀团员""优秀学生干部"，受到宜昌市和学校的表彰；1994 年 7 月，学生李卫东、黎睿珊被评为湖北省优秀学生干部。

三、多渠道、多形式的办学格局

学校在为宜昌市经济建设和社会发展的办学服务中，逐步形成了多渠道、多形式的办学服务格局。由于学校与宜昌市内外许多企事业单位建立了密切的联系，通过协商或签订协议，形成了互相支持和协作的友好关系，这些单位也从多渠道、以多种形式给予学校支援和帮助。

在学历教育方面，学校不仅同市内许多企事业单位签订了委托培养该单位职工子女或为该单位定向培养所需专业人才的协议，从 1986 年起还先后同四川省涪陵市、万县市(现属重庆市)以及省内的恩施、郧阳等签订了委培或自费培养协议，委培和自费的学历教育学生辐射 3 省 27 县市，在主要为本市办学服务的前提下，扩大了办学服务范围，增加了学校收入。随着学校办学实力的增强，学校先后发展了夜大学教育、成人自学考试教学和职业中专的学历教育。1987 年 7

月，省教委批准办夜大学，设置"电气技术""机械制造工艺与设备"两个专业，四年制专科。1992 年 10 月，受宜昌市政府委托，经省教委批准，学校同武汉大学联合开办高等教育自学考试应用专业的专科教育，设置"国际贸易与金融""法学（涉外经济法）""会计与审计""工业企业管理"四个专业，学制三年。1994 年 6 月，经批准举办职业中专教育，开设"公安保卫""烹饪与管理""计算机及应用（财务）"专业，学制三年。为加强对夜大学等成人教育的管理，学校先后成立成教办公室、成人教育处，在宜昌市教育学院并入后，包括该学院原有的各成人教育专业，双方整合成立了统一的成人教育部，对职业中专的教育则成立职业中专部进行教学组织与管理。

在非学历教育方面，学校在校内为市计量局办了专业证书班，还办有各种短训班、培训班；在校外，为水利、电力、园林、化工、轻工、商场等许多单位，或办夜大班、自学考试班，或办各类短训班、进修班，还先后派出数百人次到市内一些单位办各类短训、培训班讲课和举办讲座。

此外，学校于 1985 年 1 月成立了技术开发处，组织学校的技术力量，开展对外的技术维修和产品开发等服务，获得一定的社会效益和经济效益。

地方众多与学校有协作支援关系的企事业单位对学校给予了多渠道、多形式的支援和帮助。其中许多拥有较高水平工程技术人员的科研单位和大中型企业成了学校的后备师资库，根据教学需要，学校经常从中聘请兼课教师。许多市内外单位拥有与学校专业较为对口的设备、器材和技术力量，他们成为学校组织学生进行实验、实习的校外基地；宜昌军分区和驻宜空军部队则成为学生军训基地。

第三节　在改革中不断发展

一、教学改革和教学常规管理

职业大学是一种新的办学形式，没有可供现成使用的教学大纲、教学计划和教材。学校在成立后的一段时间内，是以本科相应专业为蓝本，采用"压缩饼干式"的办法从中取舍，通常是保留多、舍去少，造成基本上用本科的内容进行专科教育的状况；加之建校初期许多教师原为企业的工程技术人员，有丰富实践经验而无教学经验，教学中有较多随意性，很难适应培养应用型专科人才的需要。为此，学校从 1986 年至 1988 年先后四次召开教学工作会议，就办学指导思想、培养目标、教学大纲、教学计划、教学内容、教学方法等进行认真的探讨，达成共识，大家一致认为必须从本校实际情况出发，决不能盲目攀比，要坚定不移地依靠地方、服务地方，培养满足地方多样性要求的应用型人才，办出职业大学的特色；学校的现状，既要整顿，也要改革，以改革促整顿。

对教学大纲、教学计划、教学内容进行改革性的修订，学校在 1986 年 1 月迁校前有所探讨，1986 年则开始有计划有步骤地开展此项工作。在具体操作上，则取慎重态度，"小步快进"，不求一次性完成，边修订边在教学实践中检验，逐步积累、不断完善。至 1989 年，建立起了比较完整的各专业教学大纲、教学计划、实习和实验大纲及指导书等教学法规性文件，学校组织自编或与其他职业大学合编了一批教材、讲义。这些大纲、计划、教材、讲义，根据培养应用型专科人才的目标，注重理论联系实际，合理考虑了知识的广度和深度，强化了实践性环节，突出了地方性、适应性特色。1990 年，学校为迎接国家教委的评估验收，再次按照其所颁布的《普通高等学校设置暂行条例》，对各专业的教学大纲、计划、教学内容等组织了自查，在自查基础上进行了局部的再修订、再完善。

在改革性的修订进程中，学校也建立健全了各种教学管理规章制度，在组织和实施教学中，做到有法可依、有据可查。

在常规教学管理上，学校突出抓两方面：一是强调课堂教学质量，把好教学关。新教师或新调入校的教师，必须经过试教试讲；老师上课要写好教案，上好每一堂课或组织好每一项实验，认真批改至少三分之一的学生作业。建立校、系和教研室的听课查课制度，进行检查和讲评；各教研室每周用半天时间以研究课堂教学为主要内容开展教研活动。坚持进行期中教学质量检查，查教案、查批改作业情况，开学生座谈会听取意见，并评选优秀教师，表彰先进。二是完善学籍管理，坚持淘汰制度。学生入学后每人发一本学生手册，作为入学教育的重要内容；严格考试，惩处舞弊，根据学科考试成绩和学习出勤情况，坚持执行降留级和退学制度；实行"优秀评奖，补考收费，留级补偿"办法，"宽进严出"，确保质量。

二、师资队伍建设和学术科研成果

教师是办好学校的主力军。学校的教师队伍发展很快：1978 年办高工班时，仅有 7 名专任教师；1980 年高工班与宜昌市工业技工学校分开办学时，已有专任教师 30 人；1983 年成立宜昌职业大学时，专任教师 43 人，其中具有讲师、工程师职称者 22 人；1986 年迁入新校址时，有专任教师 57 人，其中具有讲师等中级职称者 30 人；到 1996 年正式并入湖北三峡学院前，专任教师已达 147 人，其中教授 3 人，副教授 36 人，讲师 62 人。学校在加强师资队伍建设方面主要做了以下工作：

1. 严把教师进校关

办学之初主要是解决教师数量问题，那时，企业工程技术人员愿意当教师者不多，只要本人有意愿、条件大体合适就可调入，如此一来不可避免地存在良莠不齐的情况。从 1988 年起，学校开始对引进教师规定严格条件：必须具有本科以上学历，除高校分配的本科以上应届毕业生外，从社会引进者一般应有中级以上职称，并且必须组织试讲，评估合格，才能向学校申报调人。

2. 政治上关心、爱护教师

学校十分关心和爱护教师的进步要求，始终把教师列为重点培养、发展党员的对象，解决了知识分子入党难的问题；认真落实知识分子政策，妥善解决了一些教师在调入学校前的历史遗留问题；选拔了一批优秀中青年知识分子进入各级领导岗位；明确规定在评选先进工作者和优秀党员时，教师和其他知识分子必须占大多数；在分配住房等生活待遇上，也规定了优先照顾条件。同时，对教师提出了政治上的严格要求，规定教师在课堂上不得散布错误言论，一经发现严肃处理；学校制定了《教书育人规范》，要求教师"教书要尽力，育人要尽心"，把"教书育人"作为衡量教师"师德"的主要考核标准，并作为教师评先和晋升的主要考核条件。

3. 重点加强对青年教师的培养教育

学校规定青年教师到校的头三年实行坐班制，其中一年到实验室锻炼，增强实践和动手能力；一年担任班主任工作，提高组织协调和做学生思想政治工作能力；一年按照系或教研室"以老带新"的安排，参加帮带教师的备课、听课、批改作业活动。对青年教师进行"岗前培训"，有计划地安排青年教师报考助教进修班和研究生班定向培养。

学校的实验人员、图书管理人员队伍以及相应的实验室建设、图书馆建设也发展得很快。1980 年高工班同宜昌工业技工学校分开办学时，只有 5 名实验人员和 5 个简陋的实验室框架，图书管理人员 2 人，图书 2 万余册。1986 年迁入新校址后，相继建成了一栋 5 层实验大楼、一座具有标志性的图书馆大楼。至 1995 年，建成各专业的实验室、基础实验室、电化教室、语音室等 24 个，图书馆藏书 8 万余册，其中微生物工程专业实验室 1990 年被省教委评为先进实验室，微生物工程专业也在 1992 年 10 月被省教委确定为全省高等专科学校重点专业。实验室人员和图书管理人员均超过 20 人。

学校开办之初没有专门的科研机构和科研队伍，但从1983年开始，就倡导、鼓励老师结合教学实践开展学术和科研活动。1986年成立了学术委员会，办了校报《宜大之声》(1988年前称《文导报》)，1987年开始办《宜大学报》，为教师和其他干部职工提供一个发表学术论文和研究成果的平台。为了倡导学术研究风气，学校采取利用召开教学工作会议和暑期集中一段时间组织教学骨干进行专题研讨的形式，每年研讨一二个课题，以拓展思路、集思广益。学校规定，各系、教研室对教师尤其是青年教师进行业务培训时，必须把具有学术和科研能力作为硬性指标之一进行培训和考核；讲师及以上职称的教师每年必须完成至少一篇具有一定质量、水平的论文，助教每年必须有一篇业务或教学经验性总结材料。从1990年起，学校设立优秀教学成果奖，每年评定一次，教师节表彰。学校在学术科研基础薄弱的情况下，先后取得了一批学术科研成果。至1993年5月，先后出版了个人专著或由本校教师主编的教材11部，在国外学术刊物和国家级学术刊物上发表论文23篇，省级学术刊物发表论文100余篇，承担并完成省、市级科研项目6项。邓长城的论文《对水轮发电机系列设计探讨》，在1987年北京国际电机学术会议上宣读，并收入会议的英文版论文集(Ⅱ)；他的专著《中小型水轮发电机综合分析》，1988年由机械工业出版社出版；他参加的科研项目"100~800千瓦水轮发电机全国统一设计"获国家1987年科学进步三等奖。1989年，林旗龙获得湖北省优秀教学成果二等奖；一名学生获1988年湖北省大学生优秀科研成果三等奖；有两篇论文获省级优秀论文奖。1992年3月，延发亮研制的"船用深度消度净水机"获国家专利，并与企业合作，转化为产品。由胡滨等人实验、设计开发的"甜菊糖甙"，由学校开设了校办企业并投入生产，取得了一定的经济效益。

三、民主管理和管理体制改革

对于学校的管理工作，学校既重视建立健全严格的管理运行机制，又重视实行民主管理。一方面，学校成立后承袭原高工班实行的一些行之有效的规章制度，结合变化了的实际情况，进行修订、增订、新订，较快地形成了系列的管理规章制度。1986年1月迁校后，学校把"上轨"作为1986年全年重点任务之一。"上轨"就是走上规范化管理轨道，学校提出要按照计划管理和目标管理的要求，形成一种畅通纵向指挥、协调横向配合的管理运行机制。按照计划管理的要求，学校坚持实行年制订计划目标、月下发工作计划、部门制订月实施计划、部门负责人写周工作日记，并对此实行检查考核制度，做到过程有检查，结果有评估，功过分明，责任清晰。按照目标管理的要求，着重实行各级干部的管理目标责任制和其他职工的岗位责任制。另一方面，学校在严格管理的同时，强调干部在实施管理时一定要做到既要严格又要民主。学校党政领导采取了一系列疏通民主管理渠道的措施，主要有：确定党委工作部门、纪委、工会随时受理职工意见，设置校长信箱，设置信息发布栏，安排校领导与职工举办对话会、恳谈会、咨询会等，并且通过教职工代表大会形成民主管理机制。从1984年起就建立和坚持了教职工代表大会制度，每年召开1~2次会议，从未间断。这对于增强全校教职工民主管理学校的意识，调动教职工的积极性，加强对干部的民主监督，都起到重要作用。校工会作为教代会的日常工作机构，在学校建设中维护教职工的正当权益，教育、动员教职工以主人翁精神建设学校，发挥了教职工之家的作用，数次被宜昌市总工会和宜昌市教育工会评为先进教职工之家。

在民主管理问题上，校党委还十分重视各级干部自身的民主作风问题。党委要求，干部必须"正人先正己"，要以身作则、严于律己，讲大局、讲团结、讲风格、讲奉献，不讲不利于团结的话，不做不利于团结的事，不搞小动作，不搞"一言堂"，作风民主，办事公道，以理服人。党委认为干部的民主作风，对于学校形成良好的校风、教风、学风，具有导向和示范作用。

随着学校的发展壮大，在管理体制上也发生了变化。1987年，学校成立一系、二系（后分别改称机电工程系和化学工程系）和基础课部；1991年9月增加管理工程系和实践教学部，共三系两部。各系部成为相对独立组织教学的单位，学校实行校系两级管理体制。在全国各高校普遍进行管理体制改革的推动下，学校在总结已经实行的岗位责任制经验基础上，开始实行"三项制度、四定一评"的改革措施。"三项制度"，是指干部实行任期目标责任制，教师实行聘任制，职工实行岗位考评任用制。"四定一评"是指定编、定员、定岗、定职责，定期进行评议。对干部的任期目标每年进行一次考核评议，按照"德、能、勤、绩"全面评议，任期三年。对教师的职务聘任，以实行的教师工作量制度作为基础组织考评，全年完成80%以上工作量者全聘，完成60%以上工作量者半聘，达不到60%工作量者缓聘或不聘。对职工的岗位考评，实行岗位业务的日常考核与年度的技术考试相结合，考评合格者留用。在"四定"范围内实行经费包干，在分配上打破平均主义，拉开差距。1992年9月，学校出台了全校深化改革实施方案，在实行"三项制度、四定一评"基础上，以深化内部管理体制改革为主要目标，转换机制，优化队伍，提高效益。由于1992年10月以后学校参与申办三峡学院等筹备工作和市教育学院并入，情况发生变化，改革方案未能真正实施。

四、宜昌市教育学院并入，学校迎来新发展

为了整合宜昌市的高等教育资源，提高高等教育办学效益，在湖北省和宜昌市政府共同筹办三峡学院的过程中，1994年5月，宜昌市编委根据1993年6月宜昌市委、市政府的决定，发文宣布"撤销原宜昌市教育学院"，成建制地将市教育学院并入宜昌职业大学，作为宜昌职业大学的成人教育部。原市教育学院的党委书记谭必兆、院长叶天健于1995年1月分别任命为宜昌职业大学党委副书记和副校长。

宜昌市教育学院是一所有较长办学经历的宜昌市属在职教师培训学校，其前身分别是1964年成立的宜昌市教师进修学校和1975年成立的宜昌市师范学校。

宜昌市教师进修学校是为解决在职初中、小学教师进修、提高而成立的，办学条件艰苦。1966年"文革"开始后停办；1974年恢复办学，在全市设15个教学点，参加进修上课的中、小学教师最多时达1290人。

宜昌市师范学校成立于1975年10月，校址在樵湖岭，有教职工13人。至1981年初，先后借用招生指标培养了理科、文科、英语、理化、数学、体育等中师学历学生291人，还办了非学历教育的语文、数学、英语在职教师进修班（共培训319人）。

1981年3月17日，湖北省政府批准将宜昌市师范学校和宜昌市教师进修学校合并成立宜昌市教师进修学院。1986年5月，学院获国家教委批复备案。1987年6月10日，湖北省政府同意，学院更名为宜昌市教育学院。宜昌市对学院的办学定位是：坚持为全市的基础教育服务，多形式、多层次、多规格办学，师训干训一起抓，长班短班一起办，函授面授一起上，培训培养一肩挑，成为宜昌市的师资培训基地。为了更好地办学，宜昌市政府将宜昌市师范学校的约7亩校址以40万元卖给宜昌棉织厂，在市区金家台路14号征地17亩建新校。在新校址修建了3370平方米的教学楼、教工宿舍和配套的辅助用房。1982年10月，学校迁入办学。

学院成立后，党的组织1981年至1985年9月为党支部，1985年9月至1990年2月为党总支，1990年2月8日建立院党委。学院的党政班子一直由三人组成，谭必兆为党组织负责人，先后任党支部副书记、党总支副书记、院党委书记；院长先后由符利民（1981年7月至1983年12月为副院长，1983年12月至1984年4月为院长）、叶天健（1990年2月起）担任，副院长先后有陈好问、胡昭明、傅承书等。学院办事机构设有院办公室、教务处、总务处，在一段时期内还

设有干训处、业余函授教育处。1987 年 3 月，宜昌市政府将位于三峡坝区附近莲沱的原国营 827 厂厂区划归学院管理，学院为此单设了莲沱管理处，将此处作为学院的函授教育基地。

学院的教职工队伍从 1981 年学院组建时的 39 人增至 68 人，其中教师从 27 人增至 39 人，包括副教授和高级讲师 10 人，讲师 20 人。大多数教师为来自全市各学校的教学骨干，有从事基础教育教学的丰富经验。学校尊重教师们的教学个性，支持和鼓励他们发挥个人的教学专长，认真落实知识分子政策，政治上解决了入党难问题，生活上认真帮助解决实际困难。教师李桦当选为湖北省第六届人大代表，孙昌英被评为省教育系统先进工作者。

学院从 1984 年开始实施教学改革和管理体制改革。对干部实行目标管理责任制，定期考核评议；对其他职工实行岗位责任制，定岗定责，定期考评；对教师实行工作量制度和聘任制。在教学方面，1991 年以前，学院的办学以解决部分中小学和幼儿园教师的中师学历或提高此类人员的教学素质、水平为主，办了大量中师学历班、进修班、培训提高班等。自 1991 年起，学院将办学重点转向以提高教师政治素质、教学能力、学历层次为主要目标的继续教育。学院还开展了各层次的函授教育，并成为华中师范大学、湖北教育学院、武汉体育学院、宜昌师专的多科专业函授班的管理站、辅导站，发挥了培训基地的作用。

宜昌市教育学院在湖北三峡学院合并组建之前并入宜昌职业大学，使宜昌职业大学进一步增强了办学实力，为学校迎接新的发展机遇打下了更好的基础。

宜昌职业大学从成立高工班起步，历经 18 年，前 8 年处境困难，后 10 年稳步发展。办学专业从最初 2 个发展到 10 个，其中"电气技术"专业 1995 年成为本科专业，当年招收本科生 61 人。在校生从 90 人增至 1200 人，并有成人大中专生 400 人。教职工从 18 人增至 397 人，其中教师从 7 人增至 147 人，已有教授 3 人，副教授 36 人，讲师 62 人。图书馆藏书已达 8 万册；实验室增至 24 个，有的建成为省先进实验室；校园占地近 500 亩，总建筑面积达 4 万平方米，固定资产 4500 多万元。学校的发展已成规模，为在新形势下继续发展创造了较好条件。湖北三峡学院成立后，校区成为湖北三峡学院院部所在地。

学校毕业生中许多人已事业有成。其中，1981 年毕业的首届毕业生蒋红星已是枝江酒业集团党委书记、董事长，被评为湖北省劳动模范。汤涛则先后担任宜昌团市委和湖北团省委领导职务，出任鄂州(市)、恩施(州)委书记；当选中共"十七大"代表，被选为中央候补委员；又调任山西省委组织部长，转任国家人力资源和社会保障部副部长。1991 年毕业的王丹(女)，毕业后事业有成，向学校捐赠了"王丹号"交通车一辆，三峡大学成立后又捐款 30 万元，成为三峡大学校董事会成员。

　　学校在办学过程中得到各级领导的支持和关爱。全国政协副主席王任重1992年在宜昌听取宜昌市和学校汇报后，欣然书写了"宜昌大学"校名。国家教委领导、湖北省委省政府领导、省教委领导等多次到校检查指导工作，这也是学校得以较顺利发展的重要原因。

第四章 湖北三峡学院（1996—2000）

第一节 湖北三峡学院的组建

一、申办和组建

1992年10月8日，宜昌市政府向湖北省政府呈送了《关于申请创办三峡大学的请示》，提出将宜昌师范高等专科学校、宜昌医学高等专科学校、宜昌职业大学合并组建成三峡大学。提出申办的历史背景和主要理由：一是1992年4月3日全国人大七届五次会议通过了《关于兴建长江三峡工程的决议》，三峡工程在宜昌，为宜昌带来了千载难逢的历史性发展机遇。宜昌市为了抓住机遇加速自身发展和能更好地为三峡工程服务，急需创办一所能培养高层次、高素质、多门类人才的综合性本科高等学校。二是1992年春中共中央发布邓小平南方讲话，在中共中央、国务院发布《中国教育改革和发展纲要》以及国务院批转国家教委《关于加快改革和积极发展普通高等教育的意见》等文件推动下，全国高等教育改革出现了集中人力、财力、物力，最大限度地发挥规模效益而实行高校合并的新局面，宜昌师范高等专科学校等三校地域相邻，各校已具有较强办学实力和较好办学条件，三校合并基本上具备了办综合性大学的条件。湖北省委、省政府大力支持这一申办举措，确定由省市共同申办，省政府遂于1993年1月16日向国家教委发出了《关于申请在宜昌成立三峡大学的函》。

省政府参与共同申办以后，省、市政府采取了一系列的筹备措施：（1）省、市政府多次派专人到国家教委陈述申办理由和汇报筹备情况。（2）省委高校工委和省教委于1993年1月组织了武汉地区26所高校参加的"支援组建三峡大学协作团"，专程到宜昌考察了拟合并的三所高校，针对实际需要同宜昌市政府签订了"支援协议书"。（3）宜昌市政府于1993年3月成立了"三峡大学筹备办公室"，负责撰写申办论证报告,并负责上下沟通和广泛联系。(4)省教委于1993年5月22日组织了"设置三峡大学专家论证会",由中国科学院院士、华中理工大学校长杨叔子任组长,华中理工大学原党委书记朱九思,同济大学著名教授、中科院资深院士裴法祖,全国高等学校设置评议委员会委员、中南财经大学原校长洪德铭任顾问的11名专家教授审阅了申办论证报告,对设置三峡大学进行了科学论证。在此期间,宜昌市委书记、市长罗清泉(后任湖北省委书记),曾先后向来宜视察的李鹏总理、李岚清副总理汇报三峡大学筹备情况,并争取总理为三峡大学题写校名;湖北省委副书记回良玉也为申办三峡大学作了不少工作;全国人大常委会副委员长、原中科院院长卢嘉锡应邀为三峡大学题写了校名;老省长郭树言,国务院三峡办主任李伯宁、副主任漆林等,都以空前的热情,积极支持创办三峡大学。国家教委原主任何东昌、北京大学原党委副书记王学珍、国家教委副主任邹时炎等亲临宜昌,支持、指导三峡大学的申办筹建工作。(5)省政府在专家论证基础上于1993年6月12日向国家教委发出了《关于再次商请在宜昌市设置三峡大学的函》,并在同一天正式组成了以主管副省长韩南鹏为组长的"三峡大学筹建领导小组",成员包括省政府副秘书长,省计委、省财政厅、省教委负责人以及宜昌市政府主管副市长。(6)宜昌市政府在预定的主校区新征地108亩,省、市共同投入基建经费1440万元,新建校舍2万多平方米。

1993年11月26日,国家教委正式复函湖北省政府:"我委积极支持在宜昌三校合并的基础上设置一所综合性高校的方案",建议省、市继续通力合作,狠抓落实工作。在国家教委正式复函后,省、市政府进一步加大了筹备工作力度。主要有:(1)省教委于1994年初专门召开了筹备三峡大学工作会议,会议确定将此项筹备工作列入1994年省教委工作重点;(2)包括副省长韩南鹏、陈水文,省政府副秘书长,省计委、省财政厅、省教委领导在内,多次到宜昌市实地考察、调研和现场办公,解决筹办中的实际问题;(3)宜昌市政府指示市计委、市建委等制定并由专家审定通过了三峡大学近期和远期整体建设规划,完成了再征地416亩的手续,并确定了基建工程项目和经费投入的额度;(4)湖北省政府于1994年5月13日发文,决定组建"三峡大学(筹)"领导班子,按规定程序任命省教委副主任陶醒世为"三峡大学(筹)"组长,宜昌市主管副市长符利民和宜昌市教委主任李诵国,三校的主要领导高进仁、鲁知文、马述祥等8人为副组长或成员;随即设立了"三峡大学(筹)"领导下的教务处、计财处、基建处,开始对教学管理、校产使用、财务核算等试行统一管理。

1994年10月,全国高等学校设置评议委员会第三次全体会议,认真审议了湖北省和宜昌市共同申办三峡大学的申报资料和申办陈述,投票一致同意由宜昌三所专科学校合并组建成一所综合性高等学校，并建议使用"湖北三峡学院"校名，以后条件更加成熟时再使用"三峡大学"校名。

1995 年 3 月 6 日，国家教委给湖北省人民政府发出《关于同意宜昌市三校合并组建湖北三峡学院的通知》。《通知》说："为适应经济建设和社会发展的需要，根据《中国教育改革和发展纲要》和全教会精神，在全国高等学校设置评议委员会评议的基础上，经研究，同意将宜昌医学专科学校、宜昌师范专科学校、宜昌职业大学三校合并组建为湖北三峡学院。现就有关事项批复如下：一、湖北三峡学院实行湖北省、宜昌市人民政府双重领导，以省为主的管理体制。撤销宜昌医学专科学校、宜昌师范专科学校和宜昌职业大学的建制。二、该院全日制在校学生规模定为 7000 人。三、该院属本科层次的普通高等学校，本专科兼办，以专科为主。设置本科专业，应根据需要及办学条件的可能，由你省教育委员会按我委有关规定办理。望你省进一步加强对学校的领导，加大投资力度，加快校园规划建设，及时总结经验，注意解决合并过程中出现的问题，使之尽快成为一个有机的办学实体，努力提高教育质量和水平，办出特点，为地方经济建设作出应有的贡献。"

在国家教委批复组建湖北三峡学院前一天，1995 年 3 月 5 日，李岚清副总理应湖北省和宜昌市的请求，写了"办好三峡学院，为更好地促进三峡地区经济和社会发展作贡献"的题词，对新组建的湖北三峡学院寄予了厚望。

1995 年 7 月 21 日，湖北省政府发出《关于将宜昌师范高等专科学校、宜昌医学高等专科学校、宜昌职业大学合并组建湖北三峡学院的通知》。《通知》说："为了更好地适应我省经济建设和社会发展对人才的需要，进一步提高办学质量与效益，经国家教委批准，省人民政府决定，将宜昌师范高等专科学校、宜昌医学高等专科学校、宜昌职业大学三所学校合并，组建为湖北三峡学院。""湖北三峡学院为正厅级事业单位，由省与宜昌市双重领导，以省为主，归口省教育委员会管理。""湖北三峡学院属本科层次的全日制普通高等学校，本专科兼办，目前以专科为主，同时开办成人教育。全日制普通本专科在校学生规模定为 7000 人（1999 年 12 月 30 日，省教委批准办学规模修订为 10000 人）。""湖北三峡学院的院级职能机构按国家教育委员会《关于对普通高等学校机构设置的意见（试行稿）》，结合实际需要研究设置。教职工编制按国家教育委员会颁发的《普通高等学校人员编制的试行办法》中的有关标准确定。湖北三峡学院下设师范学院、医学院、工学院三个二级学院。在合并组建时要本着从紧从严的原则，合理安排编制，避免造成机构和人员膨胀。"《通知》要求"宜昌市人民政府和省政府有关部门，都要切实帮助解决三校合并过程中遇到的困难，关心和支持三校合并后建设与发展工作，使之尽快成为一个有机的办学整体，进一步提高教育质量与办学水平，为全省经济建设和社会发展培养更多的高级专门人才"。省政府《通知》的下达，标志着湖北三峡学院开始了正式组建的进程。

省政府《通知》下达以后，宜昌师专、宜昌医专和宜昌职业大学分别积极地进行合并的准备工作：一是进行合并前的思想动员和教育工作，激发师生员工对合并办学的热情；同时，严格管理措施，要求各级干部和党团员骨干坚守岗位，身体力行，防止懈怠，确保稳定。二是进行清产核资，防止资产流失。三是为兴办本科专业积极筹划，抓紧教学计划、大纲、教材、教学设备和实验、图书等方面的准备工作，并且经省教委批准，在1995年暑期就以湖北三峡学院的名义招收7个专业的本科学生374名，其中，宜昌师专招收汉语言文学、数学、物理、化学4个专业的本科生175名，宜昌医专招收临床医学、医学影像学两个专业的本科生138名，宜昌职业大学招收电气技术一个专业本科生61名。

经过近一年的考察、选拔，1996年5月，省委组织部下发了经省委同意的湖北三峡学院党政领导任职文件，原宜昌师范高等专科学校校长高进仁任党委书记，原宜昌医学高等专科学校校长鲁知文任院长，原宜昌市教委主任李诵国、原宜昌职业大学党委副书记、副校长袁洪，原宜昌师范高等专科学校副校长石亚非任副院长。6月6日，宜昌市委副书记应代明受省委组织部委托，到湖北三峡学院正式宣布了任命文件。6月7日，新建领导班子正式到位举行会议，确定学院实行党委领导下的院长负责制，实行学院、二级学院、系（部）三级管理体制；首次会议临时指定了师范学院、医学院、工学院三个二级学院的党政负责人，确定了专班筹建学院党政工作机构。这是湖北三峡学院领导班子发挥组织领导作用、全学院开始正式运转的起点。

6月12日，省教委召开湖北三峡学院合并组建工作汇报会议，专门听取了学院新班子的工作汇报，对学院组建初期的工作作了部署。《关于湖北三峡学院合并组建工作汇报会议纪要》指出："湖北三峡学院的合并组建，经过酝酿考察，学院领导班子已于近期到位"，要求"在这关键时期，要迅速理顺机构和工作关系，大力加强党的建设，强化思想政治工作。在全体教职工中，特别是各级领导干部中要讲团结、讲政治、顾大局，要加强全局观念，按照总体规划来搞建设。在全体教职工中要讲政治，讲改革，讲发展，讲学院在湖北省、宜昌市，在三峡地区和三峡工程中的重要地位，要在全院上下左右倡导齐心协力为实现美好的前景而奋力拼搏、艰苦创业的精神。在组建中，要增强纪律性，建立能够准确有效地指挥全院协调发展的强有力的领导权威，使整体合力尽快形成，真正做到优势互补，发挥规模效益。任何单位、任何个人都不能搞分散主义、本位主义"。

"省教委重申湖北三峡学院的管理体制：省、市共管共建，以省为主。""省教委原则同意湖北三峡学院机构设置的请示。在建院初期，机构设置总的原则是精简、高效、宜粗不宜细，综合性的部门多一点，单一性的部门少一点。要坚持政治和业务的统一，有利于开展工作。各二级学院和各系部都要认真负责地管好自己那一片。""省教委同意将湖北三峡学院的建设列入省教育事业发展'九五'规划重点项目，加大对学院的经费投入和工作支持力度。""省教委将在学院今年经费预算外，再为学院划拨 50 万元以上的开办费。"

6 月 17 日，省教委正式批复了湖北三峡学院校内机构设置的请示，批复同意学院设置党群系统工作机构 7 个、行政系统工作机构 15 个。下设三个二级学院，即师范学院(包括原宜昌师专和原宜昌市教育学院)、医学院、工学院。三个二级学院各设置办公室 5 个。7 月 9 日，学院党委首批任命了三个二级学院党政领导班子共 15 人，其中，李光明任师范学院党委书记，刘锦程任院长；何道容任医学院党委书记，谭德福任院长；姚天芹任工学院党委书记兼院长。10 月 23 日到 11 月 15 日，继续任命了学院党政群工作机构领导人和二级学院各办公室领导、各系部党政领导。由于党政群和行政工作机构中有一些合署办公的机构，实际组建了工作机构 20 个，共选拔任用各级干部 134 人，其中正处级 21 人，副处级 62 人，正科级 47 人，副科级 4 人。至此完成了各级工作机构的设置，组建了各级领导干部队伍，学院的全面运作有了可靠的组织保证。

8 月 26 日，省政府发文，正式履行行政任命手续，任命了学院院长、副院长职务。9 月 9 日宜昌市委转发省委组织部文件，省委同意正式组建学院党委会，高进仁为党委书记，院长鲁知文为党委副书记，三位副院长均为党委委员(1999 年 3 月，增加一位党委副书记雷森策)；文件规定学院党的关系隶属于宜昌市委。12 月 9 日，宜昌市委批复同意学院成立党的纪律检查委员会，谢守信任纪委副书记。学院建立起了健全的党的组织运作和行政指挥体系。

湖北三峡学院组建时，有教职工 1344 人，其中专任教师 567 人，包括教授、主任医师 24 人，副教授、副主任医师 163 人，讲师 253 人；占地 600 余亩，校舍总面积 16 万多平方米，固定资产约 1.1 亿元，图书馆藏书 71 万册，其中外文图书 4.4 万册；三个二级学院共有 16 个系、部，有汉语言文学、数学教育、物理学教育、化学教育、临床医学、医学影像学、微生物工程、电气技术、生物化工 9 个本科专业和 35 个专科专业。1996 年暑期，学院成立后首次面向湖北、湖南、甘肃等省招收本科生 800 人、专科生 845 人。9 月 16 日，学院举行了首届新生开学典礼，学院的办学有了一个良好的开端。

二、建立省市共建共管机制，举行学院授牌庆典仪式

湖北省政府组建湖北三峡学院的通知和省教委的合并组建工作汇报会议纪要都明确规定：湖北三峡学院的管理体制是省、市共建共管，以省为主。因为合并前的三校有两校是省属高校，一校是市属高校，在省、市合力申办和筹建学院过程中，宜昌市委、市政府发挥了极大的主动性和积极性，实行省、市共建共管，以省为主的管理体制，有利于继续发挥省、市的积极性，使学校在更好地为宜昌市培养人才的同时，也能更好地得到宜昌市的支持。为了使这一管理体制从组织上形成一种运作机制，使之落到实处，学院党委一班人主动积极地向省教委和宜昌市委、市政府请示、汇报，建言献策，上下沟通。1997年1月8日，省长助理王少阶受韩南鹏副省长委托，率省教委、省计委和省财政厅领导人到宜昌市，与市委、市政府专题研究省市共建共管问题。8日下午，王少阶省长助理主持"省市共建共管湖北三峡学院现场办公会暨签字仪式"，由省教委主任孙德华和宜昌市副市长符利民签署了《省市政府共建共管湖北三峡学院协议》。《协议》规定了"九五"期间省市对学院基建经费投入的数额，在校学生正常经费的负担比例；省政府承诺将学院列为全省高校建设的重点和省属高校体制改革的试点单位，在重点学科、科学研究、仪器设备、校办产业等方面给予扶持倾斜；宜昌市承诺将学院的建设和发展纳入全市"九五"建设规划，为学院建设与发展提供必要的优惠政策。《协议》确定成立建设与管理委员会。1997年4月8日，省政府办公厅下发《关于成立湖北三峡学院建设与管理委员会的通知》："经省人民政府同意，决定成立湖北三峡学院建设与管理委员会，负责研究、决策湖北三峡学院建设和发展中重大问题。"委员会主任为省教委主任孙德华，副主任为宜昌市市长孙志刚，委员包括省教委、省计委、省财政厅、宜昌市委市政府领导和学院院长。委员会下设办公室，学院院长鲁知文兼办公室主任，负责委员会日常工作。4月28日，委员会第一次会议在宜昌市举行，会议听取了学院合并组建后工作情况的汇报，共同明确了委员会的性质、职责和工作制度，认真研究了学院当前和今后的主要工作，首次发挥了对学院建设和发展的决策作用。

为了展示湖北三峡学院组建后全院师生员工的精神风貌，鼓舞、激励大家为加速学院建设而努力工作和学习，1996年6月12日，省教委召开湖北三峡学院合并组建工作汇报会议时，就确定举行一次学院的授牌庆典仪式。1997年1月，省、市在宜昌签署共建共管湖北三峡学院协议时，确定在举行湖北三峡学院建设与管理委员会会议期间举行这一仪式。为此，学院在省市签署共建共管协议后，

成立了"授牌庆典筹备委员会"。筹备委员会确定在 4 月 28 日举行授牌庆典仪式。在庆典仪式之前的几个月时间内，学院开展了系列的活动，主要活动有：在全院开展了一次征集院训、院歌、院徽等系列活动，在征集到的近百条院训中确定"笃学、律己、求索、敬业"为学院院训，对院歌、院徽也组织了评选，举办了科技文化艺术节和教职工运动会、大学生田径运动会，开展了千人广播体操赛、板报比赛，举办了书法美术作品展览，利用院报、广播、宣传栏等系统地宣传学院的建设成果和发展前景，制作了专题电视片在宜昌市三家电视台播放，组织了一台庆祝授牌庆典仪式的专题文艺晚会。

1997 年 4 月 28 日上午，湖北三峡学院授牌庆典仪式在宜昌市体育场隆重举行。韩南鹏副省长率省教委等有关部门领导，宜昌市委、市政府、市人大、市政协领导，省内外 100 多个单位的 400 余位嘉宾和全学院 6000 多名师生员工参加了仪式。韩南鹏副省长向学院领导郑重地授牌，并发表了《抓住机遇，深化改革，努力办好湖北三峡学院》的讲话，他代表省委、省政府对学院的组建授牌表示热烈的祝贺，他回顾了学院的申办筹建历程，代表省委、省政府提出了三点希望：(1)全面贯彻实施《省市政府共建共管湖北三峡学院协议》，以艰苦创业精神，尽快把湖北三峡学院建设成为一所合格的综合性本科学院。(2)要抓住机遇，深化改革，全面提高规模效益和办学效益。(3)希望社会各界一如既往地关心和支持湖北三峡学院的建设。宜昌市委副书记万九才代表宜昌市委、市政府致了贺词。庆典仪式热烈隆重，省市媒体及时广泛地作了报导。授牌庆典仪式和此前开展的系列活动，对于展示学院发展前景，增强师生员工凝聚力，发挥了重要作用。

第二节　在建立和完善内部管理体制中实现实质性合并

一、建立统一的组织体系，加强组织、思想、作风建设

湖北三峡学院组建后，湖北省政府明确要求学院必须坚持"实质性合并、统一领导、统一管理、统一规划、优势互补、发挥规模效益"。如前所述，学院党委首先抓住组织建设这一环，以统一为标志，迅速建立、健全了全院各级党政群组织系统，任命了干部，同时建立、健全了学生中的党团组织、学生会。学院进入有效运转的良好状态。

学院党委重视加强党的组织、思想、作风建设。学院党委一成立就制定了

《中共湖北三峡学院委员会议事规则》和《湖北三峡学院议事规则》，严格执行民主集中制：坚持集体领导与个人分工负责相结合，坚持重大问题集体讨论，严格执行关于党内政治生活的若干准则和廉洁自律的规定，用制度规范言行，还分别制定了《关于二级学院党委工作职责的规定》《党总支（支部）工作职责》《副处级以上干部廉洁自律的若干规定》等。1998 年 10 月，学院党委先后召开了党建工作会议和组织工作会议，传达学习中央、省、市有关会议精神，研究、部署学院党的建设等重大问题，并在此前后，专门对全院 90 多名党总支、党支部书记和组织委员进行岗位培训，以使各基层党组织在改革中更好地发挥战斗堡垒作用。在全院党员中开展了"新时代、新要求、新奉献"的教育活动，使党员在新形势下更好地发挥先锋模范作用。学院成立了党校、团校对入党积极分子进行培训。教职工和学生中每年平均有 2400 多人申请入党，发展党员坚持先培训后发展，1997 年至 1999 年的 3 年间，发展新党员 542 人，其中学生党员 457 人。

学院党委坚持把思想建设放在首位。1996 年 9 月 10 日，学院率先成立了党委中心学习组，坚持学习邓小平理论，学习党的十五大和十五届历次中央全会精神，学习党中央、国务院关于深化教育体制改革的文件，提高理论水平，增强改革意识。党委中心学习组在自学基础上每月两次集体学习研讨，在全院发挥着示范作用。各二级学院也成立了中心学习小组，各基层党总支、支部建立了学习制度，党校、团校坚持了学习、培训，全院形成了以党委中心学习组为先导，以党总支、支部为基础，以党校、团校为培训阵地的分层次、分专题学习网络。

在作风建设方面，学院党委在 1996 年 10 月分别成立了德育工作领导小组和精神文明建设领导小组，并做出了《进一步贯彻德育大纲，加强教风、学风、校风建设的决定》，制定了《全院社会主义精神文明建设"九五"规划》。在全院大力进行校园环境的综合治理，开展美化、绿化、净化校园环境活动；以丰富多彩的文化活动为载体，广泛开展校园文化建设活动；同时加强对学生社团组织的管理，积极引导学生开展有助于专业学习、有益于身心健康的第二课堂活动和文体活动；在教师中开展"争做师德标兵"，在学生中开展"争做文明大学生"活动；在全院倡导"教书育人、管理育人、服务育人"，建立"三个育人、齐抓共管"机制，努力创造有利于学生成长的育人环境。

学院党委重视发挥各民主党派的作用，充分尊重学院内的中国农工民主党、中国民主同盟、中国民主促进会、中国国民党革命委员会等民主党派各自独立开展活动。遵照党的"长期共存、互相监督、肝胆相照、荣辱与共"的方针与各民主党派合作共事，保持着畅通的沟通渠道，请他们为学院的改革、发展建言献策。张光明、王辑信分别担任中国农工民主党宜昌市委名誉主任委员和主任委员，王辑信还被选为湖北省第八届政协委员；黄利鸣担任中国民主同盟宜昌市委主任委员；余传虎、张永红分别担任中国民主促进会宜昌支部主任委员和副主任委员。张光明、王辑信、黄利鸣等同志在学院内也担任了重要职务。这些同志在学院内外都发挥着重要影响。

对于群团工作，学院党委建立了每月召开一次群团工作会议的制度，专门听取共青团和工会的工作情况汇报，研究解决工作中的实际问题。1997年11月和12月，先后召开了学院首届团代会、学代会、教职工代表大会、工会会员代表大会，民主选举产生了团委会、学生会和工会委员会。在各级团组织和学生会、班委会中，形成了一支学生骨干队伍，他们在专业学习上刻苦努力，在学院的精神文明建设和维护学院稳定等方面发挥着骨干作用。学院党委大力支持工会建设，坚持和完善教职工代表大会制度，从1997年起，坚持每年召开一次教职工代表大会，听取院长工作报告，讨论学院改革和发展的重大问题，通过相应的决议，发挥了对学院的民主监督、民主管理的重要作用。工会还按照教育、维护、参与、建设的职能，在教职工中开展师德、医德、职业道德教育，积极协助学院有关部门调查、解决教职工实际问题，切实维护教职工的合法权益，积极参与学院在精神文明建设等方面的决策和组织实施的各项活动。

二、以思想统一为先导，不断推进改革

学院党委组建以后，坚持以改革为动力，促进学院发展。

1996年12月26日，学院成立了党委领导下的改革领导小组，着手制定改革方案。根据不同阶段的要求，分别于1997年8月，1998年8月和2000年3月，相继出台了三个改革方案，推动改革逐步深入。

1. 制定《综合改革方案》，推动实质合并，理顺内部管理

合并之初，原三校内部管理不完全一致；合并后，办学地点分散，机构重叠，亟须理顺，以充分发挥办学的综合效益。为此，学校针对实际，拟制定《综合改革方案》，为了统一认识，步调一致，必须做好广大干部、职工的思想工作，使改革方案的出台有较坚实的思想基础。为此，党委从培训干部入手，抓了以下工作。

1996年9月19—29日，举办首期干部理论学习班。学院组织首批任职的27名中层干部到武汉各高校学习深化改革和合并办校的经验，并到省教委听取领导同志、领导机关对学院改革发展的指导意见。回校后，用4天时间深入讨论研究，达成了共识。

同年 10 月底到 11 月中旬，又相继组织其他中层干部举办了三期理论学习班，传达武汉高校的经验，探讨本院改革方案，进一步统一了思想。

1997 年 6 月 15—17 日，学院党委召开改革工作会议，对参加会议的 100 多名处、科级以上干部以会代训，提高认识，统一思想，并认真细致地讨论《综合改革方案》，为方案的实施做好了思想、组织准备。

正值合并之初，《综合改革方案》既要承袭、发展原三校的改革成果，又要契合新组建学校的实际，为此，按照"实质性合并、统一领导、统一管理、统一规划、优势互补、发挥规模效益"的原则，着力理顺学校内部管理关系，实行学院、二级学院、系(部)两级建制、三级管理的体制。"理顺关系"的改革措施是：按照"优势互补，资源共享"的原则，突破原来三校架构，对教育资源重新整合。即：在专业、学科方面，对原来三校重叠、交叉或相近的专业、学科以及体育、外语和其他公共基础课进行调整合并。相关的系、教研室及人员也随之变动，做到合理调配，发挥优势。档案资料及其设备、人员三集中，报经省教委批准，成立统一的综合档案室。图书馆、实验室、档案室由学院按规划投入经费，统一建设。基建项目按照"先急后缓，量入为出"的原则，统筹安排，保证资金合理使用，力避轻重不分、重复建设。以上措施，大大提高了办学的综合效益。财务管理方面，实行统一领导、统一管理、统一收费、统一核算，优先保证学院的重点经费使用和教职工的政策性收入。对校办产业，进行统一调查摸底，清产核资，在整顿基础上加强产业管理，防止资产流失，为校办产业的发展奠定了稳固基础。人事管理则按照工作和教学需要让人员合理流动，优化配置。通过调整，让教职工在新的集体中共同开展教学、科研活动，在相互磨合中融洽关系，增强团结。

《综合改革方案》的顺利实施，理顺了关系，为实质性融合迈出了坚实一步。

2. 制定《深化改革方案》，建设合格的综合性本科学院，深化内部管理体制改革

学院顺利完成实质性合并，为建设一所合格的综合性本科院校奠定了良好基础，但要真正实现这一目标，还需进一步凝聚共识，深化改革。

1997 年 10 月 16 日至 12 月 18 日，学院用两个月时间，在全院组织"转变教育思想，深化教育改革"的大学习、大讨论，着重引导干部和教职工认真学习，领会党中央、国务院关于深化教育体制文件精神和省政府的要求，清理过去长期办专科和单科形成的旧思维，开创新思路。这次大学习、大讨论在"认清形势，把握机遇，迎接挑战，增强紧迫感"，"坚持以教学为中心，以国家教委关于本科教学合格评估标准为目标，加快实现由专科向综合性本科学院转变的步伐"，

"逐步实现基础教育、专业教育与素质教育并重，建立'厚基础、宽口径、重应用、高素质'的人才培养模式"诸方面较好地达成了共识。许多干部和教职工撰写了研究论文。学院组织专家从各单位推荐的 39 篇论文中评出了一等奖 2 篇、二等奖 4 篇、三等奖 13 篇。这次大学习、大讨论为制定和实施《深化改革方案》奠定了良好的思想基础。

1998 年 4 月 18 日，学院召开改革工作会议，总结实施第一个改革方案的经验，正式确定制定《深化改革方案》。

1998 年 7 月 8—11 日，学院召开党委工作会议，将经省教委批准的《深化改革方案》在全体中层干部中进行部署。

1998 年 8 月实施的《深化改革方案》，着眼于"理顺关系，促进深度融合，建立良性的运行机制"。这次改革的重大举措是不考虑原有三个二级学院的架构，重新组合成四个二级学院，其目的是探索新的本科人才培养模式。重组的思路是：将相近学科优化组合，力求通过重组二级学院，合理布局，以利于加强学科建设、强化基础，拓宽知识，文理渗透，理工结合，提高学生综合素质和创新意识，逐步形成"厚基础、宽口径、重应用、高素质"的人才培养模式，主动适应国家经济建设和社会发展对人才的需求。重组的四个二级学院是：（1）理工学院——由原师范学院化学系和原工学院化工系合并组成化学化工系，加上原师范学院的数学系、物理系和原工学院的机电工程系，共四个系组成；（2）人文学院——由原师范学院的中文系、外语系、政史系、艺术系和原工学院的政管系，共五个系组成；（3）医学院——由原医学院的临床医学系、医学影像系、中医系、生物系、医学基础部和附属医院组成；（4）基础学院——由原来分别属于三个二级学院的"两课"教学部、公共外语教学部、文理基础教学部、师范教育部、体育系、计算中心、电教中心组成。原来属于三个二级学院的财务、后勤保障服务工作全部归属学院的财务部门和后勤保障服务部门统一管理。重组的四个二级学院的职能转变为主要对教育、教学进行组织与管理。二级学院党委改为党总支，办事机构也精简为党总支办公室和行政办公室两个。各系（部）不再是一级行政管理实体，而是教学科研的基层组织，因此，学院的内部管理体制改为学院和二级学院的二级管理体制，加强了学院的集中统一领导管理。与二级学院的重组及其办事机构的精简相适应，学院的职能办事机构也进行了精简或合并。

干部人事制度的改革方面，全面实行干部任期目标责任制、教师和专业技术人员聘任制、工人合同制。学院党委制定了《党政领导干部选拔任用工作条例》《关于干部管理的暂行规定》《干部任期目标责任制试行办法》《选拔任用干部试行竞争上岗办法》《中层干部交流轮岗试行办法》等。文件规定男满 58 岁、女满 53

岁的现有领导干部不再担任领导职务；男满 55 岁，女满 50 岁，不再提拔担任领导职务。1998 年 8 月实施第二个改革方案时，采用自我推荐、群众推荐、领导推荐、组织考核相结合的办法，选拔任用了 53 名处、科级干部，其中处级干部 44 名。这批干部具有高学历、高职称、较为年轻的特点，对他们全部实行聘任制，一年试用制。建立了处级以上干部的民主测评和组织考核相结合的全面考核制度和干部离任审计制度。

分配制度改革方面实行工资总额的动态包干。将工资分为任务工资和奖励工资两部分，在核定的校内工资总额范围内确定校内任务工资基数，各学院经费按其学生数和生均拨款的一定比例，分解到二级学院包干使用；奖励工资则在创收留成中解决。任务工资和奖励工资的发放打破"大锅饭"，拉开差距。学院建立院长奖励基金，用于奖励教学、科研、工作成绩显著或做出突出贡献者。

后勤改革作为管理体制改革的组成部分，主要是按照"小机关、多实体、社会化"的方向运作，总体上强调统一管理和履行承包合同相结合。膳食管理推行标准化食堂，全面取消对膳食的行政补贴，推进膳食工作的社会化。

通过实施 1997 年 8 月出台的《综合改革方案》和 1998 年 8 月出台的《深化改革方案》，学院完善了内部管理体制，在不断调整、重组中优化了资源配置，达到了"促进合并的深度融合"的改革目标，有效地实现并巩固了实质性合并的目的。

1999 年 5 月，教育部召开了全国高校内部管理体制改革座谈会，11 月，又召开了全国高校后勤社会化改革工作会。为适应全国高校改革发展的形势，推动学院改革向纵深前进，学院制定了《深化教育体制改革总体方案》和《后勤社会化改革方案》，并被批准"试行"。后因湖北三峡学院合并入三峡大学，"试行"并未真正启动。

第三节　为建成合格的综合性本科学院不懈努力

湖北三峡学院是一所综合性本科院校，但它是由三个专科学校合并组建而成，尚无办本科的经验，故国家教委 1995 年 3 月 6 日关于组建湖北三峡学院的通知中，对学院的定位表述是"该院属本科层次的普通高等学校，本专科兼办，以专科为主"，湖北省政府在组建学院的通知中，则将第三句话表述为"目前以专科为主"。随着全国高等教育体制改革的快速发展，学院以省委、省政府提出的"尽快把湖北三峡学院建设成为一所合格的综合性本科学院"的要求为目标，推进改革，加强教学建设。为此学院认真学习、贯彻国家教委的《综合性大学本科教学工作评估方案》及相关文件和湖北省教委于 1997 年 9 月 2 日印发的《湖北省普通高等学校综合办学水平评估方案》，根据省教委《评估方案》提出的"加强建设，促进改革，坚持以评促改，以评促建，以评促管，重在建设，重在改革，重在发展的原则，不断提高办学水平和管理水平"的精神，认真对照《评估方案》，努力创造条件，争取逐项达标。

一、专业建设和课程建设

学院组建时已有 9 个本科专业，合并后陆续新增了 8 个本科专业，使本科专业数达 17 个，专科专业达 33 个。2000 年 4 月 10 日，经省教委最终核定的本科专业为 14 个(合并了 3 个相近专业名称)，专科专业则由 33 个减至 12 个。14 个规范化的本科专业名称是：体育教育、汉语言文学、英语、美术学、数学与应用数学、物理学、化学、机械设计制造及其自动化、电气工程及其自动化、生物工程、临床医学、医学影像学、中医学、工商管理。从 2000 年 4 月起，本科在校生 3327 人，专科在校生 2055 人。从专业数和在校学生数上都已实现了从专科为主向本科为主的转变。

学院以重点本科专业建设为龙头来带动其他本、专科专业的建设。从 1997 年起，先后确定了 8 个重点建设的本科专业，即：汉语言文学、数学与应用数学、物理学、化学、电气工程及其自动化、临床医学、医学影像学和生物工程。这些专业有较强的师资力量，完备的教学大纲、教学计划、教材、图书资料和教学规章制度，有较好的实验设备，能保证实验教学的需要。学院对这些重点建设专业也在人、财、物等方面给予适当倾斜。

1999 年 3 月，学院正式向湖北省学位委员会提出了两项申请：(1)申请学院成为普通高等教育学士学位授权单位；(2)申请汉语言文学、数学与应用数学、物理学、化学、电气工程及其自动化 5 个本科专业成为学士学位授权专业点。4 月 28 日至 30 日，湖北省学位委员会组成以华中师范大学教务处处长、化学专业教授万洪文为组长的 5 人专家组到学院进行授予权审核工作。专家组听取了学院院长、教务处、学工处关于学院整体办学情况和教学工作、学生工作情况的汇报，听取了 5 个受评专业所在系的专题汇报，实地考察了学院的图书馆和 5 个受评专业的实验室、资料室，召开了学生座谈会，听取了学生代表和部分教师、干部的意见，审核了学院和 5 个受评专业的教学管理、师资队伍、考核制度、科学研究成果等方面的档案资料，对照审核标准和评价指标，对学院及 5 个专业进行了综合考察评审。经过考察评审，专家组认为：学院办学定位准确，办学水平、办学实力有了较大的提高，学院面貌发生了明显的变化。本科生人数 3000 多人，本科生所占比例明显大于专科层次，一个具有区域特点的新的多科性本科学院已粗具规模，为今后的发展打下了良好的基础。专家组对学院的师资队伍建设、教学基本建设、教学及管理工作给予了较好评价；对学院建院以来艰苦奋斗、开拓进取所取得的显著成绩，给予了充分的肯定。专家组向省学位委员会的专家建议批准学院和 5 个受评专业的申请。1999 年 5 月 12 日，湖北省学位委员会发文，"批准湖北三峡学院为普通高等教育学士学位授权单位"；同时，"批准汉语言文学、数学与应用数学、物理学、化学、电气工程及其自动化等五个本科专业为普通高等教育学士学位授权专业点"。2000 年 5 月 31 日，学院申请的临床医学、医学影像学、生物工程三个本科专业，也由省学位委员会正式批准为普通高等教育学士学位授权专业点。学院成为学士学位授权单位和 8 个专业成为学士学位授权专业点，标志着学院向办成合格的综合性本科学院的目标迈出了十分关键的一步。

课程建设是普通高等学校教学建设的关键，学院组建后着重从两方面进行课程建设：

1. 修订好教学计划，建立完善的课程结构体系

学院组建之初，对合并前三校所办本科专业的教学计划、教学大纲进行了审核和修订。教育部发布《高等教育面向 21 世纪教学内容和课程体系改革计划》后，学院制定了《湖北三峡学院全面修订教学计划的意见》。《意见》结合学院的实际，提出以优化课程结构和教学内容为重点，按照打好基础，减少必修课，增加选修课和人文素质教学课程，注重能力培养的原则，对本科各专业的教学计划和各专业课程的教学大纲进行了全面修订，并对部分专科专业教学计划进行了修订。在修订中，力求在课程设置、教学内容的更新和充实、课时安排等方面体现整体化和综合化的要求，处理好科学教育与人文教育的关系、现代科学技术与传统教学内容的关系、知识教育与能力培养的关系、统一性和多样性的关系，培养学生的综合素质和创新能力。1999 年 3 月，教育部发布《普通高等学校本科专业整理审核汇总表》的文件后，学院除了按要求对照规范化的新专业目录名称和专业代码，将学院各本科专业整理上报外，根据新专业目录和专业介绍的内容，对本科各专业的教学计划再次进行全面的修订。修订后的教学计划，开出开足了专业目录中规定的主要课程，进一步完善了课程结构体系。

2. 大力推进合格课程和优质课程建设

学院根据《湖北省普通高等学校课程建设评估方案》的精神，制定了课程建设规划及其实施方案。课程建设的总体目标是："通过课程建设促进教师队伍的建设，促进教学基本条件的建设，提高教学质量，使全院所开课程达到合格要求，适应高等教育发展的需要"；课程建设原则是："实事求是，注重实效，本科课程优先，主干课程优先，重点建设本科主要公共课、专业主干课程"。各二级学院成立课程建设小组，向学院申报建设方案，对建设课程进行检查督促、组织自评；学院教务处组织课程建设验收小组，对建设课程按标准进行评估验收，达标者由学院批准公布，颁发证书。课程建设分为三个层次：省级优质课程、院级优质课程、院级合格课程。省级优质课程建设，由学院选定并申报。二级学院和系(部)严格按照省教委发布的评估方案进行自查自评，坚持评建结合，以评促建，以建为主。经学院申报，省教委组成专家组到校考察审核评估，先后有古代汉语、人体解剖学、生理学、电子技术基础、马克思主义原理、生物化学6门课程被评为省级优质课程。在院级优质课程建设和合格课程建设中，至2000年初，共有近50门课程被学院评为优质课程和合格课程，但总体上离"全院所开课程均达到合格要求"的目标还有较大的差距。

二、实验室建设和实习基地建设

学院十分重视实验室建设。学院组建之初，在专业、学科设置相应调整的基础上，按照轻重缓急，着重加强基础实验室和通用实验室的建设，并且很快制定了实验室建设规划。从建院初期的实际情况出发，规划提出实验室建设以加强基础、突出重点、提高效益、保障教学为指导思想，根据国家教委和省教委关于合格实验室评估的条件和要求，强调以创建合格实验室为重点。为了科学、合理地建设实验室，学院组织了专家论证会，对实验室建设的可行性、受益面、基础条件、设备利用率，以及主要性能指标进行专项论证，然后向社会发标、议标，避免投资的盲目性，争取良好的效益。学院在省市投入办学经费渠道不完全畅通、办学经费缺口很大的情况下，先后为实验室建设投入800余万元，调整、合并、改造、充实了一批原有的实验室，新建了一批与时俱进、较为先进的实验室。1998年以来，先后新建了多功能电化教室、电子阅览室、多媒体计算机室、多媒体生理机能实验室、临床医学模拟实验室、外语多媒体教室、形态学多媒体实验室等。全学院的基础实验室和专业实验室共71个。1998年初，省教委组织对各高校的基础实验室进行合格评估验收，学院在自查自评基础上，选定医学基础实验室、物理基础实验室、化学基础实验室、电工电子专项实验室申报参评，经省教委派专家组实地考察审核，所申报的4个参评实验室均被省教委评定为省级基础课教学合格实验室。1999年7月，学院召开教学工作会议，通过了新制定的《实验室建设发展规划》，实验室建设进入新阶段。至2000年初，全学院设备利用率达到95%，本科基础课程实验开出率平均达90%，专业课则为60%；其中获得学士学位授权点的8个重点专业，其专业基础课程实验开出率达97.3%，专业课则达86.5%。

在实验室建设中，学院重视加强实验技术人员队伍建设，通过请进来、送出去，对现有的实验技术人员进行在职培训。通过培训提高、院内调配、校外引进，使实验室的高级技术人员、中级技术人员和技术工人达到一个较合适的比例。实验技术人员实行岗位责任制和目标管理，建立工作质量考核制度，建立技术档案。对于实验教学，学院提出以培养学生创新能力为目标，实验指导教师和实验技术人员在减少验证性实验，增加设计性、创新性实验等方面进行了一些改革性的探索，取得了一定成效。

教学实习基地建设立足于面向社会，着重于巩固一批、新开辟一批，形成一批较为稳固的校外教学实习基地。在学院内部，加强对附属医院的投入，加强建设，使之形成规模，不断提高医疗水平。1997年1月，附属医院被省卫生厅批准为二级甲等医院，并被中国爱婴医院最高审批委员会批准为爱婴医院。

学院组建前的三校原有一批校外实习基地，随着市场经济的发展，有一些曾是校外实习基地的企业被改造、兼并，不能再承担实习任务。为此，学院加强实习工作的调查研究，从两方面采取对策：一是加强与已有的、较为稳定的实习基地的联系与合作。1997年至1999年，先后成功召开了师范教育、医学教育、工科和管理学科的教育实习研讨会，70多个市内外实习基地(单位)和实习医院的负责人100多人次分别出席了会议，共同探讨新形势下的教育实习管理方法与途径，总结交流了经验，取得了共识。学院对给予教育实习大力支持与协作、成效显著的实习基地(单位)赠送了锦旗，同各与会单位签订了新的实习基地协议，向实习基地中参与指导学生实习的科技人员颁发了兼职教师聘书，向实习基地单位授牌。二是加强与市内外一些企业、中学、医院的联系协商，建立起一批新的基地。市内外比较稳固的实习基地中，有35个师范教育实习基地，28个教学医院和教学基地，7个工科实习基地，4个经济管理学科实习基地。在各实习基地(单位)的大力支持下，实习任务的完成和实习质量的提高得到了可靠保证。

学院专门制定了《工科、管理学科校外实习工作的若干规定》和《教育实习方案》，对工科、管理学科和师范教育学科等具有各自特定性的实习进行规范。

为了加强对全学院实习工作的领导，学院和二级学院成立实习工作领导小组，学院教务处组织巡视组，通过巡视进行检查、监督和指导，并及时协调解决实习中的问题。

三、教学管理和学生教育管理

学院始终把教学工作放在中心位置。建院之初,每学期党委主持一次专门会议,研究教学工作。1997年11月,学院在成立学术委员会的同时,成立了教学委员会,委员会成员由29位教授、专家和主管教学的领导干部组成,其任务就是在学院的教学建设、教学管理、学生教育管理等方面建言献策,发挥参谋助手作用。

(一)教学工作的过程管理和目标管理

学院组建后,首先从教学管理的规章制度入手,按照国家教委发布的《高等学校教学管理要点》的精神,在汇集、清理原有三校教学规章制度的基础上,以适应本科教学需要为目标,重新建章立制,形成了系列的教学工作基本文件,并从1998年起,相继将各种教学工作规章制度分类编辑成册,印发给各二级学院和各系(部),还编辑成《教师工作手册》《学生手册》《教育实习手册》《实习带队教师手册》《毕业论文(设计)教学工作手册》等印发给师生,以发挥规范教学管理的作用。

学院在教学管理工作中,坚持以课堂教学为重点,建立起教学过程管理的运行和监督机制。这种机制包括行政监控、教学督导团评价和学生评教三个考评体系。

1. 行政监控

1999年7月,学院出台了《关于加强课堂教学的若干意见》,总结学院在过程管理实践中的经验,规范了行政监控考评体系,坚持学院和二级学院对教学的"三期"检查制度。即:学期之初,检查教学场所、教学设施的准备,教研室的课前准备,任课教师的备课准备;期中检查教学进度、辅导答疑、批改作业、教师管教管导等情况;期末检查考核教学效果、考场组织、考题试卷、试卷批改及分析等情况。教学过程管理还包括:要求教师在教学中尽可能使用多媒体等电化教学手段;推行主讲教师制,主讲教师竞争上岗;同时开展青年教师的优质课竞赛,以推动青年教师不断提高教学水平;设立教学优秀奖,对教学优秀者给予奖励,并列为职务晋升的重要条件;推行教考分开,建立试题库;建立学院、二级学院和系(部)领导干部听课、查课制度,了解掌握课堂教学第一手情况,检查教风、学风。

2. 教学督导团评价

以学院的教学委员会成员为主体，由教务处组成教学督导团，对各二级学院、各系(部)的教学过程进行随机的督导、检查。督导团成员主要是深入课堂听课，考察教师课堂教学情况，对教师执行教学大纲要求、教学内容的掌握、教学方法、教学效果、教学水平等进行评估、指导；考察二级学院、系(部)的教学组织管理水平，并做出必要的评价。

3. 学生评教

学院组建了以学生会和各班学习委员为骨干的教学信息反馈网络，还在各校区建立了教学信箱。通过这一网络，学院与学生进行双向交流，双向反馈，并结合期中、期末教学检查，通过召开学生座谈会、对话会，或个别谈话等方式，请学生评教。

1999 年 7 月，学院出台《教学工作目标管理评估方案》，建立起教学工作目标管理机制。通过实施目标责任制下的分层管理，分级负责，责任到人，把教学和教学管理工作的考评与结构工资、全员聘任制结合起来，体现学院推进深化教学改革的精神。《评估方案》建立的教学工作目标管理评估指标体系，包括管理队伍状况、教学计划管理、教学运行管理、教学基本建设管理、教学质量管理与评估 5 大项，分解为 13 个小项，每一个小项规定了具体的内涵、标准和评价等级。这一评估方案立足于建立科学化、规范化的教学管理机制，在学院的教学工作会议上得到充分肯定，在实践中取得了较好的效果。

(二)对学生的素质教育和培优工程的出台

1997 年、1998 年，学院先后提出并强调"以育人为根本任务，加强对学生的教育、引导和管理，促进学生综合素质的提高"。1999 年 6 月中共中央、国务院发布《关于深化教育改革全面推进素质教育的决定》，提出以提高学生综合素质为根本宗旨，以培养学生的创新精神和实践能力为重点，努力培养有理想、有道德、有文化、有纪律的高素质专门人才，结合该要求，学院对学生的教育管理工作贯穿着提高学生综合素质的主线，基本举措包括：

1. 以德育教育为主渠道

1996 年 10 月，学院成立了以党委书记为组长的德育工作领导小组，党委做出了《进一步贯彻德育大纲，加强教风、学风、校风建设的决定》，随即合并前三校的"两课"(马克思主义理论课程和思想品德修养课程)教学力量统一组建成"两课"教学部。按照中央发布的《中国普通高等学校德育大纲》和《关于加强思想品德课建设的意见》开设了规定的"两课"课程，并于 1998 年率先在省属高校中开设"邓小平理论概论"课程，得到省教委的肯定。在"两课"教学中，学院坚持以素质教育为中心，以提高课堂教学质量为重点，积极开展教学管理和教学研究工作。在教学中着重处理好四个关系：一是知识传授与思想教育的关系，重在对学生进行正面的思想品德教育；二是被动灌输与主动掌握的关系，重在调动学生积极性，让学生在自觉的理性思考中接受邓小平理论等基本理论、观点、方法；三是立场与方法的关系，对"两课"的考核，尽量不搞硬性背书，以尽量多的材料分析题、辨析题，引导学生掌握分析问题和解决问题的科学方法，潜移默化地接受马克思主义的基本立场；四是既要搞好课程内的教学，又要注重贴近学生的生活，关爱学生，针对学生的实际需要和国际形势的变化开办专题讲座，在师生间构建"情感工程"。总之，"两课"教育不只在于几门课程的知识传授和考核，更重视其在提高学生综合素质上的潜移默化作用。

2. 健全学生教育管理组织，营造良好育人环境

学院从组建之初就设置了党委和行政口的专职学生工作部（处），和共青团委员会合署办公，制定出统一的学生教育管理系列规章制度。各二级学院配置了专职学生工作的党组织副书记和专职政治辅导员，为每班聘请一名教师担任班主任。学院同二级学院签订了《学生管理目标责任书》。学院把"管理育人""教书育人""服务育人"分别列入学生工作队伍和各级领导干部、教师、服务保障人员的职责，作为重要的考核条件；整顿校园秩序和教学秩序，常抓不懈，大力开展精神文明建设活动，努力营造一个良好的齐抓共管、共同关爱、共同育人的环境。

3. 注重发挥学生的"三自"作用

学生是学院的主体，在正确思想引导下，完全可以充分发挥自我教育、自我管理、自我服务的"三自"作用。学院在这方面的措施，一是在教学活动中，要求教师尊重学生的主体地位，多采用启发式、讨论式、研究式教学方法，教学互动，调动学生积极性，激发学生的主体参与意识，培养学生的创新精神。二是建立健全学生会、团委和各班级的班、团组织，学院党校、团校普遍培训、轮训各级学生干部，形成了一支在学生中能起中坚作用的学生干部队伍。三是积极扶持学生的社团活动。学院制定了学生社团组织管理规定，积极引导、支持各社团自主开展各种校园文化科技活动。全院有文学、艺术、书法、绘画、摄影、演讲、英语、计算机等各种社团数十个，参加的学生超过在校学生的一半。他们在社团活动中充分展示组织活动能力，发挥各自的专长和创造能力。学院主要依靠学生会、团委系统和各社团在全院或二级学院组织了一系列的文艺汇演、学生运动会、展览会、体操赛、球类赛、演讲赛、普通话赛、英语口语赛、计算机赛；开展"创造文明校园、争做文明青年"系列活动；开展勤工俭学，社会扶贫、社区服务、帮扶下岗职工培训等多种志愿者服务活动，锻炼了能力，展现了大学生风貌。

4. 实施培优工程

1997 年，学院提出建立教育管理激励机制，实施培优工程。"培优"就是要在学生中发掘和培养一批思想上先进、政治上进步、学习上优秀的杰出人才。结合"两课"教育，学院倡导和鼓励学生成立了数十个邓小平理论研究小组，他们独立研究、集体探讨，在"两课"教学部支持下举办研讨会，交流了数十篇论文或学习心得体会。结合党团组织建设，学生自发地组织了许多党章学习小组，参加小组学习的学生超过学生总数的 2/3，申请入党的学生占在校生总数的 60%。依托学院的党校和团校，仅 1998 年和 1999 年两年间就单办培训班 50 多期，培训学生骨干和入党积极分子 3600 多人次，发展学生党员已占学生总数的近 4%。对于品学兼优的专科学生，经学院申报，省教委 1997 年 9 月批复同意试行优秀专科生升读本科的要求，学院为此制定了《关于选拔优秀专科生升读本科专业的暂行办法》，于 1998 年起正式实施。对于品学兼优的本科生，学院同华东理工大学、同济医科大学、华中理工大学、上海中医药大学等对口支援或签有协议的高校协商，实行推荐本科生免试攻读硕士学位的要求。学生中涌现了一批优秀分子，其中的优秀典型，有 1999 年 5 月纪念五四运动 80 周年之际，被教育部和共青团中央授予"全国优秀学生干部"荣誉称号的 95 级数学专业本科生严珍珍；1999 年 4 月被省委高校工委和省教委表彰为"全省优秀学生干部"的 96 级医学影像学专业本科生黄晓飞；1999 年 5 月获得全省优秀共青团员称号、12 月获得省教委"优秀大学生'楚才'奖"表彰并获得 1 万元奖金的外语系 97 级本科生王春春。有 70 多名优秀专科生获准升入本科，包括严珍珍在内的一批优秀本科生被推荐攻读研究生。

四、师资队伍建设和学术科研工作

为办好综合性本科院校，学院十分重视师资队伍建设和教师培养工作。学院党委和行政在部署、总结工作时一再强调：办好学院的关键之一是建设好一支结构合理，在教学、科研、学术上具有高水平的师资队伍，"没有这样一支队伍，就谈不上建设合格的本科学院，更谈不上发展成为综合性本科大学"；"要坚持把加强师资队伍建设作为基础工程来抓"。学院深入学习、贯彻 1999 年 6 月第三次全国教育工作会议精神和中共中央、国务院发布的《关于深化教育改革全面推进素质教育的决定》，再次修订了师资队伍建设规划，确定"以全面提高教师队伍整体素质为核心，以培养骨干教师、学科带头人和青年教师为重点，加强教师的政治思想和业务素质的培养"，提出了实施师资培养的"4260"工程，即在 3~5 年内，使师资队伍中的博士研究生数超过 40 人，硕士研究生数超过 200 人，其中青年教师中的硕士、博士研究生比例超过 60%。

在师资队伍建设中，采取了以下措施：

1. 引进

着眼于"高素质"，学院重点引进高学历或高职称人才，引进的人才一般应具有硕士研究生及以上学历，政治思想条件较好，具有较厚实的专业功底。对于从高校分配的本科毕业生，学院派人到有关高校直接考察，选拔优秀者，绝不被动接收。学院同对口支援的华中理工大学等高校订有协议，对口支援的高校"按双向选择，推荐相关专业优秀硕士毕业生和博士毕业生到湖北三峡学院工作"。通过多种渠道，学院先后引进了一批师资，尤其是一批青年教师充实了师资队伍，大大改善了师资队伍的知识结构和年龄结构。

2. 培训提高

对师资队伍的提高，总体上坚持在职、校内、自学"三为主"，突出对青年教师的培训和对重点学科、重点专业、主干课程教师的政策倾斜。对青年教师首先实行一培训、四定位、五过关。"一培训"就是岗前培训，并实行导师制，由导师传帮带。"四定位"即对新进青年教师"定岗位，定课程，定职责，定要求"。"五过关"即青年教师在 2~3 年内必须过好"政治思想关，专业基础关，课堂教学关，外语关，计算机关"。对重点学科、重点专业、主干课程教师的政策倾斜主要是实行"四优"：优先选派出国或国内访问、进修，优先安排学术假期，优先安排素质较高的青年教师报考硕士、博士研究生，优先提供科研设备和信息资料等，每年选送和报考的青年老师有 30~40 名。学院设立了教学奖励基金，评选优秀教学奖、青年教师教学竞赛奖、青年教师"十佳"，激励青年教师奋发进取。

3. 建设学术梯队

高等学校建立学科带头人和学术骨干梯队是一项重要的战略举措。学院根据1996 年省教委发布的《湖北省普通高等学校选拔和培养跨世纪学科带头人和学术骨干实施办法》，制定了《暂行办法》，规定了学科带头人和学术骨干的选拔条件、责任、义务、培养措施和有关激励政策，并从 1997 年初开始组织推荐、选拔工作。从 1997 年至 1999 年，先后有张昌菊、刘先哲、黄利鸣、王艳林、冯笙琴、闵秀全、陈超、邹坤、王作新等被省教委确定为省级学科带头人，刘名军、胡德才、倪春林、黄应平、陈涛、王钦峰等被确定为省级学术骨干。1998 年有22 人被学院确定为院级学科带头人和学术骨干。宜昌市于 1997 年也确定了学院的 36 人为全市学术和技术带头人培养对象或后备人选培养对象。1997 年，冯笙琴、黄利鸣被省教委确定为有突出贡献的中青年专家；曹文安、危世琼、倪春林先后获曾宪梓教育基金会三等奖。1998 年 3 月，何业枞被批准从 1997 年 11 月起，享受国务院政府特殊津贴。至 1999 年底，学院有省、院级学科带头人 23 人，学术骨干 26 人，学院对他们进行了理论培训，以增强他们的使命感和敬业创新精神，鼓励他们通过多种形式和途径努力提高自身素质。学院初步建立起的梯级队伍，对于形成一支高素质的师资队伍起到了关键核心作用。

学院把加强科研工作的领导、组织和管理，强化科研意识，提高科研水平，作为建设综合性本科学院的一项重要工作来抓。1996 年 10 月分别成立了学术委员会和学报编辑委员会，于 11 月创办了科研、学术性刊物《湖北三峡学院学报》，并继续兴办原宜昌医专办的《实用医学进修杂志》。1997 年 12 月，学院召开了首次科研工作会议，制定了《科研工作暂行办法》及"九五"后三年（1998—2000）的科研规划及教学、科研工作评估方案。加强了科研基础设施和科研基地建设，建成了医学电生理等 4 个多媒体实验室、电子阅览室，为省、院级学科带头人配备电脑，筹建了校园科研教学网，同时在全学院先后设立了邓小平理论研究所、三峡文化研究所、古文献研究所、高等教育研究所、皮肤性病研究所、正骨研究所、医学电生理研究所、生命科学研究所、机电工程研究所、化学工程研究所、三峡经济发展研究所、数学与应用软件研究所、应用化学研究所、理论物理研究所、计算机辅助教学（CAI）研究所等 16 个研究机构。按照省教委印发的《湖北省普通高等学校综合办学水平评估方案》中"科研水平"合格标准的指标要求，将科研项目和经费分解到二级学院和系（部），对科研项目实行目标管理，对各二级学院、系（部）的科研工作予以量化考核，形成了以项目为核心的科研管理工作格局，科技管理日趋规范。本着促进教学与科研相结合、产学研相结合的精神，学院把提高科研水平与重点学科、重点专业建设以及培养学科带头人、学术骨干工作结合起来统筹规划，发挥各研究所的集体力量，调动广大师生员工参加科研工作的积极性，建立教学、科研激励机制，在教学、科研实践中造就一支有创新能力、实践能力和创业精神的高素质人才队伍。

1996 年秋到 2000 年初，学院共承担省级资助性科研计划项目 32 项，其中自然科学和社会科学类的重点项目 25 项，青年项目 6 项，有偿合同项目 1 项，另有指导性计划项目 11 项。广大师生员工积极投入学术科研活动，在完成科研项目、发表重要论文、出版学术专著方面取得了一批成果。王佑怀主持完成的省级重点项目"临床解剖学应用领域的形态学研究"，1996 年至 1998 年先后在国家核心刊物《解剖学杂志》《中国临床解剖学杂志》上发表科研论文 10 篇，其中两篇论文分获 1998 年省自然科学优秀学术论文二、三等奖。邓新华主持的省级社科重点项目"中国古代艺术接受理论研究",其成果先后在《文艺研究》等国家级学术刊物发表(共 18 篇),并出版了学术专著《中国古代接受诗学》。王作新与胡绍华各自提前完成了 1998 年省级社科项目"古代汉字系统与传统思维方式研究"和"宗教文化与中国二十世纪文学",分别出版了学术专著《古代汉字与传统思维》《中国二十世纪的文学与宗教》。1998 年 10 月,刘暄传出版了专著《梦园宜昌(汉英对照)》。1999 年 9 月,田祥斌出版了专著《英汉歧义与文学》。胡德才的《中国现代喜剧文学史》是国内第一部喜剧类专著。据统计,至 2000 年初,共出版个人专著或主编教材 40 余部,在国外刊物和国内省级以上刊物发表论文 3000 余篇,参加国际国内学术交流会议 50 余次。获得教育部科学技术进步三等奖 1 项、省级科学技术进步三等奖 1 项,省自然科学优秀论文一等奖 1 项,以及省级优秀教学成果二、三等奖多项。

学院重视加强对学生参与科研和学术活动的指导,经常请校内外专家举办科研和学术讲座,并结合学生作业、实验、毕业(设计)论文、科技活动,有针对性地开展科研指导、训练,培养学生的科研和创新精神。1996 年至 1999 年 4 月,学院共获得湖北省大学生优秀科研成果奖 19 项,其中学生向昌浩的作品集《心中的白鸽》,学生吴砂、余平、黄益玲合写的论文分获一等奖,还有二等奖 7 项、三等奖 10 项。

学院的国内外学术交流活动也有所开展。1997 年 1 月,国家教委办公厅发文确定同济医科大学等两所高校对口支援湖北三峡学院;4 月和 7 月,这两所高校都到学院洽谈并正式签订了对口支援协议书。华中理工大学与学院签订了《世行贷款"高等教育发展"项目协作学校活动协议书》,确定建立协作伙伴关系,开展"手拉手"协作活动。上海中医药大学也与学院签订了《联合培养硕士研究生协议书》。学院多次组织团队分别到对口支援高校和省内外其他一些高校学习交流。学院还初步开展了国际性的合作和学术交流活动,先后与美国、日本、德国、法国、俄罗斯、乌克兰、澳大利亚、英国的高校签订了合作协议或进行学术交流。

五、成人教育和职业技术教育

合并前的三所专科学校的成人教育基础都较好。1994 年底,以办成人教育为基本任务的宜昌市教育学院归并宜昌职业大学,成为成人教育部。湖北三峡学院组建后,原三校的成人教育部统一组建成为成人教育学院,具有了较强的办学实力。成人教育学院组建后,立即按照省教委关于普通高校函授、夜大学教育评估验收的目标要求，开展了自查自评。1996 年 10 月 14 日，省教委成人教育专家组对函授、夜大学进行全面评估验收，认为达到了合格要求。在验收合格基础上，成教学院汇集、整理、修订、新订了 30 多项成教规章制度，形成系列，汇编成册，规范管理。

学院组建后的一段时间内，成人教育的基本思路是：在继续本专科兼办的前提下，向以本科专业为主转变；提倡办学形式多样化，函授、夜大学、自学考试、短训班、联办班、辅导站等，各自发挥自身优势，面向社会服务。1996 年秋，省自学考试委员会批准成教学院举办经济管理、财会、乡镇建设与管理三个应用专科自考专业。1997 年秋，学院以联合办学形式，与湖北师范学院、武汉体育学院和宜昌市人事局联办了三个成人本科专业和一个自考本科专业。1998 年 9 月，省教委批准学院增设成人教育的艺术教育（音乐教育、美术教育）高中起点的专科专业。1999 年，汉语言文学和临床医学两个专业被批准从原来的专科专业升为本科专业进行成人教育招生。1999 年 12 月 21 日，省教委正式批准学院为举办本科层次成人高等教育的全省五所高校之一，规定"从 2000 年开始招生，办学形式为函授和夜大。办学类型以专科起点的本科为主，也可以少量举办高中起点本科。原则上开办的本科专业应以师范教育为主，并且是全日制普通本科已开办的专业"。2000 年 1 月 5 日，省教委经报教育部备案，确定湖北三峡学院的成人教育本科专业有 11 个，即：

（1）专科起点五年制业余学习形式的本科专业 9 个：电气工程及其自动化，行政管理，生物工程，教育管理，工商管理，数学及应用数学，物理，化学，英语。

（2）高中起点的五年制脱产学习形式的本科专业 1 个：临床医学。

（3）高中起点的四年制脱产学习形式的本科专业 1 个：汉语言文学教育。

至此，学院的成人教育正式形成了本科教育的格局。到 1999 年底，成人教育的本专科在籍生达 5676 人。

在其他办学服务形式方面，学院是全省成人教育自学考试宜昌市考点之一，还是省卫生厅同意的"中医学专业高等教育自学考试助学辅导站"和省教委、财政厅确定的"初中教师继续教育培训基地"。1997 年作为自学考点组织了两次全省自学考试，7 月的考试中，参考人员达 12180 人次。1998 年，学院的成教教师为全省自学考试的 7 个专业 49 门课程出了试卷命题（147 套），组织了 33 门课程的自学考试阅卷工作。1999 年先后组织 7 次各类成人教育大型考试，考生总数超万人次。1999 年 4 月，学院的考点组织全国计算机等级考试，考生数千人，在全省共 34 个考点中，考生成绩优秀率为全省第一，通过率为全省第二，受到省教育考试院表扬。1998 年，以面向社会服务的精神，学院参与宜昌市"再就业工程"，义务为下岗工人举办计算机培训，有 40 多人结业。

1999 年，大力发展高等职业技术教育成为一个新的热点。省教委和省计委在有关文件中提出：必须采取有效措施，积极探索与现有办法有所不同的新模式、新机制来发展高等职业技术教育。这种新模式、新机制，主要是在普通高校内独立设置二级职业技术学院或以中专学校为基础组建隶属于普通高校的二级职业技术学院。省教委建议以宜昌市农业学校为基础组建湖北三峡学院职业技术学院。为此，经宜昌市协调，1999 年 4 月 8 日和 22 日，宜昌市农业委员会和湖北三峡学院分别向宜昌市政府和省教委呈交了以宜昌市农业学校为基础组建湖北三峡学院职业技术学院的请示。6 月 17 日，省政府正式批转了省教委、省计委《关于以新的管理模式和运行机制试办高等职业技术学院的实施方案》，《实施方案》明确提出"以宜昌市农业学校为基础组建湖北三峡学院职业技术学院"。据此，宜昌市政府正式批复同意组建，并于 7 月 28 日为"湖北三峡学院职业技术学院"举行授牌仪式。批复的文件规定，此职业技术学院为湖北三峡学院的二级学院，具有独立法人资格，原有的人、财、物管理体制不变，实行原中专学校主管部门和湖北三峡学院双重领导、分工负责的体制，湖北三峡学院主要负责对教学的监督管理；办学层次为高等专科，在举办高等职业技术教育的同时，仍担负地方农业中等职业教育的任务。

原宜昌市农业学校创办于 1952 年，1958 年至 1962 年曾升格为宜昌市农业专科学校，1962 年被撤销。1966 年春利用原"农专"校址建立"华中农学院宜昌分院"，"文革"中停止招生 5 年，1971 年恢复招生后逐步办成了颇具规模的、获得"宜昌市名牌学校"称号的中等专业学校，并经国家评估验收为 A 级全日制普通中等专业学校。校址位于宜昌市港窑路 71 号。组建成职业技术学院时，校园占地 790.5 亩，建筑总面积 4.2 万多平方米，图书馆藏书 12.2 万册，设有农、果、蔬、畜及财、管、文秘等中专专业 17 个；有教职工 204 人，其中教师 102 人(有中、高级职称者 76 人)，在校生 1950 人。组成职业技术学院后，于 1999 年秋季有 6 个高职专业向外招生。2000 年 2 月 24 日，省教育厅又批准开设淡水渔业和农业经济管理两个高职新专业。

湖北三峡学院从 1996 年 6 月正式合并组建，到 2000 年 6 月，共 4 年时间。学院合并组建时，共有本专科学生 5780 人，其中本科生 374 人；成人教育本专科和中专在籍生 3053 人。2000 年 6 月，在校本专科学生 5809 人，其中本科生达 4005 人，专科生 1804 人；成人教育各类在籍学生 5761 人。教职工总数变化不大，从组建之初的 1308 人，增至 1318 人，但离退休人员从 100 多人增至 333 人；

专职教师中的副教授以上高级职称者，从 189 人增至 278 人。校舍建筑面积从 15.8 万平方米增至 21.4 万平方米，教学仪器设备总值 2400 多万元，图书馆藏书 75 万册。学院获湖北省教育系统"先进审计单位"称号，《湖北三峡学院学报》被评为 1999 年度"首届全国优秀社科学报"，先后有 10 多人被评为湖北省高校系统"优秀共产党员""优秀党务工作者"。湖北三峡学院在实现向合格的综合性本科学院的转变过程中，得到了全面发展。

附录1 湖北三峡学院历届校领导名录

一、宜昌医学高等专科学校历届校领导名录(1923 年至 1996 年 5 月)

(一)合并前各学校历届校领导名录

1. 博医卫生技术专门学校(1923 年至 1952 年 10 月)

姓　名	职　务	任 职 时 间
乔治·哈登 (George Hadden)	校　长	1923 年至 1933 年春
贾博泉 (H. O. Chapman)	代理校长	1933 年春至 1936 年
马克斯韦尔 (J. K. Maxwell)	校　长	1937 年至 1940 年
华理达 (Hilda Waddington)	代理校长 校　长	1938 年至 1946 年 1948 年至 1950 年 9 月
江铭范	代理校长 副 校 长	1946 年至 1948 年 1948 年至 1952 年 10 月
姚克方	(中南卫生部副部长) 校长(兼)	1950 年 10 月至 1952 年 10 月

2. 中南卫生专科学校(1952 年 10 月至 1954 年 4 月)

姚克方　　校长(兼)　　1952 年 10 月至 1954 年 4 月

3. 中南卫生干部进修学校(1954 年 4 月至 1956 年 8 月)

姓　名	职　　务	任 职 时 间
姚克方	校长(兼)	1954 年 4 月至 1956 年 8 月
成　解	副校长	1954 年 4 月至 1956 年 8 月
余　文	副校长	1954 年 4 月至 1956 年 8 月

4. 湖北省卫生干部进修学校(1956 年 8 月至 1958 年 12 月)
黄昌寿　　副校长　　1957 年 7 月至 1958 年 12 月
5. 湖北省公医专科学校(1949 年 12 月至 1953 年 7 月)

姓　名	职　　务	任 职 时 间
栗秀真	(湖北省卫生厅长) 校长(兼)	1949 年 12 月至 1953 年 7 月
孙光珠	(湖北省卫生厅医政处长) 副校长(兼)	1952 年 9 月至 1953 年 7 月

6. 武昌医士学校(1953 年 8 月至 1958 年 9 月)

姓　名	职　　务	任 职 时 间
孙光珠	(湖北省卫生厅副厅长) 校长(兼)	1953 年 8 月至 1956 年 10 月
马建华	副校长	1956 年 10 月至 1958 年 8 月
胡远德	副校长	1957 年 2 月至 1958 年 8 月

7. 湖北省医学专科学校(1958 年 8 月至 1958 年 12 月)
胡远德　副校长　1958 年 9 月至 1958 年 12 月
8. 武昌医学专科学校(1958 年 12 月至 1960 年 11 月)

姓　名	职　务	任　职　时　间
张仓祥	（湖北医院院长） 校长（兼）	1959 年 4 月至 1960 年 11 月
刘致远	党总支书记	1959 年 4 月至 1960 年 11 月
丁正学	党总支副书记	1959 年 4 月至 1960 年 11 月

9. 宜昌医学专科学校（1958 年 9 月至 1960 年 11 月）

姓　名	职　务	任　职　时　间
杨筱震	（宜昌行署副专员） 校长（兼）	1958 年 9 月至 1959 年 4 月
王　敬	党总支书记 校　　长	1958 年 11 月至 1960 年 11 月 1960 年 4 月至 1960 年 11 月
贺振德	党总支副书记	1958 年 9 月至 1959 年 4 月
任福成	校　　长	1959 年 4 月至 1960 年 3 月
原　诚	副校长	1960 年 4 月至 1960 年 11 月

（二）合并后历届校领导名录（1960 年 11 月至 1996 年 6 月）

姓　名	职　务	任　职　时　间
丁正学	校　　长 党总支书记 党总支书记	1960 年 11 月至 1961 年 11 月 1960 年 11 月至 1961 年 4 月 1961 年 12 月至 1967 年 11 月
原　诚	副校长 校　　长 顾　　问	1960 年 11 月至 1961 年 11 月 1961 年 12 月至 1968 年 1 月 1978 年 11 月至 1984 年 6 月
王　敬	党总支书记	1961 年 4 月至 1961 年 12 月
赵茂林	革委会主任 党委书记 顾　　问	1968 年 1 月至 1978 年 11 月 1972 年 11 月至 1978 年 11 月 1978 年 11 月至 1984 年 6 月

续表

姓　名	职　务	任 职 时 间
罗　洪	革委会副主任	1969 年 6 月至 1973 年 8 月
杨震洲	革委会副主任 党委副书记 校　长	1972 年 7 月至 1978 年 11 月 1972 年 11 月至 1986 年 10 月 1978 年 11 月至 1984 年 6 月
廖亚远	革委会副主任 党委副书记	1972 年 7 月至 1974 年 1 月 1972 年 11 月至 1974 年 1 月
吉天祥	革委会副主任	1972 年 7 月至 1978 年 6 月
徐辅桂	革委会副主任 副校长 纪委书记	1972 年 7 月至 1978 年 11 月 1978 年 11 月至 1984 年 6 月 1982 年 3 月至 1984 年 6 月
刘少勇	革委会副主任 副校长	1974 年 10 月至 1978 年 11 月 1978 年 11 月至 1984 年 6 月
卢克田	党委第一书记 党委书记	1975 年 1 月至 1978 年 11 月 1978 年 11 月至 1984 年 6 月
高进仁	党委副书记 副校长 党委书记	1980 年 5 月至 1984 年 6 月 1980 年 5 月至 1984 年 6 月 1984 年 6 月至 1986 年 11 月
于　丁	副校长 顾　问	1980 年 5 月至 1984 年 5 月 1984 年 6 月至 1986 年 10 月
张光明	副校长 校　长 名誉校长	1980 年 5 月至 1984 年 5 月 1984 年 6 月至 1986 年 10 月 1986 年 10 月至 1996 年 7 月
谢宝善	副校长 校　长	1984 年 6 月至 1986 年 10 月 1986 年 10 月至 1991 年 4 月
何业枞	副校长	1984 年 6 月至 1996 年 7 月
刘远明	副校长	1984 年 6 月至 1990 年 12 月
谭德福	党委副书记 纪委书记 副校长	1986 年 10 月至 1990 年 11 月 1987 年 5 月至 1990 年 11 月 1990 年 12 月至 1996 年 7 月
查光祥	党委书记	1986 年 11 月至 1988 年 12 月

续表

姓　名	职　务	任 职 时 间
谢守信	党委副书记	1988 年 12 月至 1996 年 7 月
鲁知文	校长兼党委副书记	1991 年 4 月至 1996 年 5 月
何道容	副校长	1992 年 2 月至 1996 年 7 月

二、宜昌师范高等专科学校历届校领导名录(1946 年 9 月至 1996 年 5 月)

1. 湖北省立宜都师范学校(1946 年 9 月至 1950 年 3 月)

姓　名	职　务	任 职 时 间
梁瑞麟	校　长	1946 年 9 月至 1947 年 4 月
胡楚藩	校　长	1947 年 5 月至 1948 年 2 月
朱全纪	校　长	1948 年 3 月至 1949 年 7 月
熊筱崴	校　长	1949 年 8 月至 1950 年 3 月

2. 湖北省立宜昌师范学校(1950 年 3 月至 1958 年 9 月)

姓　名	职　务	任 职 时 间
熊筱崴	校　长	1950 年 3 月至 1951 年 1 月
李地文	校　长	1951 年 2 月至 1952 年 7 月
王　素	副校长	1952 年 5 月至 1952 年 7 月
邹吉烨	代理校长 副校长	1952 年 8 月至 1953 年 6 月 1953 年 6 月至 1956 年 7 月
张子荣	代理副校长	1952 年 8 月至 1953 年 3 月
张晓光	校　长 党支部书记	1953 年 6 月至 1958 年 11 月 1955 年 5 月至 1958 年 11 月

姓　名	职　务	任 职 时 间
傅天峻	副校长	1955 年 3 月至 1958 年 9 月
雷举才	党支部副书记	1957 年 11 月至 1958 年 11 月

3. 宜昌师范专科学校(1958 年 9 月至 1962 年 9 月)

姓　名	职　务	任 职 时 间
徐汝潭	校　长 党支部书记 党总支书记	1958 年 11 月至 1962 年 9 月 1958 年 11 月至 1959 年 7 月 1959 年 7 月至 1962 年 9 月
雷举才	党支部副书记 党总支副书记	1958 年 11 月至 1959 年 7 月 1959 年 7 月至 1960 年 7 月
傅天峻	副校长	1958 年 9 月至 1962 年 7 月

4. 宜昌师范学校(含宜昌专区教师进修学校)(1962 年 9 月至 1978 年 3 月)

姓　名	职　务	任 职 时 间
黄荣誉	副校长 校　长 党总支书记	1962 年 10 月至 1963 年 4 月 1963 年 4 月至 1966 年 5 月 1962 年 10 月至 1966 年 5 月
王　剑	(宜昌专区文教局局长) 教师进修学校校长(兼) 教师进修学校革委会主任(兼) 宜昌师范学校革委会主任(兼)	1963 年 3 月至 1967 年 12 月 1967 年 12 月至 1968 年 4 月 1968 年 4 月至 1971 年 3 月
傅天峻	副 主 任 革委会副主任	1963 年 4 月至 1967 年 10 月 1973 年 4 月至 1974 年 10 月
詹玉华	革委会副主任 党总支副书记	1969 年 10 月至 1978 年 5 月 1975 年 6 月至 1978 年 5 月

续表

姓 名	职 务	任 职 时 间
管先润	革委会负责人、主任 党总支书记	1971 年 3 月至 1978 年 5 月 1971 年 12 月至 1978 年 5 月
舒德彦	党总支副书记	1971 年 12 月至 1978 年 5 月
张国然	革委会副主任	1974 年 10 月至 1978 年 5 月
陈新贵	革委会副主任	1975 年 6 月至 1978 年 5 月

5. 宜昌师范高等专科学校（1978 年 4 月至 1996 年 5 月）

姓 名	职 务	任 职 时 间
管先润	校 长 党委副书记 党委书记 纪委书记	1978 年 5 月至 1980 年 5 月 1978 年 5 月至 1980 年 5 月 1980 年 5 月至 1987 年 2 月 1987 年 2 月至 1988 年 4 月
王丽云	副校长 党委副书记	1978 年 5 月至 1979 年 7 月
安兰硴	副校长	1978 年 9 月至 1981 年 9 月
张国然	副校长 校 长 党委副书记	1979 年 7 月至 1980 年 5 月 1980 年 5 月至 1987 年 2 月 1981 年 9 月至 1987 年 2 月
詹玉华	副校长 纪委书记	1979 年 7 月至 1984 年 6 月 1984 年 6 月至 1987 年 2 月
朱 辕	副校长 顾 问	1981 年 9 月至 1984 年 6 月 1984 年 6 月至 1987 年 2 月
王正清	副校长	1984 年 6 月至 1995 年 1 月
刘锦程	副校长	1984 年 6 月至 1996 年 5 月
周 力	副校长 党委副书记	1984 年 6 月至 1987 年 2 月 1987 年 2 月至 1988 年 4 月

续表

姓 名	职 务	任 职 时 间
高进仁	党委书记 校 长 党委副书记	1987年2月至1991年5月 1987年2月至1996年5月 1991年5月至1996年5月
杨 红	党委副书记 纪委书记(兼)	1990年12月至1996年5月
石亚非	副 校 长	1990年12月至1996年5月
易纪维	党委书记	1991年5月至1996年7月
李光明	副 校 长	1992年11月至1996年5月

三、宜昌职业大学历届校领导名录(1978年9月至1996年5月)

1. 宜昌高等工业专科班(1978年9月至1983年5月)

姓 名	职 务	任 职 时 间
倪忠俊	(宜昌市副市长) 主任(兼)	1978年9月至1983年5月
曹诗青	联合党支部(总支)书记	1978年9月至1983年5月
周德华	联合党支部副书记	1978年9月至1980年2月
张振山	副 主 任	1978年9月至1979年10月
王 虎	联合党支部(总支)副书记 副 主 任	1979年10月至1983年5月

2. 宜昌职业大学(1983年5月至1986年5月)

姓 名	职 务	任 职 时 间
崔传礼	(宜昌市副市长) 校长(兼)	1983年5月至1986年5月
曹诗青	党总支书记	1983年5月至1983年11月

续表

姓　名	职　务	任 职 时 间
周运富	副 校 长	1983 年 8 月至 1986 年 5 月
马述祥	党总支副书记 副 校 长	1984 年 2 月至 1986 年 5 月
叶叔毅	副 校 长	1984 年 7 月至 1986 年 5 月

3. 宜昌大学(1986 年 5 月至 1996 年 7 月)

姓　名	职　务	任 职 时 间
崔传礼	(宜昌市副市长) 校长(兼)	1986 年 5 月至 1986 年 11 月
符利民	(宜昌市副市长) 校长(兼)	1986 年 12 月至 1996 年 7 月
马述祥	党总支副书记 党总支书记 党委书记 副校长	1986 年 5 月至 1986 年 11 月 1986 年 12 月至 1987 年 4 月 1987 年 4 月至 1996 年 7 月 1986 年 5 月至 1996 年 7 月
姚天芹	党委副书记 纪委书记	1987 年 4 月至 1996 年 7 月 1988 年 5 月至 1996 年 7 月
叶叔毅	副 校 长	1986 年 5 月至 1996 年 6 月
周运富	副 校 长	1986 年 5 月至 1988 年 5 月
陈贤忠	副 校 长	1989 年 7 月至 1996 年 7 月
袁　洪	党委副书记 副校长	1992 年 11 月至 1996 年 5 月
谭必兆	党委副书记	1995 年 1 月至 1996 年 5 月
叶天健	副 校 长	1995 年 1 月至 1996 年 1 月

4. 宜昌市师范学校(1975 年 12 月至 1981 年 7 月)

姓　名	职　务	任 职 时 间
李传成	党支部书记	1975 年 12 月至 1976 年 3 月
黄友芳	党支部副书记 副校长	1976 年 3 月至 1981 年 3 月
熊舜孝	党支部书记	1977 年 1 月至 1978 年 11 月
曾子玉	副校长	1978 年 6 月至 1978 年 11 月
李诵国	党支部副书记 副校长	1978 年 11 月至 1980 年 5 月
陈好问	校　长	1980 年 5 月至 1981 年 7 月

5. 宜昌市教师进修学院(1981 年 3 月至 1987 年 6 月)

姓　名	职　务	任 职 时 间
谭必兆	党支部副书记 党总支副书记	1981 年 7 月至 1985 年 9 月 1985 年 9 月至 1987 年 6 月
陈好问	副院长	1981 年 7 月~
符利民	副院长 院　长	1981 年 7 月至 1983 年 12 月 1983 年 12 月至 1984 年 4 月
胡昭明	副院长	1984 年 6 月至 1987 年 6 月
傅承书	副院长	1986 年 10 月至 1987 年 6 月

6. 宜昌市教育学院(1987 年 6 月至 1994 年 5 月)

姓　名	职　务	任 职 时 间
谭必兆	党总支副书记 党委书记	1987 年 6 月至 1990 年 2 月 1990 年 2 月至 1995 年 1 月
傅承书	副院长	1987 年 6 月至 1990 年 11 月
叶天健	院长	1990 年 2 月至 1994 年 5 月

四、湖北三峡学院领导名录(1996 年 5 月至 2000 年 6 月)

姓　名	职　务	任职时间
高进仁	党委书记	1996 年 5 月至 2000 年 6 月
鲁知文	院　长 党委副书记	1996 年 5 月至 1999 年 8 月
李诵国	副院长	1996 年 5 月至 2000 年 3 月
袁　洪	副院长	1996 年 5 月至 2000 年 6 月
石亚非	副院长	1996 年 5 月至 2000 年 6 月
雷森策	党委副书记	1999 年 3 月至 2000 年 6 月

附录 2　湖北三峡学院机构设置一览表

一、宜昌医学高等专科学校机构设置

(一)党群系列

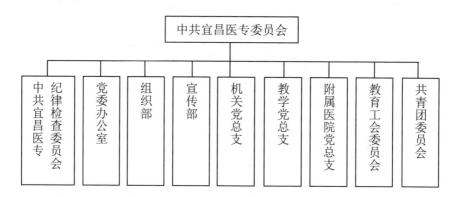

(二)行政系列

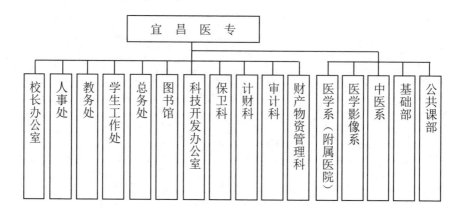

二、宜昌师范高等专科学校机构设置

(一) 党群系列

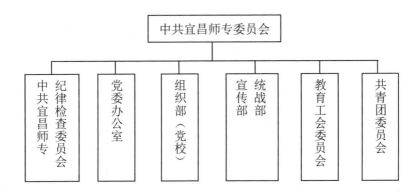

中共宜昌师专委员会

- 中共宜昌师专纪律检查委员会
- 党委办公室
- 组织部 (党校)
- 宣传部 统战部
- 教育工会委员会
- 共青团委员会

(二) 行政系列

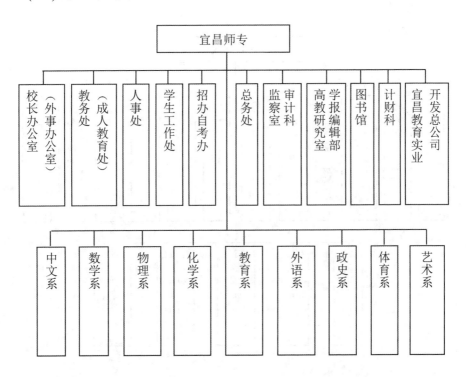

宜昌师专

- 校长办公室 (外事办公室)
- 教务处 (成人教育处)
- 人事处
- 学生工作处
- 招办自考办
- 总务处
- 审计科 监察室
- 学报编辑部 高教研究室
- 图书馆
- 计财科
- 开发总公司 宜昌教育实业

- 中文系
- 数学系
- 物理系
- 化学系
- 教育系
- 外语系
- 政史系
- 体育系
- 艺术系

三、宜昌职业大学机构设置

(一) 党群系列

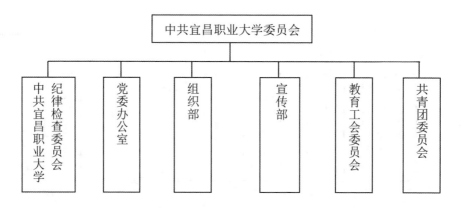

(二) 行政系列

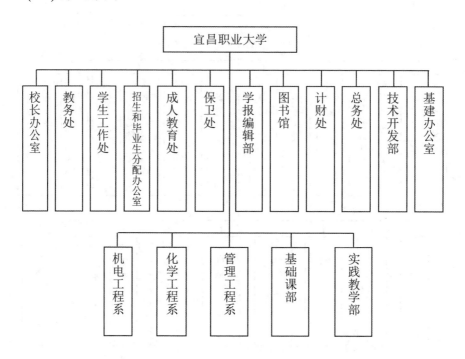

四、湖北三峡学院机构设置

(一) 党群系列

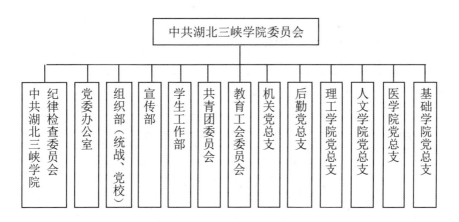

(二) 行政系列

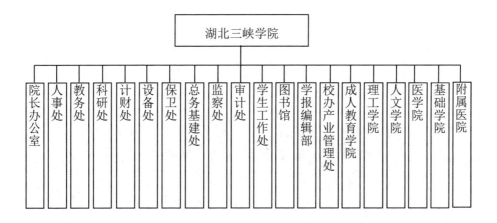

（三）教学系列

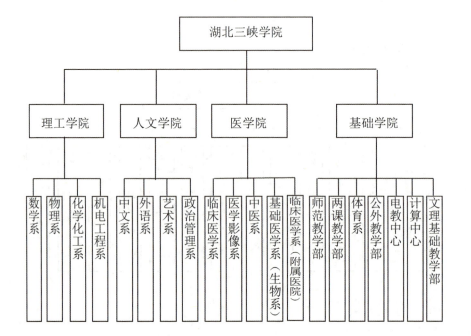

附录 3 湖北三峡学院专业设置一览表

院校时期	专业设置名称	学制
宜昌医专专科专业 （1977—1996）	医学、中医、放射、妇幼卫生、医学影像、中药炮制、临床医学、护理学、医学检验、药理学	3
宜昌医专本科专业 （1977—1997）	医学、中医	4
宜昌医专本科专业 （1977—1997）	临床医学、中医学、医学影像学	5
宜昌师专专科专业 （1977—1996）	中文、数学、物理、化学、教育管理、体育、政史、外语、小学教育	2
宜昌师专专科专业 （1977—1996）	中文、数学、英语、物理、化学、教育管理、体育、政史、外语、汉语言文学、学前教育、小学教育、旅游经济、教育学、汉语言文学教育、英语教育、数学教育、化学教育、精细化工、政治学、体育教育、美术教育、工业管理工程、旅游、物理教育、旅游教育、政史教育、生物教育	3
宜昌师专本科专业 （1977—1996）	中文、数学、物理、化学、汉语言文学、物理教育、化学教育	4
宜昌职业大学专科专业 （1977—1996）	工业微生物、电机电器、微生物工程、电气技术、机电工程、化学工程、计算机软件(应用)、机械制造工艺及设备、工业企业管理、财务管理、中文秘书、市场营销	3
宜昌职业大学本科专业 （1995—1996）	电气技术	4

续表

院校时期	专业设置名称	学制
湖北三峡学院本科专业 （1996—2000）	体育教育、汉语言文学、英语、美术学、数学与应用数学、物理学、化学、机械设计制造及其自动化、电气工程及其自动化、生物工程、临床医学、医学影像学、中医学、工商管理	4
湖北三峡学院专科专业 （1996—2000）	会计学、市场营销、旅游经济、政治学、行政管理学、教育管理、汉语言文学教育、英语教育、美术教育、数学教育、物理学教育、化学教育、硅酸盐工程、机械制造工程与设备、机械设备及自动化、电气技术、计算机软件、化工工艺、精细化工、食品工艺、发酵工艺、管理工程、妇幼卫生、临床医学、医学影像学、医学检验、护理学、药理学、小学教育、工商管理、发电厂及电力系统、旅游管理、畜牧兽医、农学、园艺、高级护理、经济管理学、计算机软件、音乐教育、工业企业管理、生物教育、计算机应用与维护、机电工程	3

附录4 湖北三峡学院招生、在校生、毕业生一览表

一、宜昌医学高等专科学校

（一）1923年至1976年

中国博医会创立医药技士专门学校		湖北省公医专科学校		中南卫生专科学校	
年度	毕业生数	年度	毕业生数	年度	毕业生数
1923—1929	38	1950	86	1953	89
1930	22	1951		1954	433
1931	10	1952	96(中专159)	中南卫生干部进修学校	
1932	27	武昌医士学校(中专)		年度	毕业生数
1933	30			1955	497
1934	25	年度	毕业生数	湖北省卫生干部进修学校	
1935	30	1953	393(大专88)		
1936	24	1954	107	年度	毕业生数
1937	32	1955	280	1956	500
1938	16	1956	296	1957	380
1939	11	1957	337	1958	300
1940	12	1958	158		

续表

年度	毕业生数	武昌医学专科学校		宜昌医学专科学校	
1941	11				
1942	11				
1943	10	年度	毕业生数	年度	毕业生数
1944	12	1959	308	1960	42
1945	6	1960	163	1961	77
1946		1961	53	1962	215
1947	32	中南卫生人员训练所		1963	120
1948	21			1964	97
1949	35	年度	毕业生数	1965	126
1950	31	1951	157	1966	124
1951	30	1952	117	1967	125
1952	23			1968	150
				1973	131
				1974	152
				1976	200

（二）1977 年至 1996 年

项目\年度	毕业人数		招生人数		在校生数	
	本科	专科	本科	专科	本科	专科
1977		201	158		158	607
1978		294	205		363	520
1979		190		194	363	559
1980				154	363	713
1981				117	363	830
1982	363	194		116		387

续表

项目 年度	毕业人数		招生人数		在校生数	
	本科	专科	本科	专科	本科	专科
1983		154		124		357
1984		117		257		497
1985		116		379		760
1986		124		302		938
1987		257		325		1006
1988		379		476		1103
1989		302		314		1115
1990		325		395		1185
1991		476		426		1135
1992		314		554		1375
1993		395		865		1845
1994		426		821		2240
1995		554	140	290	140	1976
1996		865	335	105	475	1216

二、宜昌师范高等专科学校

（一）1946 年至 1979 年

项目 年度	中师	成人中专	大专
1946			
1947	31		
1948	51		
1949	68		

续表

项目 年度	中师	成人中专	大专
1950	30		
1951	68		
1952	110		
1953	195		
1954	114		
1955	318		
1956	193	(行干)48	
1957	263	(行干)49	
1958	445	(幼师)80	
1959	310		(中文、数学)203
1960	94	(行干)41	
1961	124	(行干)34 (体训)52	(中文、数学)185
1962	352		(中文、数学、物理)91
1963	138		
1964	128	(教师进修)161	
1965	150	(教师进修)128	
1966	282		
1967	173		
1968	134		
1969	96		
1970			
1971	179		
1972	242		
1973	548		
1974		(文艺)46 (美术)5	

续表

年度＼项目	中师	成人中专	大专
1975	259		60
1976	283		90

（二）1977 年至 1996 年

年度＼项目	毕业人数		招生人数		在校生数	
	本科	专科	本科	专科	本科	专科
1977				335		335
1978				165		500
1979				150		650
1980		88		203		853
1981		499		227		582
1982		149		252		681
1983		202		293		775
1984		218		399		950
1985		242		558		1255
1986		346		537		1444
1987		455		580		1555
1988		907		741		1388
1989		486		742		1644
1990		695		700		1628
1991		696		643		1566
1992		273		513		1790
1993		617		789		1968
1994		655		747		2047
1995		543	175	476	175	1993

续表

项目 年度	毕业人数		招生人数		在校生数	
	本科	专科	本科	专科	本科	专科
1996		769	290	450	465	1684
合计		7840		9162	465	

三、宜昌职业大学

项目 年度	毕业人数		招生人数		在校生数	
	本科	专科	本科	专科	本科	专科
1978				90		90
1979				79		169
1980				40		209
1981		90		40(中专)		119(大专) 40(中专)
1982		78		40(中专)		41(大专) 80(中专)
1983		40(大专) 40(中专)		85(大专) 40(中专)		85(大专) 80(中专)
1984		40(中专)		206		291(大专) 80(中专)
1985		40(中专)		105		396
1986		85		234		545
1987		206		255		594
1988		103		260		749
1989		219		245		760
1990		262		280		785
1991		256		320		845

续表

项目 年度	毕业人数		招生人数		在校生数	
	本科	专科	本科	专科	本科	专科
1992		226		372		972
1993		252		438		1130
1994		303		460		1270
1995		317		504		1402
1996				547		

四、湖北三峡学院

项目 年度	毕业人数		招生人数		在校生数	
	本科	专科	本科	专科	本科	专科
1996		1571	800	845	1168	3551
1997		1544	883	777	2029	2796
1998		1155	938	416	2962	2051
1999	236	905	1204	610	4005	1804
2000	560	688				

第二部分

从葛洲坝水电工程学院到武汉水利电力大学(宜昌)

第五章　葛洲坝水电工程学院（1978—1996）

第一节　依托葛洲坝工程局高起点建校

一、葛洲坝水电工程学院的快速筹建和开办

1978年1月24日，水利电力部向国务院呈报了《关于成立葛洲坝水电工程大学的请示》。《请示》说：根据水电建设需要，为加强培养技术力量，在办好现有大专院校，创造条件扩大招生的同时，拟在湖北省葛洲坝工人大学的基础上成立葛洲坝水电工程大学，面向全国水电工程局招生。《请示》提出："学校规模为1600人，学制四年，每年招生300~400人。专业设置包括规划、勘测、设计、施工管理等专业，列入国家普通高等学校事业计划。实行部与湖北省双重领导以部（由葛洲坝工程局代管）为主的管理体制。"这是水电部1977年12月召开全国水电工作会议之后，为贯彻党中央关于电力要先行、要抓紧开发水电资源的决策而采取的一项重大举措。

1978年4月1日，教育部颁发了《关于同意恢复和增设普通高等学校的通知》，公布了经国务院同意恢复和增设的一批普通高等学校名单，其中水电部向国务院请示成立的葛洲坝水电工程大学，被批准定名为葛洲坝水电工程学院，是实行部与省双重领导、以部为主的普通高等学校。

水电部收到教育部文件后，于4月下旬派出计划司司长和教育处处长到葛洲坝工程局商议筹办水电工程学院事宜，工程局党委表示全力支持办此高校，当即确定由党委书记张浙负责筹建工作。工程局会同水电部来员对办学校址作了多处实地考察、反复比较，最后确定以工人大学为基础建校最为稳妥。5月29日，水电部根据教育部文件精神，正式向葛洲坝工程局发了《关于新办葛洲坝水电工程学院的通知》。《通知》包括以下四项内容：

（1）学院在校生规模暂定为1600人。设置水利水电工程建筑、水电站动力设备、工业企业电气化自动化、机械加工、水利工程机械等专业。学院是一所面向全国的普通高等学校，按照国家统一招生办法，主要招收水电施工单位的高中毕业生和在职青年。

（2）学院的组织机构、人员编制请葛洲坝工程局按暂定规模提出具体方案报部核准。教职工主要从葛洲坝工程局和部属有关工程局、院校选调。

（3）为搞好当年招生，请抓紧征地、移民、建校、设备购置等各项准备工作，并尽快成立学院筹建领导小组，由局党委主要负责同志任组长。

（4）抓紧编制建校计划任务书（其中含局办工人大学部分），于当年七月底以前按基建程序上报审批。建校所需基建、设备投资暂在葛洲坝工程项目内开支，将来请国家计委列入基建计划，并由葛洲坝工程局负责完成。1978年所需事业费，请速编制预算报部，由学院筹建领导小组按供应渠道联系落实。

6月6日，葛洲坝工程局党委遵照水电部文件要求，成立了由党委书记张浙任组长的15人"葛洲坝水电工程学院筹建领导小组"，副组长为易运堂、孟昭峰、罗时俊，领导小组成员都是工程局各部门、各战线的负责人。筹建领导小组以"葛洲坝水电工程学院筹备处"的名义刻制公章正式运作。6月10日，筹备处之下正式组建办公室、政工组、教务组、总务组、房建办公室；参加筹备工作的教职员工在工人大学原有92人的基础上，至8月底达到143人，主要由葛洲坝工程局抽调，水电部所属其他单位也调入了少量人员。

学院筹备处全力以赴地全面开展了各项筹备工作，主要有以下五方面：

1. 根据水电部文件要求，抓紧编制上报了《葛洲坝水电工程学院计划任务书》

《计划任务书》以工人大学校址为基础编制，提出按暂定1600人的本科规模和400人的工人大学规模，在工人大学校区占地110亩基础上再新征地102亩，并提出了校园建筑面积和总投资计划。国家计委于11月17日给水电部正式批文，同意按1600人规模建校，校舍总面积按6.1万平方米进行设计，总投资控制在1300万元以内，"校址的选定，应尽可能利用现有基础，做到投资少，见效快"。

对学院校址的选定，湖北省建委根据宜昌市的城建规划，对水电部和葛洲坝工程局选定以工人大学为基础建校持不同意见，主张在宜昌市的长江南岸选新址建校。国家计委批文下达后，根据批文要求，水电部同湖北省再次协商，达成了共识，确认了已选定的校址。

2. 组织抢建校舍和采购急需物资

葛洲坝工程局党委在组建"葛洲坝水电工程学院筹建领导小组"时，上报了开办三个专业班的招生计划,获得水电部批准。为了实现当年招生开学的目标,抢建校舍是当务之急。工人大学原有校舍面积约 3300 平方米,并有在校学生两个班 84 人。为保证能初步满足开学的急需,经分析测算,应抢建一栋 2830 平方米的五层教室兼学生宿舍楼,一个 1400 多平方米的学生食堂。工程局党委书记、学院筹建领导小组组长张浙亲自找基建分局安排抢建任务,要求是:五层大楼一周盖好一层,加上内部装修,两个月内完成任务;同时亲自找物资分局负责人,要求必须保证木材、钢材、水泥等物资供应。基建分局先后安排一、二、四、七共四个施工队对各项工程开展日夜会战,五层教室兼宿舍大楼 7 月底正式开工,9 月底正式建成,食堂也按期竣工;同时还在开学前挖掉了校区内两座山丘,填平了三道大沟,完成了急需的"三通一平"工程,打造出校区内一片较为开阔的平地。建校时,在学校筹备处领导带领下,全体教职员工都参加工余义务劳动,几乎每天下班后都在灯火通明的工地上劳动到很晚,互相传递砖块、灰浆,分片平整土地,按规划植树绿化等,大家都以无私奉献、艰苦创业为荣。

为保证开学的需要,总务组成立了综合性的物资采购供应小组,在当时物资供应紧张的情况下,想方设法采购了急需的教室、宿舍、食堂器具和教学、生活用品。教务组分别派出分管教材、设备、图书、实验的人员,到有关高校请求提供教学大纲、计划和其他教学资料,采购了开学所需教材,购进了一批图书,搜集了一批图书情报资料,为保证开学作了较为周全的准备。

3. 紧急组建起一支教师队伍,抓紧备课,保证了按时开课

工人大学原有教师 23 人,其中有 11 人是工人大学毕业后留校或工农兵大学生毕业分配到校,因此,着手建立一支能适应本科教学需要的教师队伍是一项紧迫任务。

学院主要从四方面解决急需的师资问题:一是葛洲坝工程局从本局工程师和其他技术干部中选调;二是请水电部向全国各下属工程局发出为葛洲坝水电工程学院选调教师的通知,学院筹备处据此组成了西南、东北、西北、丹江四个选调教师小组,到这四个片的各工程局选调,每片少则选 7 人,多则选 10 余人;三是从有关高校选了 10 名本科毕业生;四是由水电部下达指示,由学院从武汉水利电力学院、华东水利学院、华北电力学院、华北水利水电学院借调 14 名基础课和公共基础课教师到校先承担开学第一学期的教学任务。选调的教师在学院正式开学前共到了 17 人;借调的教师则在开学前到了 10 人。开学后至 1979 年老师陆续到校,教师总数至 1979 年暑期前后达到 127 人;借调的教师在开学后也陆续到齐,这些借调教师都是有着多年高教实践经验的老教师,他们实际上承担了第一学年的教学任务,不仅确保了学院成立之初的教学质量,而且每人还承担了传帮带的任务，对学院缺少高教实践经验的教师实行一带一、带二甚至带三，在学院教师队伍建设上发挥了骨干作用。

教师到校以后，学院筹备处的教务组着重抓三件事：一是抓教育。主要是政治思想教育和形势教育，包括进行党的路线、方针、政策的教育，揭批"四人帮"的教育，清流毒，治内伤，整顿纪律，建章立制，增强团结，稳定思想。二是抓备课。要求任课教师必须写讲稿，讲稿必须观点明确，思路清晰，明确重点难点，注重基本理论、基本原理的讲解，注意培养学生分析问题和解决问题的能力；建立并坚持课前试教试讲制度。三是抓培养提高。在筹建工作任务十分繁重的情况下，送了8名教师到外校进修。在校内，组织了"怎样教好课"的教学法研讨会，组织外借教师进行示范性讲课等。

4. 顺利完成了首届招生任务

1978年6月中旬，学院筹备处成立了招生领导小组，着手拟订招生工作计划，印制、寄发招生简章。7月，抽出28名政策水平较高的干部、教师进行集中学习培训。8月，招生人员分成14个小组分赴武汉、北京、山东、辽宁、四川、贵州、浙江、安徽、河南、河北、吉林、陕西、甘肃、青海等14个省市招生，共招了水利水电工程建筑、水利工程机械、工业企业电气化自动化三个专业124名学生。由于准备工作充分，招生工作比较顺利。新生中有3名共产党员、96名共青团员；有约45%的应届高中毕业生，其他多为上山下乡知识青年、在职干部和工人等；年龄从15岁到31岁，差别较大；75%以上的新生高考分数线高于所在省市规定投档线一至三个分数段。10月上旬，新生到校。

5. 组织了学院成立仪式和首届学生开学典礼

学院筹备处经水电部同意，确定1978年10月15日举行"庆祝葛洲坝水电工程学院成立暨首届学生开学典礼大会"，为此还成立庆典大会秘书处进行各项准备工作。

10月15日，庆典大会在新落成的学生食堂举行。大会组成了由葛洲坝工程局党委第一书记刘书田和工程局局长廉荣禄等29人的主席团，邀请了宜昌市委市政府和在宜昌的高校代表参加。水电部教育司发来贺电表示热烈祝贺。刘书田代表葛洲坝工程局致辞，在表示热烈祝贺的同时，对于葛洲坝水电工程学院争取在不太长时间内建成教学和科研中心，为葛洲坝工程、为三峡工程多出人才、出好人才寄予了厚望。张浙代表学院讲话，回顾了学院的筹建情况，展望了学院的建设和发展前景。庆典活动庄重简朴，气氛热烈。

10月15日被定为校庆日，以这一天为新的起点，葛洲坝水电工程学院开始了快速发展的历史进程。

二、健全架构，强化保障

1978 年 11 月 25 日，水电部党组任命葛洲坝工程局党委书记张浙兼葛洲坝水电工程学院党委书记，吴玉田、易运堂为党委副书记，沈国泰、孟昭峰、黎锋瑞为副院长；成立了由这六位同志组成的临时党委，还任命了葛洲坝工程局总工程师曹宏勋兼学院副院长(但未到职)。

1979 年 3 月 20 日，湖北省委发文同意由张浙等六位同志组成学院党委会。1980 年 1 月 21 日，葛洲坝工程局党委批准成立学院党的纪律检查委员会，吴玉田兼纪委书记。

根据水电部文件规定，学院的党政关系均由葛洲坝工程局代管。在代管期间，学院党政领导班子的组成特点，一是学院党委书记由葛洲坝工程局党委主要负责人兼任。在首任党委书记张浙(兼)1979 年 11 月调往他处任职后，水电部副部长兼葛洲坝工程局党委第一书记刘书田兼任学院党委书记；1982 年 5 月，刘书田由中央调任他职，中央组织部任命葛洲坝工程局党委副书记赵树兼学院党委书记。在张浙、刘书田兼任学院党委书记任内，实际由学院党委副书记吴玉田主持党委日常工作；赵树在葛洲坝工程局党委内分工兼管学院代管的职工大学，1984 年 3 月结束代管后，10 月改为专任学院党委书记。二是学院党政领导班子成员最初均为葛洲坝工程局支援的党政领导干部；在代管期间，随着领导班子成员易运堂调离和吴玉田、孟昭峰、黎锋瑞离休，先后任了陈培根、盘石、郭光先为副院长，陈启新为党委副书记。三是学院院长缺位，长期由副院长沈国泰分工主管学院行政和教学全面工作，但学院党政领导班子逐步按干部"四化"要求配置，强化了专业化、知识化。

学院党政领导班子成立后，抓紧建立、健全各级组织，以形成畅通的组织领导体系。党政工作机构组建了学院办公室、组织部兼人事处、宣传部、教务处、工大部(专管葛洲坝工程局工人大学)、总务处、基建办公室。不久组建了直属学院管理的保卫科和财务科。1982 年 5 月，根据学院发展需要，组织部与人事处分开设置。在教学组织方面，最初建立了 11 个教研室，由宣传部管马列主义教研室，由教务处管所有基础和专业教研室。1979 年 7 月，按首届招生的三个专业设置了三个系，即水利水电工程建筑系(简称"水工系")、水利工程机械系(简称"机械系")、工业企业电气化自动化系(简称"自动化系")，将各专业教研室从教务处脱钩分别归属三个系，并增设了相应教研室。1982 年 2 月，又从教务处分出 5 个基础课教研室设置了基础课部，设置"三系一部"有力地加强了教学工作的组织与领导。在党的组织建设方面，最初设置 10 个基层党支部，有 93 名党员，1980 年增至 15 个基层党支部。1981 年 3 月，三个系组建了党总支，各教研室都成立了党支部；此后基础部、总务处也相继组建了党总支。在群团组织方面，1979 年 3 月，学院临时党委批准组建共青团临时团委，指定了临时负责人，同时成立了学院的临时学生会，相应成立了各团支部、班委会；1982 年 6 月学院举行首届团代会和学代会，正式产生了团委会和学生会。1980 年 4 月，成立了学院工会筹备小组，建立起各基层工会小组；1983 年 6 月，举行首届工代会，正式成立了学院的教育工会。

学院各级组织和机构组成后，学院党委及时任命了权限范围内的各级负责人，并提请葛洲坝工程局党委任命中层领导干部，其中教务处长由主管学院行政和教学全面工作的副院长沈国泰兼任。同时抓紧建章立制，制定了各部门、各科室、各系（部）和教研室、各基层党组织的工作职责和相关的规章制度。为了在实践的基础上充实、完善各项规章制度，1982 年初，学院成立了由一位副院长领导的规章制度修改起草小组，在广泛收集意见的基础上，按照"严格管理、分级负责"的原则，对各项规章制度进行了一次大的修改和完善，经学院党委讨论批准后公布实行。

学院成立之初，正处在粉碎"四人帮"之后全国开展彻底否定"文化大革命"、清除极"左"思潮影响、端正思想路线、发展安定团结局面的形势下，同时还存在着学院初建时期思想较为混乱、各项工作尚待走上正轨的实际情况，因此，学院党委始终把加强和改善党的领导，加强党的组织、思想和作风建设，加强思想政治工作，发挥学院党委的核心领导作用和各基层党组织的战斗堡垒作用、共产党员的先锋模范作用列为重要工作日程。1979 年 2 月 20 日至 23 日学院临时党委召开扩大会学习、贯彻党的十一届三中全会精神，党委书记张浙作了《迅速把学院工作重点转移到教学和科研上来》的主题报告，会议明确了学院实行党委集体领导下的院长分工负责制和"以教学为中心，一手抓教学，一手抓基建，团结奋斗，艰苦创业渡难关"的指导思想。对于党的十一届三中全会确定的"解放思想，实事求是，团结一致向前看"的思想路线，党的十一届五中全会通过的《关于党内政治生活的若干准则》，党的十一届六中全会通过的《关于建国以来党的若干历史问题的决议》，党委都在全学院组织广泛深入的群众性教育活动，先党内后党外、先干部后群众，把教育活动抓深抓细。党委按照《关于党内政治生活的若干准则》的要求，建立、坚持了集体领导和个人分工负责，实行民主集中制。坚持党委成员过双重组织生活，每周召开一次书记、院长碰头会，每月召开一次教职工思想分析会。坚持党要管党的原则，要求各部门、各党总支和党支部定期向党委汇报。重视党风建设，每年都把整顿党风，严肃党纪，反对不正之风作为加强党的建设的一项重要工作；同时大力开展评先进党支部、优秀党员活动，每年都有一批先进党支部、优秀党务工作者、优秀党员受到表彰。关心师生员工的政治进步，坚持办培训班培训党的积极分子，至1982年7月，发展了新党员54人，其中以教师为主体的知识分子22人，学生24人。

学院党委对社会主义精神文明建设和其他群众性的教育活动常抓不懈，并且重视发挥工会、共青团和学生会等群团组织的重要作用。在建院最初几年，每年常规性开展的群众性教育活动主要有三项：一是从1981年起，每年都以"五讲四美三热爱"为主要内容开展"文明礼貌月"活动，开展创建"文明班级""文明单位""文明教室""文明宿舍"、争当"精神文明建设积极分子"等活动，检查评比，表彰先进；结合整顿校园秩序，整顿"脏、乱、差"。二是在学生中常年开展"学雷锋、创三好"活动；1979年和1980年，学院临时团委还结合学雷锋活动，广泛开展了"做合格共青团员"的活动。通过开展这些活动，每年都有一批"先进团支部""先进班集体""优秀团干部""优秀团员""优秀学生干部"和"三好学生"受到表彰。首届123名本科毕业生中，获得上述表彰的超过1/4，其中有10多人年年受到表彰。三是每年在新生中组织一次"人生的意义是什么"的人生观教育活动，以此为切入点，结合组织新生实地参观葛洲坝工程的建设工地，进行"热爱专业、热爱水电事业"的专业思想教育。这些常规性的教育活动，都取得了显著成效。

三、立足人才培养，抓好关键工作

1978年11月3日，学院根据水电部的指示，制定上报了《1978—1985年发展计划(纲要)》，1980年7月10日和11月10日，又制定上报了《教育事业发展十年规划》及其修订规划。这些在学院刚起步时就制定的规划，都把加强教学各方面的建设作为重点内容。在最初几年，学院立足人才培养采取的措施，可概括为以下五个方面：

(一)师资队伍建设着重抓数量、上水平，落实政策，调动积极性

学院在《教育事业发展十年规划》中，把加强师资队伍建设作为学院建设和发展的一项根本性任务。最初几年，学院师资队伍的构成，少部分是原工人大学教师队伍中经考察筛选留任的教师，主力是葛洲坝工程局分派和水电部从所属其他工程局选调的一批来自水电建设第一线的工程技术人员，1981年以后开始有一批高校本科毕业生分配到校任教。针对队伍的现状，学院工作重点是在保质量

的前提下抓数量、上水平。

抓数量，是争取使教师数量的增长尽可能满足学院本专科教育发展的需要，并力争有一定超前量以使教师有轮流进修提高的机会。学院的本专科学生数量增长很快，1978年10月学院开学时，本科学生和工人大学学生共207人；至1982年6月首届本科生毕业时，本专科学生达1258人（本科生633人，包括工人大学学生在内的专科生和干部专修生625人）。为此，水电部和葛洲坝工程局根据教学需要，陆续为学院调进部分教师；同时学院号召及鼓励教职工积极举荐具有较高学历、职称和有高教经验、有一定学术科研水平的教师。因而教师数量在几年间有了较快的增长，从1978年10月开学时的50人到1982年6月首届本科生毕业时增至246人；在职称方面，1980年评定了讲师30人，1982年则已有副教授4人、讲师49人、工程师19人、助教43人。

采取措施不断提高教师的教学水平和业务能力，则是学院成立后历年的一项重点工作。1982年初在教务处内专设了师资培训科，并安排师资培训专项经费。由于教师担负的教学任务繁重，对教师培训坚持校内为主、在职为主。采取的主要措施有：办英语班、高等数学班、电子计算机班等，教师自愿参加，专项提高；请校外专家教授到校讲课或短期讲学并讲授、传授教学法；每学期举行一二次教学经验交流会，由有本科教学经验的老教师或教学实践成效卓著的教师介绍经验；教研室积极开展教学研究活动，有计划地组织观摩课、示范课，共同探讨和交流；对青年教师实行以老带新并规定青年教师必须先当助课教师，承担上课任务则必须通过试教试讲；规定教师必须有轮流担任班主任的经历。同时，学院向教育部和水电部积极争取名额，选送教师到外校进修或提高学历层次。1979年选送10人，此后逐年增加，至1982年，共计选送88人次到华中工学院、武汉水利电力学院、华东水利学院等39所高校进修或开展学历教育。各系还主动与有关高校联系，利用寒暑假组织教师参观学习或进行专题研究、开展学术交流。1980年10月前后，学院得知著名科学家钱伟长教授在重庆一所高校开办"应用数学和力学研究"讲习班，一位日本著名学者在昆明一所高校主讲"地质力学研究"，都主动派骨干教师前去学习。

建院初期，鉴于师资紧张和设备不足，学院没有提出学术、科研的要求，但一直努力为开展科研创造条件。1979年5月，学院召开首次科研工作会议，传达学习教育部召开的科研工作会议精神，着重提高参加会议的各级干部和教学骨干对开展学术、科研工作的认识，确定在学院初创阶段以搞好教学、提高教学质量为主，结合教学找课题，量力而行搞学术、科研。1979年11月30日，学院成立了由11人组成的学术委员会，各系也成立了系一级的学术委员会。1981年，创办了《教学研究》校内刊物用以交流教学经验，创办的《葛洲坝水电工程学院学报》获得湖北省委文教部批准并作为校际交流的内部期刊，还编辑出版了《科技情报资料》。这些都为学院开展学术、科研活动创造了必要的条件。1982年，学院明确提出"科研起步"的要求，学术、科研开始走上了快车道。

学院党委十分重视落实党的政策。遵照中央有关政策和指示，认真抓了平反冤假错案、解决历史遗留问题的工作。学院的教职工来自四面八方，经学院调查摸底，以教师为主体的一些同志在"文革"中和以往历次政治运动中存在着冤假错案及历史遗留问题。党委组成专门工作小组，主动与原来所在单位联系，从1979年4月开始，先后为27人平反了冤假错案，其中"文革"前有18人，"文革"中有9人；对10人在反右斗争中受到的错误处理作了改正；退还或退赔了"文革"中被查抄的存款或物质。1985年和1986年再次遵照中央文件的要求，成立落实知识分子政策工作办公室，多次复查，不留尾巴，彻底清理了人事档案中的不实之词或其他不应入档的材料2711份，按政策规定进行了妥善处理。通过完成这项工作，分清了历史是非，清除了极"左"思想的影响，恢复了党的实事求是的优良传统和作风，促进了安定团结，凝聚了人心，调动了老师积极性。同时，从政治上关心教师的进步，政治上给予充分信任。1978年至1982年，在教师中发展了新党员22人，按照干部"四化"条件提拔担任教学领导岗位的处科级干部24人，培训了各类教学干部和后备教学干部88人。在业务上注重发挥各自的专长，力求做到人尽其才，并有针对性地安排教师进修提高。努力改善教师的工作条件和生活条件，帮助解决实际困难，解除后顾之忧，先后解决了夫妻长期分居97人，子女就业27人，给一些困难户调整了住房。知识分子政策得到很好的落实，有力地激发了广大教师的积极性，四年间，教师中被评为先进工作者、优秀党员等达310人次，有3名教师出席了全省先进教师代表大会。

(二)大力抓好教学常规管理和对学生的教育管理工作

加强教学常规管理和加强对学生的教育管理，是学院围绕切实提高教育教学质量而坚持常抓不懈的两项重要工作。

在抓紧教学管理、保障教学质量方面采取的主要措施有：把好教师上课关，要求具有讲师以上职称的教师、有较高教学水平或较好教学效果的教师，必须全部上教学第一线任教，对教师的任教实行教学任务书制和考核制；青年教师任教经试讲评议合格才能上课；坚持进行各项教学检查；建立教学评论卡，通过学生课代表或召开学生座谈会将学生对教学的意见填入评论卡，以督促和改进教学。

对学生坚持教育与管理并重的原则。学院建立了党委领导的学生工作领导小组，由分管学生工作的党委副书记任组长，由宣传部的思想政治教研室承担具体办事职能。实行了学生班级的班主任制和学生年级的政治辅导员制，班主任由任课教师或担任助课的青年教师担任，政治辅导员作为专职政工干部列入系（部）编制，由学院党委正式任命。

学院注重对学生的思想政治教育和品德修养教育。在学生中先后进行了揭批"四人帮"罪行、肃清极"左"思潮流毒、彻底否定"文化大革命"、坚持正确的思想路线、坚持四项基本原则、珍惜安定团结大好局面等项教育活动；坚持开设了三门政治理论和思想品德修养课程。对学生中的思想认识问题，坚持正面教育和疏导；珍视学生的政治进步，认真培养入党积极分子，积极慎重地发展学生党员，在首届本科学生中，申请入党者43人，发展入党11人。

在加强对学生的管理中，学院抓紧制定学籍管理规定、教室规则、寝室规则、考试规则、考试纪律等系列规章制度，并在实施过程中适时进行修改、补充。同时，重视学生良好行为的养成教育和管理，从一开始，学院就建立并坚持了学生早操制度、早晚自习制度、值班值勤制度、义务劳动制度等，严格考勤，着眼于养成学生良好的生活习惯和劳动观念、组织纪律观念。

（三）重视实验室和图书馆建设

原工人大学只有两间简陋的电工电子实验室，实验人员4人；有图书室3间，图书不足2000册，图书管理人员3人。在学院筹建期间，筹备处就把实验室和图书馆建设作为一项重要工作来抓。原工人大学实验人员和图书管理人员在教务组领导下，根据开学后首先开设基础课程的实验需要，有计划地重点购置了化学、电工电子实验器材设备，使化学实验室在开学后能从事部分实验，电子实验室也可以配套使用；根据开设的三个本科专业的需要采购了一批图书，使图书在开学后增至10139册。同时，在筹建中有计划地调进了一批实验、图书等教学辅助人员，至开学时教辅人员达到21人。

1978年10月正式开学后，尽管校舍紧缺，学院在确保教学用教室的前提下，优先保障实验室用房。至1980年6月，初步建起了物理、化学、测量、材料力学、建材、水力学、电工、电子8个实验室，基本可保障这些基础课程的实验需要。1980年开工修建实验大楼，1982年初竣工后，加速了实验室建设，至1982年底，共计建了23个实验室，大部分实验室分布在新建实验楼中。

在实验室建设上，葛洲坝工程局给予了大力支持。最初几年新增的实验、图书等教辅人员，主要是工程局党委在局内人员中调入的；学院正式开学后，葛洲坝工程局无偿调拨了一批价值数万元的实验设备，这使学院起步阶段的实验室建设有了一个较为坚实的物质基础。许多任课教师也积极参与了实验室建设，他们自己动手对设备进行改造，自制了许多配套设备和实验装置。

学院初建几年中最大困难是未能解决图书馆馆舍。学院正式开学后，在工人大学原有 3 间房舍基础上，暂用了几间学生宿舍扩大规模，使馆舍从原有 70 平方米扩至 200 平方米，1980 年起再扩大到 400 平方米，工作人员至 1982 年时增至 10 人。在困难条件下，学院在人员和经费上给予了保障，工作人员围绕教学和科研需要，努力增购图书、搞好服务。至 1982 年，图书馆的总藏书量已达 10.1 万册，其中，1980 年、1981 年，水电部所属各高等学校无偿支援了 2 万册图书。

(四)创造条件，积极申报，成功获得学士学位授予权

1981 年 3 月 18 日，水利部转发了国务院学位委员会的《关于做好学位授予单位审定工作的通知》及《国务院学位委员会关于审定学位授予单位的原则和办法》，要求结合此前转发的《中华人民共和国学位条例》《中华人民共和国学位条例暂行实施办法》，认真组织学习和讨论，制订具体的工作计划，严格按照有关规定，做好学位授予单位的申请工作。

这是"文革"以后，国务院学位委员会首次开展审定学位授予单位的工作，规定凡经国务院批准建立并已在 1978 年以前(含 1978 年)招收本科学生的高等学校，其所设专业，按教育部关于大学本科教学计划的原则规定，达到规定的条件和要求者，均可申请首批授予学士学位单位。高等学校能成为学位授予单位，是认定学校办学质量和水平的一个重要标志，是学校办学中的一件大事。学院党委对此项工作极为重视，把学位单位申报过程作为积极创造条件达标、推进学院发展的过程。在组织传达、学习，进行广泛宣传教育的同时，一方面，由校学术委员会制订具体工作计划，严格按规定的条件程序积极准备资料，进行逐项审定。另一方面，学院对照规定的四项条件，找出差距，狠抓落实。主要落实措施包括：按大纲要求开出了全部课程；充分利用已有条件并加强实验室建设，尽可能地多开设实验课；进一步充实、健全各项考核制度等。1981 年秋和 1982 年，还明确提出"把学位评定工作与建设精神文明的教育结合起来"。经过充分准备，学院于 1981 年 7 月 16 日正式向水利部上报了《关于呈报我院申请学士学位的报告》，水利部在规定时间内向国务院学位委员会作了呈报。学院还根据水利部转发的国务院学位委员会和教育部《关于做好应届本科毕业生授予学士学位准备工作的通知》及水利部的具体要求，于 1982 年 1 月 14 日上报了学院学士学位评定委员会名单和各系学士学位分委员会名单，为授予学士学位工作进行准备。

1982 年 1 月 15 日,国务院学位委员会和教育部联合发布《关于下达首批授予学士学位的高等学校名单的通知》,公布了首批 458 所授予学士学位的高等高校名单,葛洲坝水电工程学院是其中之一。据国务院学位委员会《关于审定首批学士学位的高等学校工作情况的说明》介绍,全国 517 所本科高校中有 471 所通过初审,其中 458 所本科高校最终通过了国务院学位委员会和教育部的复核。学院能跻身首批 458 所获准的高校之一,是国家对学院办学成绩的充分肯定,全院师生员工为此欢欣鼓舞。

1982 年 2 月 12 日,水利部正式批准了由 12 人组成的学院学士学位评定委员会,副院长沈国泰任评委会主席,陈培根、盘石为副主席。4 月 26 日,学院按规定上报了《葛洲坝水电工程学院学士学位暂行工作细则》。至此,学院健全了学士学位评定工作的组织体系。

(五)尽心尽力代管好职工大学,把职工大学纳入学院专科教育层次

学院是以葛洲坝工人大学为基础兴办的,而工人大学则是 1975 年 9 月根据葛洲坝工程局党委提出的"十年建坝、十年育人"的战略设想,为培养在职职工中的高层次技术人才与武汉水利电力学院联合开办的;1977 年 8 月,武汉水利电力学院退出,则由工程局独立办学。由于该校在葛洲坝工程局职工教育中有着重要作用,葛洲坝水电工程学院成立时并未撤销工人大学的建制,水电部在建立学院的文件中明确确定工人大学由学院代管,并规定了在学院建校规划中的工人大学建设规模。学院成立后仍然挂出工人大学的校牌。在学院筹建中,工人大学党委书记孟昭峰、校长黎锋瑞成为筹建领导小组成员,后来被任命为学院副院长;副校长侯文理也参加了筹建工作,后来成为学院教务处负责人。因此,学院成立之初,未保留工人大学的领导班子,而是在学院设置中层机构"工大部",由葛洲坝工程局党委任命"工大部"主任专管。

1979 年,国务院批转教育部《关于举办职工、农民高等院校审批程序的暂行规定》,工人大学于 1980 年 4 月报经湖北省和水利部审批、教育部备案,并由水利部发文正式批准将学校更名为"三三〇工程局职工大学",确定办学规模为在校生 600 人,再次明确学校"由葛洲坝水电工程学院代管"。1982 年 10 月 30 日,经水电部复查验收又报教育部备案,将学校改名为"长江葛洲坝工程局职工大学",批准"职大"为县团级建制,明确"职大"毕业生与全日制普通高校专科毕业生具有同等学力。从 1980 年更名时起,职工大学成为一所正规的成人高等学校。学院为更有利于加强教学管理,提高教学质量,报经葛洲坝工程局同意,撤销了

"工大部"，把职工大学完全纳入学校的专科教育层次，将"职大"学生划归有关各系，与学院本科学生一起统一教育与管理。在此情况下，为了保持葛洲坝工程局对职工大学的领导和便于工程局教育主管部门对职工大学安排教育计划并实施检查指导，从1981年起恢复由葛洲坝工程局党委任命职工大学领导班子，但领导班子成员均由学院相关负责人兼任。至1993年职工大学正式与学院脱钩，先后兼任校长的有副院长沈国泰、原"工大"副校长侯文理、副院长徐治平；兼任党委书记的有学院党委副书记陈启新、曾德安、汪仲友，还分别任命了"职大"兼职的副书记、副校长。

1978年10月到1982年，是职工大学实现历史性跨越并开始快速起步阶段。1979年前的工人大学是未经教育部备案认可的职工教育学校，重在办非学历教育，兼办专科学历教育。从1975年到1978年共毕业专科学历的学生161人，其招生指标从武汉水利电力学院的指标中解决。从1979年起，湖北省、水利部开始正式下达成人专科教育招生指标，学制三年。从1979年到1982年，共计招生673人，所办专业也从1979年只有工业企业电气化自动化一个专业，增加了水工建筑、水电施工、工程机械三个专业。这样，学校实现了从非正规的工人大学到获得审核批准并备案的正规职工大学的历史性跨越，进而开始了快速发展。"职大"从葛洲坝工程局独立办学到由学院代管办学，充分利用学院的师资、设备、教学管理等，实现资源共享、融合办学；学院则把职工大学融入自己的专科办学层次，尽心尽力、一视同仁地把职工大学办好。通过这一具有创新性的校企合作办学形式，有效地提高了职工大学的教育教学质量。

四、以基建为重点，抓好后勤保障服务工作

建院的最初几年，基建始终是学院的一项基础性工作。由于基建任务重，涉及面广，基建办公室工作人员有30余人。从1979年到1982年，学院投入基建资金970余万元；新征地200余亩，比较顺利地完成了征地和住户搬迁工作，使校园占地面积超过300亩；新建校舍建筑面积4.5万平方米，新建了教学楼、学生宿舍、教职工宿舍、教学附属工厂等，还修了运动场、游泳池。在基建施工中，为了保证教学的需要，基建办公室和参与施工的葛洲坝工程局基建分局等施工单位，发扬大会战精神，争速度，保质量。7200平方米的二号教学楼，1979年秋开工，要求1980年秋季开学时交付使用，结果9个月完成了基建，不到3个月完成了内部装修，保质保量交付使用。

在基建的同时，根据校园建设规划，学院采取分区分片包干，由各部门、各

系（部）组织师生员工开展义务劳动，平整场地，植树种花，绿化美化校园。

在后勤保障和服务方面，从1978年10月开学到1982年，总务处采购了价值450余万元的物资，为全院干部、教师配齐了办公、教学用具，为全体学生备齐了床铺、桌凳，还适当储备以应急需。学院投入专项资金建造了蓄水池、抽水站、加压泵站，铺设输水管道，安装了高容量的变压器，比较好地解决了常受困扰的水电供应"老大难"问题。总务处开办了服务公司，办起了商店、缝纫店、粮店、肉店等，方便了生活，还安置了一批教职工家属和待业青年。

后勤服务工作的重点是办好食堂。建院初期，食堂新建，但物资不足，生活用品供应紧张，食堂工作人员不足20人。而就餐人员增长速度很快，开学初全院师生员工约600人，到1982年上半年则已近2000人。在此情况下，总务处克服困难，在适时增加食堂工作人员的同时，深入食堂劳动，努力增加主副食花色品种。1979年，开始试行食堂经济承包责任制，调动了食堂工作人员积极性，改善了服务，师生较为满意。1982年秋，开始实行食堂半企业化管理，食堂独立核算，经济效益与个人收入挂钩，食堂员工积极性、责任心普遍增强，服务态度、服务质量普遍改善。

1982年7月8日，学院隆重举行首届本科生毕业典礼。学院党政领导人吴玉田、沈国泰先后作报告，总结了办学成就，对毕业同学提出了要求和希望；会上表彰了一批三好集体和个人；毕业生代表、在校生代表和教师代表讲话，共同表达了对学院顺利完成第一个教学循环的由衷喜悦之情。首届毕业生有123人，其中122人获得学院首批授予的学士学位；毕业生中有一人考取研究生，14人留校工作，108人分配到全国17个省市的70多个水电建设单位。对于首届毕业生的质量，被邀请到校参加学生毕业设计答辩的水电部教育司司长和有关高校的专家教授，给予了较高评价，并认为学院新建，培养出了第一批合格毕业生，是一个良好开端。

学院能够较圆满地完成第一个教学循环，顺利地越过办专科层次而直接办本科并获得成功，得益于依托葛洲坝工程局办学和水电三局等以联合办学形式给予的大力支持。在学院成立时的开学典礼上，葛洲坝工程局党委第一书记刘书田曾强调："把葛洲坝水电工程学院的工作，作为我们的一项光荣政治任务来抓。对于水电工程学院所需要办的事情，我们一定尽力办快办好，这是我们应该做的工作。"事实正是如此。不含学院筹建阶段的投入，葛洲坝工程局从1979年到1982年，投入基本建设经费和教育经费共467万多元，同时无偿调拨给学院基建用的大量水泥、钢材、木材；学院各项基建工程多数是工程局调派基建分局的施工队伍完成的，校区范围为丘陵地域，山丘、沟壑较多，也是施工队挖山填沟，造出了较为开阔的校区；学院的党政领导和各办事机构正副职负责人以及系(部)教研室负责人，建院时都是工程局调派和任命的，后来才逐步调入了其他工程局或高校的干部；师资队伍在较长一段时间内是以工程局调入的工程技术人员为主力的。葛洲坝工程局的全力支持是学院办学初期阶段的一大特色，直至 1984 年 3 月，水电部和湖北省委决定葛洲坝工程局不再代管学院，工程局仍一如既往地给予了大力支持。水电三局也与学院签订了联合培养人才的协议，由该局投入资金修建了一幢学生公寓。

第二节　努力办成正规的、有特色的水电工程学院

1982 年 9 月，水电部在部署学习贯彻党的十二大精神时，钱正英部长代表部党组对葛洲坝水电工程学院今后的办学提出了"把葛洲坝水电工程学院办成一所正规的、有特色的水电工程学院"的要求。10 月 6 日至 13 日，学院党委召开工作会议，学习贯彻党的十二大精神，认真总结办学四年的工作经验，讨论、研究开创学院的工作新局面。会议确定将水电部党组"把葛洲坝水电工程学院办成一所正规的、有特色的水电工程学院"的要求，作为学院新阶段的办学目标。从 1982 年至 1991 年的 10 年间，学院坚持以"打基础、求正规、保质量、上水平"为主要任务，以改革促发展，推进各项建设，为实现这一目标不懈地努力。

1982 年，学院开始在管理上实行定员定编定责，食堂和车队实行经营承包责任制等方面的局部改革。1984 年 9 月 6 日，学院召开全体教职工大会，吴国栋院长作了关于学院开展改革的动员报告，明确提出要实行教师的聘任制、行政干部的责任制、后勤工作的承包制。学院成立了以沈国泰为组长，徐大平、曾德安为副组长的改革领导小组，设置专门的改革办公室，为实施改革收集资料、征求意见、开展研究和论证，为党委提供决策依据。从此，学院各项改革逐步全面展开，尤其是 1985 年 3 月和 5 月，中共中央先后发布《关于科学技术体制改革的决定》和《关于教育体制改革的决定》以后，学院加快了改革步伐，加大了改革力度，使学院在新阶段的 10 年中获得全面发展。

一、加强党的建设，不断完善管理体制

在推进改革、促进学院的建设和发展中，水电部(水利部、能源部)和湖北省委十分重视加强学院领导班子的建设；学院领导班子也坚持加强自身建设，不

断增强党委把握全局的能力，切实发挥党委在学院建设和发展中的核心领导作用。

从1982年到1991年，学院党政领导班子先后进行了6次调整、充实。1982年5月，中央组织部任命赵树兼党委书记，1984年10月专任党委书记；1987年8月和1991年8月，纪万松继任代理党委书记和党委书记。1984年5月，吴国栋担任学院首任院长，1985年5月和1990年8月，徐大平担任副院长、继任院长。陈启新、曾德安、徐治平、汪仲友先后担任副书记、副院长。领导班子成员保持5至7人，平均年龄降至50岁左右，较好地体现了革命化、年轻化、专业化、知识化的干部"四化"要求。

党委十分重视自身建设，为了努力把党委建设成一个政治上坚定，战斗力强，能驾驭全局，作风民主，团结共事，廉政勤政的领导集体，认真抓了五件事：(1)抓理论学习。党委成立了中心学习组，坚持每周集中半天时间学习，努力提高理论水平，增强改革开放意识。(2)坚持民主集中制，加强思想沟通，维护一班人的团结。凡涉及党的路线、方针、政策的贯彻落实，事关全局性的重大问题，都经党委会集体讨论决定。对于党的十二大、十三大精神和党的中央全会精神，以及党中央和国务院的重大决策，坚持先在党委会认真学习讨论，再召开党委扩大会或党委工作会议进行传达、学习、贯彻，并在全学院开展教育活动。(3)深入实际，调查研究。党委委员、院级领导建立基层联系点，经常到联系点蹲点调查，帮助基层解决实际问题。1991年3月，根据以往实践经验，党委将深入基层概括成七项制度：其一，蹲点联系制。院领导每月必须在联系点上活动不少于一周，蹲点中做的思想工作和解决的实际问题，要向党委汇报。其二，深入课堂听课制。院领导每学年至少听30学时的课，由教务处安排听课，党委收集听课记录，定期公布，接受监督。其三，接待师生来访制。每周固定一个下午接待教职工来访、一个晚上接待学生来访，认真听取师生意见，释疑解惑，解决问题。其四，经常走访制。在新学期开学、新生入校、毕业生离校前，以及重要节假日，院领导坚持到宿舍、食堂看望师生，了解情况。其五，党委分管领导参加班主任、政治辅导员工作会议，每月不少于一次听取学生工作汇报。其六，坚持与共青团、学生会、工会的联系制度，党委每月召开一次思想分析会、一次信息工作会、一次党群部门负责人会议，听取汇报，研究工作。其七，开通多种渠道，加强与师生员工的沟通与交流，包括设立"院长信箱""信息反馈箱""院报学生意见专栏"，编发"简报"和"情况反映"等。(4)坚持加强廉政建设，不搞特殊化，不以权谋私。严格执行《关于党内政治生活的若干准则》和党中央、中央纪委关于党风廉政建设的有关规定，按期召开民主生活会，坚持双重组织生活制度。(5)注意抓大事、抓根本。1983年,党委制定了《党委讨论决定重大问题的规定》,着重抓贯彻落实党的路线、方针、政策,抓学院建设和发展规划,抓学院不断推进改革的措施和掌握改革中的新情况、新问题,认真予以解决。坚持党委集体领导下的院长分工负责制,对于分管院长的行政工作,放手由分管院长处理;应由各职能部门和各系(部)办的事,规定在各自职权范围内完成,学院党政领导加强检查督促。

1983年6月18日,学院召开了首届教职工代表大会和工会会员代表大会,从此建立了"两代会"制度,每年坚持召开一至二次。这是党委在加强和改善党的领导方面所采取的加强民主管理的重要措施,凡关系到学院全局性的大事和涉及职工切身利益的事项,如学院的发展规划、院长工作报告、民主评议中层以上领导干部、财务管理办法、职工住房分配与生活福利重大措施,都列入教代会重要议程,认真听取教职工代表的意见,由教职工代表审议并做出相应决议。教职工代表大会不走过场、不作摆设,切实发挥了其在学院建设和发展重大问题上的参谋作用,有力地调动了全院教职工当家做主的积极性。学院是全省"文革"后首先建立"两代会"制度的高校,1984年省教育工会在学院召开现场会,向全省高校推广了该经验。1985年2月6日,中共湖北省委科教部印发的《情况摘报》,又专题摘报了学院加强民主管理、坚持教代会制度的情况,对学院党委在加强和改善党的领导中,强化民主管理意识,重视发挥教代会作用的经验和做法给予了充分肯定。学院教育工会在建立和坚持教代会制度,推进民主管理的同时,也在其职能范围内加强对教职工的教育,组织开展丰富多彩、小型多样、寓教于乐的活动,维护教职工正当权益。1988年1月经检查验收,学院被湖北省教育工会授予"合格教职工之家"称号。

党委始终把加强党的建设,加强思想政治工作,不断增强党的凝聚力和战斗力,作为一项根本性任务来抓。

(一)抓好整党工作

根据水电部党组和湖北省委的统一部署,1985年3月至12月,学院开展了整党工作,遵照党中央提出的要求,"统一思想、整顿作风、加强纪律、纯洁组织"。党委组成了由赵树任组长的整党工作领导小组,全院370名正式党员和预备党员参加了整党工作。这次整党工作,在全院党员中统一了对拨乱反正、全面改革的认识,增强了同党中央在政治上保持一致的自觉性;增强了在改革中必须加强思想政治工作的认识;深化了领导就是服务的认识,促进了领导作风的改进;增强了组织纪律观念和发挥共产党员模范带头作用的自觉性;同时也通过认真清查整顿，纯洁了组织。整党工作中，学院还就"求正规创特色"、进一步明确办学方向问题展开了大讨论。12月，整党工作通过了检查验收。

(二)注重抓好中层领导干部的教育与管理

注重提高中层领导干部的理论水平和思想认识水平。要求以党总支为单位建立中心学习组，与学院党委的中心学习组同步学习；1990年起，党委中心学习组还吸收纪委、党办、院办、组织部、宣传部、社会科学部主要负责人参加学习。1986年，学院成立党校(1991年前称"临时党校")，由党委书记兼校长。党校每年都办有轮训中层干部的培训班，每期一周左右，每个中层干部(含副高级职称以上的教师和技术人员)每一至二年到党校培训班轮训一次。

结合推进管理体制改革，实行干部任期制和评议或考核制。作为一项重要的改革措施，从1985年起，学院对干部实行任期责任制，处级干部任期4年(1987年起改为3年)，科级干部任期2年，任期内实行岗位责任制，一年民主评议、一年全面考核交替进行，任期届满后重新考核任用。干部的民主评议由教代会进行，评议结果作为党委考核、任用干部的重要依据；对反映的意见和问题，由党委组织部或纪委调查核实，并向教代会代表做出答复。对干部的全面考核，则由组织部组织，通过考核组广泛听取群众意见，按德、能、勤、绩进行考察评估。1987年12月至1988年1月，党委用近两个月时间，对全院54名中层干部进行群众性的民主测评，全院教职工有700多人次参加了各类座谈会、测评会，最后用定量和定性相结合的办法做出全面的综合性评价，这次群众性的全面评议对中层干部震动很大。1990年秋，又用一个月时间对全院100多名副处级以上干部进行了一次群众性的全面评议，根据这次评议结果，对20余名中层干部进行了重新任命，有11人调整了岗位或在校内交流任职。

开展了民主推荐系级领导干部工作。1984年9月20日，学院首先在机械系开展了民主推荐系主任和党总支书记的活动。不划框框，不定调子，把党的政策、选拔干部的标准和条件交给群众，在群众民主酝酿基础上自由提名，然后以无记名方式投票推荐。会后组织部进行考核，党委按规定权限和程序任命或报批。教师汪仲友、杨兴海获推荐票最多，脱颖而出，分别被任命为系党支部书记、系主任，汪仲友此后成为学院党委副书记、武汉水利电力大学宜昌校区党委书记。此次民主推荐活动在学院引起震动。学院党委总结了此次经验，此后结合教代会评议干部数次开展了此项工作。这种在干部工作中体现民主意识，增强透明度的做法，受到群众好评。

建立了后备干部队伍。1983年，党委制定上报了《关于调整领导班子的八年规划》《关于建设第三梯队的八年规划》和《关于干部培养的八年规划》。根据规划，在民主推荐和组织考察的基础上建立了后备干部队伍，对后备干部队伍采取动态管理办法进行培养、锻炼、考察：从 1989 年起先后选送 7 人到校外各级党校或培训班学习；多年来坚持有目的地安排到基层锻炼，定向、定岗培训；同时认真考察他们在重大事件、重大原则问题上的态度和表现。根据考察，党委进行综合评估，适时调整后备干部队伍，确保后备干部的质量。有几位院级领导干部和一批中层领导干部就是由群众民主评议推荐进入后备队伍被选拔任用的。

（三）把党的建设重点放在基层，切实提高党组织的凝聚力和战斗力

随着学院师生员工的迅速增加，党员的数量也不断增加，党的基层组织从学院成立之初的 93 名党员、10 个党支部，到 1991 年 10 月增至 414 名党员、1 个基层党委、11 个党总支、62 个党支部。为了加强党的基层组织建设，充分发挥基层党组织的战斗堡垒作用和党员的先锋模范作用，党委采取了以下措施，一是及时调整党的基层组织，以增强党支部的活力。在学院发展过程中，由于单位逐步增多，或在改革中组织结构的变动，或因党员数量分布不均衡，党的基层组织需要适时予以调整。调整的原则就是遵照党章的规定，凡有 3 名党员以上的单位都建立起党支部，尽量减少和避免跨单位、跨部门的设置。二是以党校为基地，大力抓好基层党组织干部和党员的教育培训。对党总支、党支部成员坚持经常性的培训，包括常规性的专项培训和重大内容的培训。前者如为搞好新党员发展工作对总支组织委员和支部组织员的培训，为提高总支书记、支部书记的水平组织专项培训；后者是为学习、贯彻党的路线、方针、政策在全学院开展教育活动而进行的培训。党员教育的形式主要有：利用暑期对党员组织一次大范围的轮训或培训，时间一周左右。有计划地开设全院性的党课，进行党的基本知识教育和形势教育；坚持得较好的是 1990 年，学院领导或社科部教师在全院集中上党课 8 次，听课有考勤，课后有讨论。三是认真抓好党的积极分子的发现和培养工作。搞好新党员发展、确保质量，关键在基层党支部。党委要求基层党支部必须从培养入党积极分子抓起，严格考察把关；规定入党积极分子必须经过党校培训，认真学习党的基本知识。据统计，从 1986 年成立党校以来，至 1991 年秋，共办了党建研讨、学习班 19 期，每期 50 学时，其中有 1786 名入党积极分子参加了学习；在此期间，共发展新党员 130 人，新党员质量普遍较好。四是重视表彰先进。每年"七一"，党委都表彰一批先进党支部、优秀党员、优秀党务干部。1991 年建

党七十周年时，建工系力学第一党支部、教务处第一党支部，被湖北省委高校工委授予"先进党支部"称号。从1982年到1991年，被省、部评为"优秀党员""优秀党务工作者""优秀政工干部"的党员有20余人。

(四)注重党务工作建章立制

至1991年，已制定了《党总支工作条例》《党支部工作条例》《教师党支部工作条例》《关于处、科两级干部管理的暂行规定》《关于加强干部廉政建设的规定》《关于维护政治纪律的若干规定》《党委系统督办检查工作试行办法》《关于进一步做好发展党员工作的意见》以及"三会一课"等制度，并在工作实践中不断修订、完善，形成了学院党的规章制度系列。

(五)继续推进管理体制改革

继1982年进行管理体制局部性改革之后，学院于1985年1月正式出台了《管理改革试行方案》。《管理改革试行方案》在"领导体制和人事管理""经费管理""教学管理""后勤管理"几方面提出了多项改革措施。这些改革措施坚持"从实际出发，成熟一条改一条，在实践中不断总结经验，逐步完善"，这是学院在管理体制改革上迈出的重要一步，也为此后全面推进各项改革奠定了重要基础。

其主要的改革措施为：一是确立了院系(部)两级管理体制。学院本着管好、管活、管少、管下一级的精神，从1985年起，适当向系(部)一级下放干部管理权限。学院只任命和管理系(部)一级正职干部，实行系(部)主任负责制。系(部)级副职干部，由系(部)主任征得党总支书记同意后向学院提名，经组织部审查后，由学院任命；系(部)所属教研室正副主任和其他科级干部，一般采用群众推荐，党总支审查同意，由系(部)主任任命，报学院人事处备案。学院各职能部门处级单位的干部管理权限也适用此项改革措施。二是全院所有处、科级干部，从1985年起都实行任期责任制，在任期内定期考核，任期届满重新考核任命。各系(部)从1985年起对教师则实行聘任制。三是作为配套措施，学院的财务实行分级管理。从1985年起实行"一级核算，两级管理。经费包干，节余留用。超支不补，自求平衡"的管理办法。系(部)作为二级单位获得了两级管理中应有的财权，可在一定金额范围内自行申报设备购置，发放教师超工作量报酬，在创收收入分配等方面具有决定权。这些改革，在坚持党委领导下的院长分工负责制前提下，初步转换了机制，理顺了关系，增强了活力。

二、强化教学基本保障

1983 年 6 月 18 日，副院长沈国泰在学院首届教代会上作《增强主人翁责任感，开创学院建设新局面》的院长工作报告。工作报告总结了学院创建阶段的工作，提出了学院新阶段的办学目标，即培养德、智、体全面发展的立志献身于水电建设事业的合格的高级工程技术人才。为此，必须坚持以教学为中心，全院一盘棋，全部工作都要真正转到以教学为中心的轨道上来；必须坚持教学改革，用改革精神扎扎实实地抓紧抓好各项教学基础建设，通过不懈的努力，尽快建成一所合格的、正规的本科学院。

1982 年以后，学院投入大量财力、物力和人力加强各项教学基础建设，认真向老本科院校学习取经，求合格，求正规，力争缩短差距，迎头赶上。

(一)教学管理的制度化、规范化建设

最初主要是学习教育部和水电部颁布的各项办学规章，借鉴省、部高校行之有效的各项制度，并在办学实践中探索、总结，结合学院的实际情况，不断地进行修改、补充、增订，至 1987 年前后，已基本形成了契合学院实际需要的教学管理的规章制度系列，主要包括教学常规管理、学生教育管理系列、德育教育的专项系列，实验、实习、图书、科研等专项系列等。从 1987 年起，将其分类编辑成教师手册、学生手册、教学管理规章制度汇编等，印发给教师、学生和相关单位、相关人员。

在教学管理工作中，学院既注重规章制度的学习教育，又坚持按章办事，严格管理。新生入学时，校规校纪尤其是教学规章制度的教育是入学教育的重要内容之一。学院每年都至少进行一次校风校纪的整顿教育，重点整顿课堂纪律、考试纪律、食堂纪律、宿舍纪律、自习纪律，以及校园秩序等。1984 年以前，教师中存在教学、实验的随意性，其中随意调课较突出，甚至出现个别教师缺堂的现象。其原因，一是教师多来自水电一线，对严格执行教学计划、教学大纲和教学规章尚未完全适应；二是教师数量不足，任课教师及时调剂有一定困难。学院对此十分重视，将这些问题的整改列入学院年度计划，用一段时间进行教育整顿，在教师中进行法规法纪教育，整顿收到明显成效，很快改变了这种状况。

学院把狠抓考风作为建设"正规的、有特色的水电工程学院"的一个突破口。考风是学风的基础，学风是学习目的、方法、态度、纪律的综合体现，学风不正必将影响着全院的校风。1984 年，学院在大力整顿考风考纪的同时，成立了以

主管院长为主任的考试委员会,通过抓源头,抓过程,抓结果,抓处理(对违纪者计0分不予补考、给予处分、按规定条件实行淘汰制等),力求杜绝考试舞弊现象。这次整顿在师生中震动很大。经过几年的实践、总结,形成了一套规范化的、操作性强的、严格的考试运作程序。这是学院在办学实践中从实际出发完善教学管理规章制度的一个突出事例。学院的做法得到水电部和省教委的肯定。李业鹏、徐治平、李金璋合写的整顿考风考纪的论文获1989年湖北省高校优秀教学成果二等奖。

在实行制度化、规范化的教学管理工作中,教务处与电气工程系于1986年共同研究开发了使用微机排课的软件,投入使用后大大提高了工作效率。湖北省高校教学管理研究会委托学院举办讲习班推广这一成果,全省有34所高校派人参加了学习并引进使用,效果良好。

(二)教学计划的修订和教材的建设

各专业各学科的教学计划,既要保持相对稳定,又要适应教学改革的需要适时进行必要的修订。1984年,学院根据教育部先后发布的《关于直属高等工业学校修订本科计划的通知》和《关于高等工程教育层次、规格和学习年限调整改革问题的几点意见》,组成了专门的修订小组,在对1982年、1983年两届本科毕业生进行调查的基础上,按照教育部文件的规定、要求,对学院的4个本科专业和职工大学各成人专科专业的教学计划进行了一次全面的修订。1984年6月,教务处在教代会上报告了教学计划的修订情况,经教代会代表认真审议,获得通过;报经水电部教育司同意后,于1984年秋季开学后正式实施。1986年,水电部下达了关于《教育事业发展规划的意见》,要求对教学计划再次进行一次系统的修订。这次修订,学院本着推进教学改革的精神,压缩了总学时,赋予学生较多的自主学习或研究问题的时间,增加了实践教学时间以加强学生的动手能力;增加了选修课,并且首次增设了文科类选修课。此后,随着新专业的增设和对原有专业的调整、改造,学院都适时地新制订或修订了教学计划。

对教材建设,学院规定必须使用全国统编的教材。历年来学院所选用的主要基础课和技术基础课统编教材,大都是获得省级以上评奖的教材。但是,随着学院的专业调整、改造和新增设专业中有些课程涉及新兴学科和边缘学科,很难有合适的统编教材。因此,学院鼓励教师自编相关教材和实习实验指导书,先后自编了教材40种,其中21种公开出版。1990年11月,学院被省教委评为"高校教材工作先进单位"。

(三)专业建设和学科建设

从 1987 年起,学院一直把调整、改造老专业和优化专业结构作为教育改革的突破口,把提高教育质量、拓宽专业服务面作为改革中的关键来抓。

学院初建时有水利水电工程建筑、水利工程机械、工业企业电气化自动化三个本科专业。为适应水电工程建设对人才的需要,其中的水利工程机械专业更名为起重运输与工程机械专业,工业企业电气化自动化专业更名为工业电气自动化专业。1984 年,经深入调查研究、认真筹备,报经教育部批准,新办了一个较能体现水电工程特色的水利水电工程施工专业。学院始终紧紧把握面向电力生产建设服务这个方向,根据用人单位的意见,于 1986 年对工业电气自动化专业进行优化专业内容结构的改造,将原专业内容以弱电为主改为弱电强电并举。1989年国家批准新增设了电力系统及其自动化专业。学院未雨绸缪,提前布局,当年即将 1988 级工业电气自动化专业的两个班作了调整,挑选部分学生组织一个班,进入该专业学习。1987 年则将起重运输与工程机械专业的课程内容,在保证整个专业培养的基本规格不变的前提下,分成两组侧重点不同的内容,按需求进行选择,从而更好地适应了需要。

学院的课程建设始于物理课程。1986 年,基础部物理教研室由教师王大智执笔合写的《基础课教育质量评估通用方案》一文在《水电高教研究》1986 年第二期发表,学院对此很重视,要求基础部根据发表的方案选定物理和物理实验两门课程试行自评。1987 年,湖北省教委下发了《关于高等工科学校大学物理课程建设和质量评估指标体系、标准及办法》。学院以省颁标准为依据,要求基础部对物理和物理实验两门课进行重新自评。10 月下旬,学院正式组成了由主管副院长任组长的课程评估小组对这两门课程进行评估,两门课程均达到 60 分以上 80分以下的水平。这是学院首次开展的课程建设活动。

1989 年,学院把抓好重点学科、重点实验室和课程评估,列入党政全年工作计划。5 月 29 日,学院出台了《关于进行课程建设及评估工作的意见(试行稿)》,规定了课程建设的范围、基本要求,订出了详细的"课程评估指标体系"。要求各系(部)按学院的相关规定对所有课程进行摸底排队、初评。学院于 11 月25 日成立由徐大平任主任的"教学工作委员会",并召开首次会议,研究课程建设。这次会议认为:"搞好课程建设是提高办学水平,确保教学质量的关键。通过课程建设及其评估活动,将有力地推动学院教育管理的科学化、制度化、规范化水平","要把这项工作作为整个教学工作的重点抓紧抓好"。学院要求各系(部)都应成立教学工作小组,直接领导课程建设工作。根据实际条件,各门课程都应逐步设立课程建设责任教师。会议决定将对评估出的"一类课程""二类课程""合格课程"授予荣誉称号，有效期两年。根据会议要求，各系(部)向学院提出了各门课程初评情况报告和课程建设规划。12月下旬，学院教学工作委员会在各系(部)轮流召开现场会，交流课程建设情况。自1990年起，根据教学工作委员会的建议，学院设立了课程建设基金，每年安排此项基金10万元，本着"重点扶持，鼓励先进，目标管理"的原则统筹使用；同时还设立了"课程建设奖励基金"，用于奖励评出的"一类课程"和单位。1990年、1991年，被确定为系(部)一级的各课程建设相继展开。为了加强政治理论课的课程建设，1991年3月还专门成立了由党委书记纪万松任组长的"政治理论课课程建设领导小组"。根据系(部)一级各课程建设实践的经验，1991年9月，学院正式出台了《关于课程建设实施方案(修改稿)》，进一步规范了课程建设。

(四)实验室建设

实验室建设在1982年前有了一个初创基础，根据新形势要求，学院继续加大投入，各有关教研室、实验室人员也继续发扬创业精神，艰苦奋斗，在1982年至1991年的10年间，实验室建设有了很大发展。

以保证人才培养质量为目标，本着"先教学后科研、先基础后专业"的原则，学院始终坚持优先发展和充实学生受益面最大的实验室、最基本的实验项目，优先购置最基本的实验教学仪器设备，优先配备教师和实验人员，使其尽快达到基本教学要求的实验开出能力。为了使教学实验能适应水电建设现代化的需要，1985年以后，学院有计划有重点购置了一批较大型的精密仪器设备，逐步将计算机、电子技术、现代分析测试技术和电化教学手段引入到实验教学中。至1991年，共建成实验室23个，拥有890万元的教学仪器设备，实验室用房总面积达到1.15万平方米，其中建成了一个3000多平方米的水工实验大厅和一座近2400平方米的计算机中心楼，另建有一个实习工厂。水工实验大厅是国内为数不多的大型水工模拟试验厅之一，大厅跨度33米、长66米，可以满足长江三峡等大泄量水工模型试验，并同时满足多个模型实验要求。计算机中心楼配有VAX-11/70计算机系统和一套NOVELL网络系统，还有价值近60万元的较现代化的电化教学设备。有专职实验人员87人，其中高级职称者7人、中级职称者18人。学院已能开出全院15个本专科专业43门主要课程76%的实验项目，其中基础课实验开出率已达92.8%，专业基础课实验开出率达82%，专业课的实验开出率近70%。

学院历来重视实验教学与理论教学紧密结合。由于多数教师来自水电战线工程技术第一线,他们实践经验丰富,既从事理论教学,又参加实验室建设,为这种紧密结合提供了十分有利的条件。为了进一步发挥实验教学的功能,实验的类型也逐步由单一的理论验证型向多型化发展,还开设了综合性实验和设计性实验。物理实验室在学习外校经验、结合学院实际进行改革性探索中,从 1985 年起在学院率先走出了开放型实验的路子,成为湖北省内实行开放型实验的三个实验室之一,被湖北省评为先进实验室。实验教学条件的不断改善,有力地推动了实验教学内容的更新和实验技术水平的提高,实验教学成效显著。

学院对实验室实行学院、系、教研室三级管理,以教研室管理为主。1983年全国第一次实验室工作会议以后,为加强对实验室建设的统筹管理与调控,1985 年在科研生产处设置了实验室管理科。1990 年,改在教务处设置了实践教学管理科,对实验室建设实行目标管理,并将设备经费的分配与实验教学质量挂钩。同时,各系(部)为充分发挥各实验室实验设备的作用,也采取了将各教研室的实验室统一起来成立中心实验室的做法。为加强对实验室的制度化、规范化管理,学院还制定实施了《实验室工作条例》等系列规章制度。

(五)图书馆建设

学院对图书馆建设十分重视。1982 年开始兴建 6800 平方米的图书馆大楼。1983 年下半年确定将图书馆从教务处分离出来独立建制,成为直属学院的处级单位。同年开始为图书馆设置专项书刊购置费,并从 1983 年开始逐年增加图书馆工作人员。1983 年由原来 10 人增至 21 人,至 1991 年增至 50 人。1985 年图书馆大楼部分投入使用,学院加大图书馆的书刊购置费投入,当年净增图书 5 万册,藏书量由 1982 年的 10 万册,增至 20.7 万册,并添置了复印机等设备。1986 年图书馆大楼全面竣工投入使用,图书馆开始快速发展,藏书量迅速增加,至 1991 年已超过 34 万册,还有各种期刊 2000 多种,包括外文期刊 300 余种,购置了多用缩微阅读机、小型电子计算机等先进设备。

图书馆建设从一开始就确定了"建设具有水电工程特色和本院特点的专业性藏书体系"的指导思想,制定了"突出重点、照顾一般",建立三级藏书体系的方案:水电工程和本院各专业用的书刊作为一级藏书,尽管书源狭窄、书刊品种少,也要设法收集齐全;与本院教学有关的普通基础课、专业基础课、有关基础理论和与专业有关的边缘学科书刊,作为二级藏书,按照"种类多册数少"的原则有选择性地购置;其他各类书刊则作为三级藏书,本着求精不求全的原则添置,严格控制复本量。因此,图书馆的藏书在品种和结构上较为合理,显示了水电工程特色。

为了发挥好图书馆的教育和情报收集两大基本职能,通过探索和总结,学院建立了一套全开架、半开架和闭架相结合,扩大临时外借、减少长期外借的制度,较有效地减少了缺损率,提高了图书周转率和利用率,较好地达到了"藏用结合、以用为主"的目的,为学院的教学、科研起到了支持和保障作用。在图书情报交流方面,与水电部高校图书馆和湖北省属高校图书馆积极开展了馆际交流与协作,与全国500多个图书情报单位建立了交换关系,形成了较畅通的信息沟通渠道,图书馆成了学院的文献情报中心。1987年湖北省高校图书馆经验交流会在学院图书馆举行,学院的图书馆建设受到省教委和与会高校代表的好评。

三、一体多面、多层次的办学格局

学院成立时就代管葛洲坝工程局职工大学,开展了成人专科教育,办有三个专科专业,主要是面向葛洲坝工程局,招收在职职工的成人专科和干部专修科。1982年至1986年,是其发展高峰期,每年在校生数与本科在校生数基本持平。从1986年起,这种教育形式萎缩,招生人数锐减,而随着改革开放的深入,经济建设的发展,社会对人才的需求更广泛。学院审时度势,面向社会调整、增设专业。1985年起经批准利用职工大学的中文、财会专业招收普通专科班。1987年,普通专科班招生人数激增,干部专修科停办。1988年、1990年、1991年又先后增设了发电厂及电力系统等7个新专业,并将中文专业改称文秘专业。1986年1月、1988年10月、1989年7月,学院先后被批准举办夜大学、函授、专业证书班,1989年还被批准面向社会办成人专科教育。在其他办学形式方面,1982年起开始接受委托培养,此后还有自费培养、自学考试等形式。1983年至1984年,受水电三局等单位委托办了数期专科班和"水利水电工程环境影响评价研习班"。1988年至1991年前后,受国务院三峡经济开发办公室、中国水利水电工程总公司等单位的委托,学院举办服务三峡的各类研习班、专业证书班、短训班近百期。

经过逐步发展,至1989年,学院形成了一个较为齐全的多层次、多形式的办学格局。

在这种办学格局中,本科教育是主体,本科在校生通常占60%以上。本科专业由最初的3个,经过专业调整、改造,先后使用过8个不同的专业名称,1991年7月1日,国家教委根据所颁发的统一专业目录进行清理审核后,正式发文确定学院规范化的专业名称为5个,即:起重运输与工程机械,电力系统及其自动化,工业电气自动化,水利水电工程建筑,水利水电工程施工。1978年办学时,本科生仅为 124 人，到 1982 年本科在校生增至 633 人，1991 年本科在校生达 2294 人。

其他各种教育形式的基本情况是：干部专修科办学 7 届，共培养专科毕业生 221 人。普通专科先后办有电气技术、金属结构与焊接、工程概预算、电力安全、供用电(1991 年 1 月，能源部将"电力安全""供用电"统一更名为"发电厂及电力系统")、文秘、财会等专业；夜大学办有工业与民用建筑、机械制造、输配电工程等专业；职工大学办有水利水电工程建筑、起重运输及工程机械、工业电气自动化、工业与民用建筑、电气技术、水利水电工程施工、安全工程、基本建设财务会计、语文(中文)、英语等专业；函授办有工业电气自动化、机械制造工艺及设备等专业，函授教育 1989 年、1990 年还先后在湖北省的枝城市、五峰县等地与当地的企业或中学联合办了函授站；专业证书班办有区域经济规划与开发、财会、计量测试等专业。各种专科类在校生、在籍生的总数通常保持在数百人，1987 年、1988 年高峰时在校生为 1000 人左右。

为加强对各种办学形式的统一领导、管理与协调，1989 年 11 月 25 日成立了学院"教学工作委员会"，负责"深化教学改革，完善教学管理，切实做好教学计划的审查、教材的编审和课程建设等项工作"。1987 年 5 月，学院成立了成人教育部，专管普通本专科教育以外的各类成人教育。

普通本专科和各种办学形式的教学，突出抓以下两方面的工作：

(一)狠抓教学质量不放松

教学质量是学院的生命线。不论是何种形式的办学，都必须确保教育教学质量。学院狠抓教学质量，主要体现在以下几方面：

1. 着力进行以热爱水电建设事业为主要内容的思想素质教育

学院培养的普通本专科毕业生主要分配到水电建设第一线，工作环境艰苦，因此，学院始终把培养学生不怕艰苦、安心基层、富于进取、乐于服从、立志献身水电建设事业的精神，作为对学生进行德育教育和思想政治教育的一个重要内容和主题。学院先后制定的《学生思想政治教育大纲》《学生德智体综合测评办法》以及"三个育人"条例等，都明确反映了这一教育主题，这是学院办学的一个特色。从多年毕业生的跟踪调查看，95%以上能按时到被派遣单位报到，毕业生在用人单位用得上、留得住、踏实肯干，颇受好评。

对干部专修科和其他成人教育专科学生也存在着继续回到基层，在新的岗位上实践成才的问题，学院同样十分抓紧这方面的思想素质教育，效果显著。

2. 重视抓好常规教学的质量

学院实行普通本专科教学和其他各种形式的教学所需的师资、设备实行资源共享、统一安排调度制度。教务处和成人教育部按照教学管理规章制度，坚持各项常规的教学检查、考核。为了探索提高教学质量的途径，从1986年起，在本科的高等数学和英语教学中，按照因材施教原则，学院试行根据学生接受能力和学习成绩分层次编成小组的措施，效果良好。1987年10月，水电部对部属高校的高等数学组织统考，学院87级297名本科生全部参加考试，平均成绩名列第三。1987年，学院根据国家教委和水电部关于开展工科本科教育情况调查的要求，对本科教育情况进行了全面系统的自查，于6月1日呈报了《关于我院本科教育工作的自查报告》。《报告》就办学指导思想、学生思想政治工作、组织实施本科教学工作的全过程情况等作了阐述和分析，对教学质量做出自我评价："按照国家工科本科人才规格的基本要求来衡量，我院前四届本科毕业生的质量，总体上'基本合格'。"

1988年学院又遵照国家教委和水电部关于高等工程专科教育调查的文件要求，对各类专科教育进行了全面自查，于6月28日呈报了《关于我院专科教育工作的调查报告》。对学院的普通专科、干部专修科、夜大学、职工大学的专科教育情况，从办学指导思想、学生的政治思想教育及实施专科教育中的教学计划、教学内容、教学组织实施、教学常规检查、实践性教学、校风学风建设、学籍管理等方面作了自查分析，认为整个教学环节严密有序，学生成绩普通较好，教学质量总体较好。

关于职工大学的成人专科教育，根据1990年能源部颁发的《能源部电力系统职工大学办学水平评估方案（草案）》，学院也进行了全面自查评估。1991年7月16日向能源部呈报了《长江葛洲坝工程局职工大学工作总结》，并申请能源部进行检查评估。《工作总结》在"教学工作"专题中，阐述了专业设置、招生、教学计划与教材、教师、教学条件、教学管理等情况。对于教学质量的评估，《工作总结》认为合格，列举了从1986年起按规定参加全省成人教育的高等数学统考成绩状况：1986年至1990年参加5届统考的学生268人，80分以上者平均占70%左右，不及格率平均在3%以内，远低于全省不及格率16%~18%的水平。其他各科统考成绩也普遍高于全省平均成绩，其中85级、86级、87级有681人参加湖北省教委统一组织的毕业考试的抽考，663人合格，占97.4%，居全省成人专科教育前列。1991年10月26日至28日，能源部电力系统职工大学办学水平评估领导小组到校正式检查评估，形成了《对长江葛洲坝工程局职工大学办学水平检查情况的意见书》，认为职工大学办学的主要特点，一是办学条件好，教学正规，教学质量有保证；二是办学效益较好，与葛洲坝水电工程学院教师共用，办学条件共享，节省了人力、财力。

1990 年 12 月，根据国家教委和湖北省教委进行成人教育治理整顿的自查指示，学院对成人教育进行认真的自查，在呈报的自查报告中说，"质量是成人教育的生命，我们从开办成教之初就十分重视这个问题"，为了保证成教的教学质量，成教经费、教师、实验和实习等实践性教学都得到可靠保障，狠抓各教学环节，组织电视教学、现场教学、请外籍教师上示范课，按规定组织毕业实习、课程设计、毕业设计、毕业答辩等，规范有序，成人教育经得起各项检查。

3. 强化实践环节，提高动手能力

学院对本专科教学计划进行过数次改革性的修订，增加了实践性教学时间，重视学生在实验、实习中操作能力的培养。在实验教学中减少验证性实验，增加综合性实验和设计性实验，注意发挥学生的创造性思维和主体作用，充分肯定和支持物理实验室实行开放性实验的做法。学院在葛洲坝工程和周边诸多水电建设工程或相关单位所在地建立了实习基地，充分利用这种与专业相关的地域优势，把课程实习、阶段性实习、毕业实习与毕业设计尽可能多地放在这些实习基地进行。在学院提倡、实习指导教师指导下，许多学生的毕业设计从这些水电工程建设的设计、施工实践中确定选题，十分贴近毕业后的专业环境和工作实际，效果明显。这也是学院办学的一个显著特色。

在普通专科和职工大学等成人专科教育中，学院还重视加强学生的测绘实习、工艺实习、金工实习、修理实习、零件课程设计等，从而切实提高学生的动手能力。

4. 广泛开展第二课堂活动，大力组织社会实践活动

学院高度重视在学生中组织开展第二课堂活动，一方面学生工作部门加强组织领导和正确导向，加强对学生社团组织的管理和引导；另一方面充分依靠和发挥团委和学生会系统的作用，放手让学生自愿组织各种兴趣爱好小组和学生社团，锻炼学生的组织活动能力，展现各自的才华。学院提倡、鼓励和引导学生结合专业学习当今先进科学技术和学术前沿知识成果，开展各种第二课堂活动，增加活动的科技含量。1982 年以后，第二课堂活动蓬勃发展，诸如英语口语赛、英语演讲赛、英语百科知识赛、计算机知识赛、计算机操作赛、高等数学赛、作文赛、学习方法研讨会等活动，广受学生欢迎。职工大学学生在 1986 年到 1990 年连续参加湖北省成人高校协作组织的高等数学、英语、中文竞赛中，有 3 人获高等数学竞赛一等奖、2 人获英语竞赛一等奖、2 人获作文竞赛一等奖，还有 2 人获二等奖、6 人获三等奖。1986 年 6 月，湖北省高校公共外语教学研究会组织英语竞赛，学院 83 级、84 级 4 名本科生获三等奖。1989 年 1 月至 10 月，为迎接国庆 40 周年，学院参加了 20 多所高校共同发起的"首届全国大学生写作竞赛"。在700多所高校参赛的3000多篇作品中，评出获奖作品156篇，学院有4篇获三等奖、3篇获优胜奖。这些竞赛成绩显示了开展第二课堂活动所产生的积极效果。学生的文学艺术、音乐、美术、书法等方面的兴趣小组，在组织或参加学院的晚会、演出、展览、文艺宣传等活动中发挥了重要作用，许多学生展现了较强的组织能力和活动能力，以及各自的才华，在宜昌市群艺馆或宜昌各高校共同举办的展览、演出和竞赛中，学院有一批书法和绘画作品获得各种奖项，一些体育竞赛项目也获得多项好名次。

从1985年起，每年暑期都由学工处和院团委组织一批学生参加社会实践活动，使学生在社会实践活动中接触实际，体验艰辛，接受教育，磨练意志，增强实践能力，这也是对学生进行的一次生动的思想品德和政治素质教育。1986年暑期，院团委组织20多名学生深入三峡库区六县一市的三个乡和五个自然村进行"三峡工程移民问题"的现场考察，走访了70多户农家，亲眼见到了山区农民的艰辛，感受到他们盼望修建三峡工程以改变贫穷落后面貌的强烈愿望，获得了可贵的第一手资料，受到了极大的心灵震撼。1987年暑期，学院组建了"社会实践建设营"，各系组成分营，分别到农村进行社会调查。10月17日，湖北省委科教部、省教委、团省委召开全省大学生暑期社会实践表彰大会，学院被评为"湖北省大学生暑假社会实践先进集体"，学生叶少春被评为先进个人。

5. 重视对毕业生质量的调查和信息反馈

1984年和1986年，学院为了做好教学计划的修订工作，提高教学质量，组织了两次大规模的毕业生质量情况的追踪调查，共调查了分布在全国各地85个单位的1982年至1985年毕业的四届共291名毕业生，其中1986年暑假的调查规模很大，派出33人组成15个调查组，分赴17个省市，对毕业生相对集中，有一定代表性的51家单位进行走访调查。两次调查的情况表明，毕业生所在单位普遍反映良好，认为毕业生的工作表现、适应能力、工作能力表现好或较好，强或较强的占70%左右，较差的约占5%；所学专业的基础牢或较牢的约60%，较差的占2%。有15%左右的毕业生成了单位的骨干或走上领导岗位，或因工作成绩突出受到省、部级表彰，有3人还被派往国外工作或进修。用人单位对毕业生的基本评价是：思想品德、政治表现普遍较好，业务能力基本上能适应工作需要，能吃苦，工作安心，能服从分配；同时向学院提出了拓宽学生知识面，进一步加强基本工程技能训练、加强外语的运用能力等要求。学院认真对待用人单位的反馈意见，在修订教学计划时有针对性地采取了措施，并在组织实施教学过程中予以认真落实。外语教研室根据毕业生调查的反馈信息，采取了加强英语教学的措施，取得显著成效。学生英语四级考试通过率从1987年起逐年上升，1988

年比 1987 年提高了 14.7%，88 级学生从 1988 年到 1990 年间的累计通过率达到 38.9%，接近全国重点高校平均 39.3%的水平，大大超过全国非重点高校平均 28.2%的通过率水平。

职工大学也多次对毕业生的情况进行调查。从 1982 年至 1990 年，职工大学学生共毕业 1765 人，大多数是为葛洲坝工程局和订有协议的水电三局培养的。从能够调查到的多数毕业生情况看，他们在校所学知识较为扎实，工作适应性较强，教学质量可靠，其中多数毕业生从事专业技术工作，发挥了技术骨干作用；有 100 多人担任了施工基层单位的科、队干部，20 余人担任了施工单位的分局局长、副局长或经理、副经理，或其他的正副处级领导职务，有的获得部级劳动模范称号。

(二)坚持为水电建设服务和为经济、社会发展服务的方向

1. 定向招生，定向分配

1983 年，根据水电部要求，经教育部批准，学院试行面向全国大型水利水电施工基地定向招生、定向分配政策。招生时一次投档，适当降低分数线，优先录取施工基地的高中毕业生和在职职工，毕业后原则上分配到水电施工单位工作。采取此项措施的初衷，一是希望通过这种类似"子承父业"的办法来改变在艰苦环境条件下施工单位的工程技术人员"人难进、进难留"的局面；二是为这些施工单位的职工解决子女就学难的问题。1983 年，三个本科专业的招生指标多数用于定向招生。针对在当年办学实践中遇到的一些问题和困难，从 1984 年起，定向招生名额一般控制在全部本科招生名额的 15%左右。这项定向招生的改革性措施，在最初几年较好地发挥了作用。但随着全国改革开放形势的发展和教育改革的推进，此项措施的初衷难以实现，由于在毕业生分配中逐步推行"供需见面""双向选择"，并允许自主择业，定向招收的学生毕业时多不选择回原施工单位，其父母或施工单位也不大愿意这些毕业生返回；而学院在对降分录取的定向生和正常分数录取的学生共同组织教学时也遇到一些新的难题。因此，从 1987 年起此项措施逐步淡出，1989 年基本终止。

2. 举办民族班，为少数民族地区发展水电事业服务

为了给新疆水利水电建设事业培养少数民族水利水电专业技术干部，学院于 1988 年受新疆维吾尔自治区水利厅和教委的委托，举办了一个水利水电建筑专业(水工地质方向)的少数民族本科班，学制四年。学生来源于新疆大学预科班和新疆工学院预科班，共 35 人，包括维吾尔族、哈萨克族、蒙古族三个少数民族。学院党委把为新疆少数民族地区发展水电事业培养急需人才，作为关系到民

族素质提高、国家富强、民族团结的大事来抓，在全院开展思想政治教育，提高认识，统一思想，积极作好各项准备工作。学院专门改建了少数民族学生公寓和民族学生食堂，为充分尊重少数民族的习惯，专门购置了有关设备，设立了专门的文化活动室。学院对少数民族学生同样坚定地把德育等思想政治教育放在首位，开设各门德育和思想政治教育课程，组织实地参观葛洲坝等水电建设工程。学院选派了专职班主任和随班到校的维吾尔族班主任共同对学生进行教育管理。在教学上，学院选派业务水平高、普通话熟练、耐心细致的骨干教师分小班授课，并根据新疆地区实际情况、结合专业特点，有针对性地开设了"新疆水资源评价"等5门新课程；在加强实践性教学环节方面，先后组织了新疆生产实习、新疆新构造实习、新疆水资源调查、工程地质勘测实习、岩体原样测试实习等有特色的实习。对整个教学过程进行严格的检查和管理。1992年，除1人中途退学外，34人按期毕业，其中29人获得学士学位，全体毕业生服从了组织分配，愉快地走上工作岗位。毕业生普遍对母校表达了难舍之情。水电部和新疆维吾尔自治区教委、水利厅对办学的成功给予了充分的肯定。

3. 推进"按系招生，后期分流，按需培养"的人才培养模式

为了拓宽基础，扩大适应面，1989年，学院首先在建工系试行"按系招生，后期分流，按需培养"的改革。即学生入学后，前两年半，全系学生都学习相同的基础课程，三年级下学期起再根据学习状况、社会需求和考生来源等，按该系已有的三个专业分流学习专业课程。1990年起这一模式在学院的电气系、机械系推广实行。这是学院为适应改革形势的变化，在面向水电建设和社会需要服务方面所采取的一项重大改革措施，也是在"定向招生"逐渐淡出的情况下推出的新举措。这一举措得到水电部和省教委的大力支持，也受到广大师生的欢迎。

4. 搞好服务、满足需求，在办学专业、办学形式、教学内容等方面坚持原则性和灵活性相结合

随着社会和经济的发展，各水电建设单位，社会上各地区、各单位对人才的需求越来越呈现多样性。学院努力适应这种多样性需求，在办学专业上，努力发展短线专业，专科类专业数量有10多个，一直比普通本科专业多。在学制上，经上报批准，各专科类学制在三年左右，有的成人教育专科学制为三年半，有的夜大、函授、自学考试等专科学制四年，有的委托培养专科学制为一年半、两年不等。在办学形式上，1985年，学院首次接收委托代培生，该方式此后成为发展最快的一种形式。学院不仅同一些水电建设单位签订了委培合同，还同重庆涪陵等地和省内外一批企事业单位签订了委培合同。根据合同，学生毕业回签订合同单位工作，这实际上也是对"定向培养"形式的替代和发展。

总之，学院在教学改革中所形成的多层次、多形式的办学格局，大大增强了学院的办学活力和办学实力。

四、建设高素质的教学科研队伍，开创教学科研新局面

(一)师资队伍实现由数量型向素质型的转变

1982年以后，为适应学院发展的需要，学院加强了队伍建设，师资队伍不断壮大。师资队伍的构成呈现出两大群体：一是早期大量调入的以水电战线工程技术人员为主体的中老年教师，大多数是"文革"前的本科毕业生，年龄普遍较大，有丰富的实践经验，但掌握的专业技术知识有所老化、陈旧；二是先后从高校毕业的本科生(还有少量研究生)，他们年富力强，掌握了较为前沿的专业理论知识，思想活跃，有创新能力，但缺乏实践经验。学院在加强师资队伍建设方面所采取的主要措施是：

1. 所有教师必须承担教学任务，在教学上成为合格教师

学院制定了《教师守则》《教师工作规范》，推行教师工作量制度。自1985年起，实行教师聘任制和主讲教师责任制，制定了《教师工作考核办法》和教书育人相关规定。学院要求任课教师必须严格执行各项教学规章制度，严格执行教学计划，在教学实践中，尽快熟悉和掌握教学规律，坚持教书育人，言传身教，以良好的师德教育和影响学生，做学生的良师益友。

对于原为工程技术人员的老教师，要求他们在实践中努力形成自己的教学特色，并承担起对青年教师传帮带的责任，落实传帮带任务。

对青年教师，规定必须过好"教学关"，站稳讲台，站好讲台；在此基础上压担子，挑大梁；开展青年教师优质课竞赛活动，互相观摩，切磋教学，评出的优胜者给予奖励，促进青年教师脱颖而出。

2. 有针对性地采取培养提高措施

对中老年教师群体，着重是充实和更新知识，并鼓励、支持他们运用丰富的实践经验开展科研活动。在充实和更新知识方面，根据学院的部署，各系(部)普遍要求讲师职称以上的老教师每年必须读一两本拓宽本学科领域的参考书，了解学科前沿动态，写读书笔记，并至少写一篇论文；在本系(部)范围内，在合理安排教学任务情况下，安排专门的进修时间，系统地学习和掌握现代新理论、新技术，并组织学习教育学、心理学，开展教学法研究和本学科的基础理论研究，不断提高教学水平和学术水平。1987年以前，学院多次开办外语班、计算

机班，为老教师恢复性地学习外语和掌握计算机理论及其操作创造条件；1988年又办起英语高级班和俄语基础班，以进一步提高全体教师的外语水平。此后学院每年都组织一次外语高、中级统考，考试成绩作为评定职称的依据，有效期五年。学院每年都安排一批老教师到外校或科研单位去进修或做访问学者，并优先安排老教师参加国内有关的学术研究和交流会议，了解学术科研动态和改革成果。

培养提高青年教师的任务重点放在教研室。除了组织青年教师过好"教学关"外，教研室必须制订出培养提高青年教师的实施计划，其基本目标是，经过几年的努力，使青年教师逐步达到硕士研究生学历水平，部分达到博士研究生学历水平。教研室组织学科基础理论和教学法的培训，根据培养提高计划安排教师进修。学院安排专项师资培训经费，由各教研室推荐、学院组织安排，每年送一批青年教师到外校读定向硕士研究生、博士研究生或助教进修班。至1991年，共有222名教师到全国有关高校学习，有3人到国外学习，其中为提高青年教师的学历层次而安排读博士、硕士学位者达76人，读助教进修班者30余人，使青年教师中高学历者的比例大大提高。

3. 政治上关心爱护，工作上激励表彰

教师是学院知识分子的主体，学院党委始终把教师作为落实知识分子政策的重点。在党的组织建设上，学院在各系建立了党总支，在教研室建立党支部，使党支部在带领、团结全教研室教职工完成教学科研任务中发挥战斗堡垒作用。在党的发展工作上，学院把培养、发展新党员的重点放在知识分子尤其是教师队伍上。至1991年，在知识分子中发展新党员115人，其中教师中的新党员近81%。在干部队伍建设方面，按照干部"四化"条件重点在教师尤其是青年教师中发现和培养后备干部队伍，悉心培养，认真考察，大胆选拔，在较短时间内使教研室主任、副主任基本上由青年教师担任。为了锻炼青年干部，各系先后配备青年教师担任系主任助理。在提拔的教研室主任、副主任中，最初多数是非党员，经过培养、考察，他们中绝大多数都先后被吸收入党。在党的思想建设上，党委始终坚持抓紧抓好师资队伍的政治思想教育。加强政治理论、改革开放理论、中央方针政策和国内外形势教育；注意针对知识分子特点进行思想政治工作，耐心细致，不搞说教；认真解决思想、工作、生活上的实际问题。在工作中对教师充分信任，让教师放手地搞好教学科研工作，发挥教师的积极性。在实行教师工作量制度中，切实兑现超工作量奖，并且对任课教师实行课时补贴，鼓励教师发挥积极性和主动性，在保证教学质量和个人力所能及的情况下多承担教学任务。1985年，学院设立了"优秀教师奖"，每年评出一批优秀教师和先进教研室、先进党

支部和优秀党员，在同等条件下优先给青年教师评优评先。对于成绩突出者，由学院党委推荐上报部、省进行表彰和奖励。1990年，甘以炎被评为全国优秀教师。1989年至1991年，范钟明、杨流元、李明生、潘翔、戚道芳、喻佑云、施裕生、李建林、孟遂民、查中伟被评为能源部优秀教师或优秀中青年教师。舒茂修、陈冬生则分别于1991年被评为能源部或湖北省的优秀党员。机械教研室1989年被能源部评为部属高校先进教研室，力学第一教研室党支部则在1991年被湖北省评为全省高校先进党支部。

至1991年，学院的师资队伍已扩大到368人，其中，已有73人获得教授、副教授职称，161人获得讲师、工程师职称；35岁以下的青年教师186人，占教师总数的50.3%，具有硕士、博士学位者近一半。青年教师已成为师资队伍的主力军。学院已初步拥有一支整体素质较高的师资队伍。

(二)学术科研工作坚持服务教学、服务水电、服务社会的方向，成果丰硕

学院成立时曾设置"科研生产处"，并下设科研科，在收集科技情报资料、建设实习工厂和实验室等方面开展工作。1982年根据精简机构的要求，暂时撤销了科研生产处，将科研科保留，置于教务处领导下。随着学院学术科研工作的强力推进，需要加强对学术科研工作的计划和管理，1985年2月，学院重新设置了科研生产处，作为学院组织和管理学术科研工作及面向社会开展科技服务的职能管理机构。

为了推进学术科研活动，1983年，学院成立了高教研究会，由主管教学科研工作的副院长任研究会理事长，其任务是组织、指导开展教育思想、教育理论与实践的学术研究活动，并拟订专题进行教学改革的研究和试验。不久还成立了高教研究所，确立了院内教学研究的立项制度，使教学研究为教学和管理提供科学依据。

从1984年起，学院相继成立了环境评价研究室、高分子材料研究室、土木工程研究所、机械工程研究所、电气工程研究所、系统工程应用研究所，以及建筑设计所(1991年9月扩大为"建筑工程设计研究院")。1991年9月，能源部、水利部所属的劳动保护科学研究所也划归学院代管。为了开展对外科技服务，学院还先后成立了明珠新技术开发公司、新技术开发服务部、电子仪器设备厂等。

学院重视加强学术刊物的建设，先后编辑出版的报刊有《葛洲坝水电工程学院学报(自然科学版)》《葛洲坝水电工程学院学报(哲学社会科学版)》《高等教育研究》《水电科技情况》《成人高等教育》，以及《葛洲坝水电工程学院院报》等，这

些刊物大多数获得省新闻出版局批准的内部发行刊号，办刊水平逐步提高，成为学院教职工发表学术论文、科研成果，进行学术交流的重要平台。1989年7月，《葛洲坝水电工程学院学报》(含自然科学版和哲学社会科学版)和学报编辑部都被湖北省高等学校学报研究会评为二等奖。

学院从实际情况出发，对学术科研着重抓了四方面的工作：一是实行学术科研工作的计划管理和目标管理。从1983年起，根据各系(部)、各单位上报的学术科研项目计划，经学院综合审定后，每年初下达科研生产计划；教学研究课题则由高教研究会审定后列入计划。同时，确定责任人，实行项目(课题)责任制。二是在队伍建设上，坚持专兼结合、以兼职为主。兼职的主力是教师队伍，鼓励和支持广大教师在完成教学任务前提下，积极参加学术科研工作。尤其注重发挥从水电建设第一线到校任教的一大批教师的科研的潜能。学院采取压科研任务、从设备和经费等方面适当优先等措施，促进他们以其丰富的实践工作经验，从理论与实践的结合上尽快取得科研成果。同时，把培养提高教师的科研能力作为全面提高教师素质的重要内容，提出要求，进行考核。三是坚持面向教学需要、社会需要，利用与众多水电建设工程亲缘近、地缘近的优势，选取学术科研项目；实行自立选题、向外主动找题和申报省、部、国家课题相结合。对于确定的重点课题，尤其是省、部和国家下达的研究课题，给予重点支持，在人财物上给予重点保证。四是面向社会开展应用性项目研究和开发，力争使科研成果迅速转化为产品或提高生产效益、经济效益和社会效益。

1982年至1984年，学院在部署工作中都提出"科研起步"的要求。这几年的"起步"，重点是教学研究。院学术委员会、高教研究会和高教研究所定期编印《高教信息》和教育教学研究资料，为教职工提供信息；多次组织教学法讲座；出版《高等教育研究》发表教职工的教学研究论文、教学经验体会，还主动接受外单位的研究委托项目或开展协作研究。1982年完成学术科研项目11项，其中7项是与教学有关的课题，4项是接受葛洲坝船闸、葛洲坝电厂、荆门炼油厂的项目委托或协作研究课题；1983年的21个项目中有15项是学院内的课题。在起步阶段较为突出的科研成果，一是自动化系徐大平1983年带领应届毕业生进行毕业实习中，结合毕业设计搞科研，完成了"葛洲坝船闸活动桥同步提升随动装置"的攻关项目。该装置使活动桥提升故障率由原来平均8%降至几乎为零，并改善了工作人员的工作环境。后来此装置又进一步改为计算机控制，用户非常满意。二是岩土及工程地质教研室对长江新滩滑坡开展的调查研究。该教研室从1980年起就把新滩滑坡问题作为一项主要科研项目，与湖北省地质局岩崩调查处建立了联系，每年在专业实习和社会实践中派出师生到现场实地拍摄和考察研究。1985 年 6 月 12 日新滩发生大面积山体滑坡后，当天就有师生到达现场进行拍摄。多年来拍摄了近 30 盘录像带，整理编辑了 43 分钟的录像片。徐卫亚、魏廷亮、李明生合著了《长江新滩滑坡》一书，于 1986 年由科学出版社出版，向国内外公开发行。该教研室录制的《滑坡》《长江新滩滑坡》《西陵地质行》等音像教材，已被全国 40 余所院校作为教材采用。

1985 年以后，随着学院的科研职能机构、科研单位相继成立，管理制度不断完善，教职工参加学术科研工作的人数不断增加，教学和科研项目不断增多，学院的教学研究和科学技术研究逐渐打开局面，取得了一批重要成果，提高了学院的科研实力和水平。

教学研究方面，各系(部)、各教研室普遍从本专业、本学科的教学实践、教学改革中选取课题。最初几年，大多数论文在学院内的《高等教育研究》上发表。1985 年以后，在其他高校公开发行的学报或省级及以上学术刊物上发表教学研究或科研的论文逐渐增多。1987 年 8 月，吴国栋应邀赴美国科罗拉多州立大学参加"国际水工结构设计"专题讨论会，在会上宣读了论文《水闸闸墩温度裂缝的成因及防止措施》；同年，他的论文《国外水电工程施工水平及我们的差距》，获得省级奖——湖北省自然科学优秀学术论文三等奖，此为学院首次获得部级大奖。随后，从 1987 年至 1991 年，先后有 20 人共 13 篇论文获部、省级学会等级奖，其中刘国霖、甘以炎、胡宗英等 8 人分别合写的三篇论文，同时获得 1989 年湖北省高校优秀教学成果二等奖，各获奖金 1000 元，同年 12 月，能源部也为这三篇获奖教学研究论文各颁发奖金 1000 元。1990 年、1991 年，先后有查中伟的论文，李齐放、袁令闻合写的论文，获湖北省成人高校优秀论文一等奖；方永安、蒋昭侠合写的论文，获湖北省成人外语教学优秀论文二等奖。

从 1986 年起，教职工在省级及以上专业性、学术性刊物上发表的论文以及在各学术性会议上发表的论文日益增多。据学院 1986 年至 1991 年的科技年报统计：1986 年，国外刊物发表 2 篇，全国性刊物发表 2 篇；1987 年，全国性刊物发表 6 篇，省级刊物发表 2 篇；1988 年，国外刊物发表 3 篇，全国性刊物发表 18 篇，省级刊物发表 30 篇；1989 年，国外刊物发表 1 篇，全国性刊物发表 10 篇，省级刊物发表 2 篇；1990 年，国外刊物发表 6 篇，全国性刊物发表 34 篇，省级刊物发表 9 篇；1991 年，全国性刊物发表 14 篇，省级刊物发表 8 篇。在国内举行的国际性学术会议、全国或地区性学术会议上发表论文近百篇，多数被收入相关会议论文集。在教师指导下，许多学生结合专业学习或毕业设计写出了较高质量的科技论文，1986 年至 1991 年，有 8 名学生获得湖北省高等学校大学生优秀科技成果奖，其中二等奖 1 项、三等奖 7 奖；还有 2 名学生的毕业论文获能源部、水利部 1990 年的优秀毕业论文奖。陈冬生、游敏、姜国芳、朱大林等指导教师，先后在 1987 年至 1991 年获得能源部或湖北省的优秀毕业设计指导奖。

从 1983 年起，除在学院自编了 40 余部教材以及一批学习指导书、习题集、实验指导书以外，还先后出版了一批个人专著或主编、参编的教材。主要有：1983 年出版的甘以炎编著的《概率论》，甘以炎与刘运长、胡宗英、查中伟、刘明福等合编的《高等数学》《高等数学复习指导》《工程教学提要与解题范例》等；徐卫亚、魏廷亮、李明生编著，于 1986 年、1989 年先后出版的《长江新滩滑坡》和 *MINTAN LANDSLIDE*；1987 年出版的李明生主编的全国水电类职工大学教材《工程地质》。1990 年出版的个人著作或与他人合著，或担任主编的著作有：纪万松著《实用公共关系》、张向民主编《中国社会主义的理论与实践》、胡光华与他人合著《中华民国文化史》（上、中、下册）。其他任副主编或参编的著作有《党的建设理论初探》《青年人生哲学》《液压传动与液力传动》《摩擦学概论》等。

1988 年至 1991 年，学院在科学技术研究方面承担了各类科研课题 44 项，获得科研经费 77 万元，其中国家"七五"重点科技攻关项目 10 项，各类基金项目 6 项，通过鉴定的科研成果 10 项，获部、省级奖励的科研成果 6 项。在面向社会服务方面，也完成了多项科技研发或服务项目，主要科研成果有：

在承担和完成国家"七五"重大科技攻关项目方面，徐卫亚作为项目负责人，于 1990 年完成了三项课题：课题一："长江三峡工程坝基岩体结构及岩体质量综合评价研究。"研究确定的长江三峡工程优化建基面比原微风化岩体顶面平均提高近 3 米，可节省岩石开挖和混凝土浇筑量 50 万立方米，节省投资约 6000 万元，还可为加快工程进度创造一定条件。1990 年 12 月，国家科委主持了成果评审，评审鉴定书认为："意义重大，成果总体上达到国际先进水平"，"优化建基面高程高出微风化顶面 2.86 米，有重要的开创意义和重大的实际经济价值"。此项成果 1993 年获长江水利委员会科技进步一等奖。课题二："长江三峡链子崖危岩体变形机理、监测预报及防治初步研究"，以及相关的重大课题"长江三峡链子崖危岩体变形破坏机制数值模拟分析"，1990 年均通过国家科委等 8 部委组织的专家鉴定，鉴定认为研究成果达到国际先进水平或国内领先水平，具有良好的减灾、抗灾效益。1992 年，此项科研成果获地矿部科技进步一等奖，此项课题中关于数值模拟的研究成果还获得湖北省第五届自然科学二等奖。课题三："岩体力学强度参数预测研究。"1990 年经国家科委组织鉴定，该成果达到国内先进水平。刘国霖与另两位教师共同承担"煤矿突水地质结构研究"科研项目，于 1990 年完成的"唐山赵各庄矿 12 煤层底板地质结构的研究报告"，从地质构造上查清了煤矿突水机理，提出了解决途径，为老煤矿新生和发展提供了科学依据，解决了一大难题。1992 年经中国科学院地质研究所鉴定,该成果具有国际先进水平。蔡德所参与长办地质大队承担的"长江三峡工程坝基岩体工程问题研究"项目,完成了项目中的力学分析,此项目的完成可节省投资 6000 万元,1990 年通过鉴定。魏明果承担了国家"七五"重点科技攻关项目的子项研究,所完成的"长江三峡工程层析成像及物探新技术在三斗坪船闸区的开发研究报告"和"CT 技术在三峡地区的应用研究报告",均在 1990 年通过了鉴定。

在完成长江三峡工程有关的国家重大科研项目方面,徐卫亚于 1989 年和1990 年完成并通过鉴定的项目"长江三峡坝址区缓倾角结构面成因机理数值模拟及物理模拟研究""长江三峡三斗坪坝基岩体结构及岩体质量综合评价研究""岩体质量评价理论研究""链子崖危岩体综合研究""岩体力学性质的密度效应"等,通过鉴定时均认为达到国内先进水平或国际先进水平。刘国霖完成的"三峡船闸陡高边坡区结构面的调查与分类——结构面滑动方面的糙度系数与 $f \cdot c$ 值",1990 年通过了专家鉴定,认为在水电建设中广泛应用有巨大的经济意义。刘国霖还与李明生、谢守益、朱子龙、姜平分别合作完成了"长江三峡工程船闸区岩体结构面力学特性研究"和"长江三峡链子崖危岩体北区稳定性研究"等。

在地质理论研究方面,徐卫亚于 1991 年开创性地提出并建立了"地质灾害学"。这一学科理论体系在国内外引起强烈反响,他被认为是我国"地质灾害学"的创始人。中国工程院胡海涛院士等专家在评审书中认为:"在理论上有创新和发展,具有重要的学术价值,对于地质灾害的预报和防治具有重要意义。"中国科学院院长周光召为此给徐卫亚颁发了中国科学院院长奖学金优秀奖。他的与此相关的一篇论文《地质灾害防治对策及其系统决策》,获湖北省第五届自然科学二等奖。在工程岩体质量评价理论研究方面,徐卫亚提出了"工程岩体质量评价的马氏距离最优点排序法"和"工程岩体质量评价的层次分析重排序次法"。这两种工程岩体质量定量动态评价新方法,分别被国内外同行学者称为"MSILX"及"AHPCPX"方法。1990 年,国家科委在成果鉴定书中认为:"考虑了更多影响因素,并可动态评价岩体质量,对岩体质量研究是个推进。"水利水电规划设计总院出版的《水利水电工程勘测设计专业综述》将其评价为"代表了我国当前的理论与实践的技术水平"。这两种方法在三峡工程、清江高坝洲工程、黄河小浪底工程等实际应用中效果良好。

其他方面重要的科研成果还有:

1985 年 6 月,刘峻德参加湖南东江水电工程环境影响评价会议后,承担了东江水电工程环境影响评价研究的课题。1986 年,研究成果通过了水电部规划设计院组织的专家鉴定。1988 年,此项成果获水电部科技进步三等奖,学院也同时获得水电部颁发的三等奖奖状。

由胡世军、曾维鲁等研制的"VICAT-150微机汉字信息处理"项目，1986年5月通过专家鉴定，武汉、成都、河南等用户单位反映良好，1987年获湖北省"六五"期间计算机应用优秀软件三等奖。

1986年5月，刘国霖、盘石等开展对"岩滩电站右岸及坝基导流明渠开挖方案"课题的研究，提出了"保留新鲜完整岩体，对构造带进行锚固处理方案"，可缩短工期2~3个月，项目至少获得350万元直接经济效益。

1988年，刘德富在《水利学报》第4期发表代表性的重要论文《拱坝非园弧拱型研究》，此论文1989年被美国一学术刊物摘登。1990年他又在《水力发电学报》第7期发表《拱坝稳定模型研究方法改革》论文，此论文被该杂志评为第200期优秀论文，随后又于1992年完成了能源部科学基金项目"拱坝封拱温度场优化研究"。这一拱坝理论研究成果经能源部组织鉴定，达到国际先进水平，1994年获得能源部科技进步二等奖。

李建林1989年在《水力发电学报》第2期、1990年在《水利学报》第5期先后发表的论文《双轴拉、压应力作用下混凝土强度的试验研究》和《三轴应力下混凝土强度、变形和破坏》，是他在多轴强度试验与理论研究方面的代表性重要论文。

1991年，陈冬生、孟遂民完成了"葛洲坝二江电厂液压清污机设计和研制"项目。此清污机在二江电厂投入使用后，较好地解决了拦污栅因汛期漂浮物堵塞而影响发电的难题。此项成果分别获能源部科技成果三等奖和华中电管局科技进步二等奖。

1991年，吴汉民、舒茂修完成了能源部攻关项目"安康水电站右岸边坡抗滑桩模型试验研究"，通过了鉴定。此前的1988年，吕大川还完成了"安康水电站钢筋混凝土预应力闸墩强度研究"项目。

在服务社会方面，为了开发鄂西山区小水电，帮助群众脱贫致富，1988年由郭其达为主先后负责完成了"神农架林区娘娘庙水电站技术施工设计"和"神农架林区白鱼洞水电站技术施工设计"项目，设计、通水、试车、并网发电均一次性成功。这两座小水电站均为2000千瓦，年发电量1980万度，年收益95万元，为解决林区农民生产、生活用电做出了贡献。为此，学院建工系被湖北省教委评为"省教育兴农先进集体"，郭其达则被评为"省教育兴农先进工作者"。

服务社会较为重要的科技项目还有：1989年和1991年，分别由何薪基、李明生、郭其达完成了"宜昌县中包水利枢纽初设工程测量""宜昌县中包水电站初步设计工程地质研究"和"中包水电站可行性研究"，1990年中标为该水电站正式设计者。该工程装机容量一万千瓦，防洪保田5000亩。此工程高质量的可行性研究报告，受到省计委、省水利厅的好评。1989 年，游敏、梁遗斌为宜昌市包印公司引进的一套机械设备的质量和技术进行分析和鉴定，使该企业索赔回 15 万美元，并为该设备顺利投产做出了贡献。1989 年，张宁、保长汉完成了"枝城港 11 号至 13 号码头间江岸边坡稳定的研究"，1990 年邹泽忠、蔡德所、张宁等完成了"枝城港码头柔性靠船桩的冲撞和稳定的动力测试"，均获得专家鉴定通过，前者的论文还获得湖北省力学学会优秀论文三等奖。学院电气工程系曾维强等 4 人研制成功了"微机型起重机力矩限制器"，在宜昌红光港机厂等全国 5 家起重机厂进行装配使用，深受用户好评。为了加速科技成果的二次开发，学院于 1991 年 8 月成立了以生产该产品为主的电子仪器设备厂，至 1992 年底，生产销售了数十套产品，营业额近 50 万元。1991 年 11 月，学院向在宜昌市举行的全国科技成果交易会提交了 22 项专利和一批科技成果，会上与 11 家单位成交了 7 个项目，成交额 67 万元。

五、把德育放在首位，加强对学生的全过程教育与管理

学院成立时就在宣传部设置了马列主义教研室，为学生开设了党史、哲学、政治经济学三门课程。1981 年成立了思想政治教育教研室，1982 年起为学生开设时事政策、思想品德方面专题性课程；1984 年起，正式制订和实施思想品德课程的教学计划，开设了人生哲学、法学基础、成人基础、形势政策课程，从此形成了对学生开设"两课"(马列主义原理和思想品德)的德育教育的格局。

1986 年，学院成立政治课部，将马列主义教研室、思想政治教育教研室等统一起来；1987 年，政治课部改名为社会科学部，不仅成为对学生进行"两课"德育教育的教学单位，也是全学院开展社会科学研究的基地。为了使"两课"教育更紧密地结合我国改革开放的实际，进一步加强党的路线、方针、政策教育和理想、道德、纪律、法制教育，1988 年起学院对"两课"教育进行了改革，根据国家教委的要求，将马列主义理论教育的"老三门"(党史、哲学、政治经济学)课程改为中国革命史、中国社会主义建设、马列主义原理"新三门"课程。思想品德课程也相继开设了形势教育课、法学原理课和其他法制课等课程。学院坚持把"两课"的德育教育放在首位，以德育教育作为提高学生思想道德素质的主渠道、主阵地。在进行"新三门"的马列主义理论课教学中，注重结合我国改革开放的实际讲授马列主义基本理论，引导学生提高对党在社会主义初级阶段的基本路线、对建设有中国特色社会主义的认识。在进行思想品德教育中，重视加强教育的针对性，一是重视加强对学生的基层成才、实践成才的教育和热爱水电事业

的理想前途教育。培养学生勇于吃苦、安心基层、富于进取、立志献身水电建设事业的精神。二是以"团结、求是、进取、创新"的校训，教育学生团结奋进，实事求是，追求真理，自强不息，不断进取，不断创新。在"两课"教育中，学院还重视对学生骨干的培养和提高。为此，从1991年起，在学院党校连续办了三期马列主义理论进修班，每期进修一年，共有206名学生骨干参加。学生骨干用课余时间，着重学习领会邓小平建设有中国特色社会主义理论。在"两课"教育中，"两课"教师坚持联系学生班级的制度，在深入班级中了解学生，关心学生，建立起相互信任的师生关系；联系实际，探讨问题，把马列主义理论同日常的思想政治工作相结合。"两课"教师以身体力行、言传身教的行动与学生平等探讨问题，效果良好。

学院在办学实践中逐步健全和完善了对学生进行日常教育和管理的机制。1990年7月，学院党委成立了学生思想政治工作委员会，代替学院早期成立之初的学生工作领导小组，由徐大平任主任；同时成立了教职工思想政治工作委员会，由纪万松任主任。各系部党总支也相应地分别成立了学生和教职工的思想工作领导小组。这两个委员会和相应的领导小组的任务，就是分别加强对学生和教职工的日常思想政治工作的领导和协调，并在教职工中，按照学院制定的教书育人、管理育人、服务育人条例的要求，落实"三个育人"的责任。为了落实"三个育人"的要求，学院先后组织43名中层干部与学生班建立了固定联系，16个教研室党支部与20个学生班建立了固定联系，从而在全院范围内形成"三个育人、齐抓共管"的良好氛围。在职能机构设置方面，1988年8月，成立了学生工作处，作为加强对学生教育管理的行政职能机构；1990年7月成立了党委的学生工作部，作为党委的学生工作职能机构，与学生工作处合署办公。在队伍建设方面，党委着力于建设一支以专职为骨干、专兼结合的有战斗力的政治工作干部队伍。各系部配备专职党总支书记、副书记和专职组织员；各教研室支部配备以兼职为主的支部书记；各学生年级配备专职政治辅导员，培训上岗，由学院党委任命；各班班主任由教师兼任。至1991年，配备有专职政工干部23名，兼职4名，专兼职党务干部19名。学院基本形成了一个以各级党组织为主，党政工团齐抓共管的学生思想政治工作和管理的体系。有一批优秀政工干部在学院历年评先工作中被评为先进工作者，受到表彰。其中成绩突出者有：贾立敏、周高欣1986年被评为湖北省高校优秀政工干部，贾立敏当年还被选为出席全国优秀政工干部表彰大会的代表；梁国文、戚道方、潘翔1990年被中国电力企业联合会评为优秀德育工作者，方华荣、施建民、彭炽刚被评为湖北省高校优秀政工干部，邹福民则被评为省优秀党务工作者；梁国文1991年被评为湖北省高校优秀思想政治工作者。

学生管理方面，逐步建立起竞争激励机制，努力为学生营造公平竞争的环境。(1)改革助学金和贷学金制度。助学金制度的改革是 1983 年学院首先推行的五项局部性改革之一。改革的办法是：实行助学金与奖学金并存的"双轨制"，把助学金与学生的思想品德、学业成绩挂钩，以奖优为重点，并根据实际情况进行了充实、调整，形成了助学、奖学、助困并存机制，贫困家庭学生占有一定的份额，以充分发挥助学金的作用。随着助学金制度的改革，学院逐步推行了贷学金制，优先贷款给表现好、学习努力的学生，留级生不能申请贷款。(2)实行评选特优生制度。从 1983 年起，在每年评选"三好"学生基础上，评出数名特优生。对特优生除给予荣誉称号外，还在奖学金、书报费、优先借阅图书、优先上机、允许跨专业选修课程等方面给予优待，为特优生进一步发挥学习潜能创造条件。(3)试行"专升本"制度。为了激励专科学生积极进取，1989 年秋季，将 1 名成绩优异、各方面表现突出的"起重运输与工程机械"专业的 87 级专科生，经考核升入同专业的本科学习，此举在专科生中震动很大。在此实践基础上，学院报经部、省同意后，出台了"专升本"的规定。根据规定的条件和程序，每年都有数名专科生"专升本"。实践证明，"专升本"产生了巨大的激励作用，"专升本"的学生不仅很快适应了本科学习，而且绝大多数在本科班的学习成绩仍然名列前茅。(4)对毕业生实行"优生优分"。毕业生分配工作，坚持了"优生优分、公开透明，三榜定案"原则。在指令性计划分配阶段，对品学兼优的每个班级名列前三名的学生，在指令性分配范围内，由学生优先选择工作单位；对其他毕业生也按品学表现，优者先分。自 1989 年起，毕业生分配制度开始向"供需见面""双向选择"转变，指令性计划和"供需见面"的自选计划并存，毕业生分配难度增大。在这种"双轨制"情况下，"优生优分"的做法，一是与用人单位协商，对优秀学生优先推荐；二是在指令性计划部分，仍给予优秀学生优先选择工作单位的机会。(5)严格实行淘汰制。1985 年，对学生学籍管理办法作了重要修订，从制度上严格了淘汰制：取消考查课，所有课程都改为考试课，从制度上防止重考试轻考查的现象；期末考试有 4 门课不及格者不准参加补考，直接实行降留级或退学处理；为保障向边疆、艰苦地区培养和输送人才，对来自边远和艰苦地区的学生，入学第一学年成绩不合格虽达到退学条件，经本人申请仍可以再同意试读一年，以观后效。从 1988 年起，还实行补考收费、留级酌收培养费的办法。

在日常教育管理工作中，学院注重对学生在校期间全过程的管理，力争做到规范化、科学化。全过程管理主要包括三个阶段：

(一)新生入学阶段的基础管理

为了使新生尽快适应大学生活，对新生的教育和管理，一是在入学教育中组织学习学院的各项规章制度，在班主任主持下，重点系统学习《学生守则》《学生学籍管理条例》等有关学生管理方面的规章制度，结合实际进行宣讲，以增强新生自觉遵守校规校纪的意识。二是以系为单位对新生进行专业思想教育，请专家、教授对本专业的历史、现状、发展前景和在国民经济中的地位进行讲解，介绍往届优秀毕业生的先进事例，组织新生到葛洲坝工程或其他水电工程现场参观，达到坚定专业学习思想，增强学习积极性的目的。三是集中进行为期半个月军训，以增强学生的生活自理和自我管理的能力，增强组织纪律性，培养吃苦耐劳精神。四是抓好学生班团干部队伍组建。通过查阅学生档案和入学教育阶段的实际考查，挑选出临时班团干部的人选，有计划地进行培养帮助，使其真正成为班内学生信赖的学生骨干，为学生的自我管理创造条件。

(二)强化对学生日常学习生活的制度化管理

一是切实抓好各项规章制度的落实、督促和检查，学院将与学生有关的规章制度编辑成《学生手册》印发给学生；学生工作处(部)和各系、团委和学生会等共同组织各班级学习讨论《学生手册》。根据不同阶段或不同情况，在日常学习生活中，侧重抓好落实《关于早操的几项规定》《关于禁止学生酗酒的规定》以及《学生宿舍规则》《学生食堂规则》等。学生工作处会同各系及有关部门，采取不定期检查或抽查方式，对学生上课出勤、早操出勤、晚自习、遵守作息制度等情况，进行重点检查，将检查情况在《学生工作简报》上通报。二是把思想教育、管理、奖励、惩处等环节有机地相衔接。坚持"教育与处分相结合，以教育为主"的原则，在执行处分时，坚持工作的透明度，将对违纪学生处分的有关文件张榜公布。注意把奖贷学金制度与严格管理制度相结合，把学生的表现与实际经济利益挂钩。三是把管理重点放在学生班级。着重抓好班集体的建设，抓好班级团支部和班委会、学生会干部的培训提高，在他们中间发现和培养入党积极分子，通过学院党校培训，及时发展其入党；同时培养他们的集体荣誉感和团队意识，以他们为骨干发挥班内党团员和入党积极分子的先锋模范作用和带头作用，从而在全院形成学工处——班主任——班级干部畅通的学生管理工作网络。

(三)抓实毕业班学生的后期管理

毕业班学生临近毕业，遵守校规校纪方面较易松懈，对毕业分配去向和能否找到合适工作有种焦虑心理，加强这一时段的教育和管理极为重要。一是坚持管理从严，决不放松。规定在校后期的表现要与毕业分配或毕业推荐挂钩，表现不好学校不予分配或推荐派遣，违纪情况要列入毕业鉴定之中，违纪严重者予以处分，要求大家都自爱自重。二是毕业教育不局限于临近毕业时刻的集中教育，而是从进入最后一学年就开始有计划地安排。举办讲座、报告会，让学生较为系统地了解党和国家的有关方针、政策，正确认识改革开放的形势和毕业分配制度改革的内容和意义，树立市场经济条件下的竞争意识。同时利用毕业前的最后一次寒假，组织学生开展社会调查，了解社会有关单位对人才需求的信息，争取与用人单位签订初步意向书或向学院毕业生分配办公室及时反馈各种信息。三是临近毕业，适时开展求职择业咨询活动，正确引导学生对择业中的困难和挫折保持平常心态。由于教育的针对性强，管理措施到位，效果显著，历届毕业生在最后阶段，在校内违纪现象较少，都能按时毕业离校。

六、向企业化、社会化方向推进后勤改革

1983 年至 1985 年，学院在后勤部门所属的各食堂、汽车队、招待所、印刷厂均推行承包制或实行独立核算、自负盈亏，取得了一定成效。1988 年湖北省教委下发《关于加快和深化高校后勤改革的意见》文件，学院进一步推进了后勤改革，主要包括两方面：

(一)"政企分开，两权分离，三权下放"，推进后勤管理体制的改革

"两权分离"是指经营权和所有权分离；"三权下放"是指财务管理权、人事聘用权、经营自主权下放。1988 年 9 月，学院将总务处下属的经营性、服务性单位膳食科、汽车队、招待所、煤气站、幼儿园、劳动服务公司等分离出来，成立生活服务部统一管理。总务处与生活服务部形成甲乙方，甲方总务处作为学院在总务后勤工作方面的行政管理职能部门，对乙方行使监督权。乙方生活服务部作为独立法人，获得相应的独立的财务管理权、人事聘用权、经营自主权，成为独立核算、自负盈亏的经济实体。

生活服务部在获得的职权范围内，对所属干部、职工全部实行聘任制，经理根据需要自主聘用副职，对职工实行"双向选择"，择优录用，签订合同聘用上岗。设置独立的财务账号，在经营管理范围内对资金自主支配，发放奖酬金，实施奖惩权。

总务处作为甲方，代表学院对乙方生活服务部着重实行财务监督。学院每年划拨给总务后勤工作的经费，按照任务和经费分项切块包干，由总务处与生活服务部签订承包合同，划转资金，这部分资金由总务处进行财务监控。平时加强检查，定期进行审计。

(二) 全面推进经济承包责任制

食堂经营管理，从最初的单项承包，逐步实行全面承包。在步骤上，先是按食堂营业额的 15%~20%给予食堂管理费，随后改为按就餐人数给食堂以管理费补贴；1991 年起则把管理补贴发给就餐的学生和教职工，变暗补为明补，食堂则完全自主经营、自负盈亏，完全依靠自身改善经营管理、提高服务质量来盈利。学院推行食堂全面承包责任制，成效显著，1990 年，在全省高校的食堂评估中，第二学生食堂被评为鄂西片各高校食堂第一名。根据食堂承包经验，学院逐步扩展到汽车队、招待所等各经营服务单位，推行完全的承包责任制。

为了推进和完善经营承包责任制，1988 年，学院在调查研究基础上，多次召集财务、计划、审计、总务部门的专门会议，共同核定任务项目及其要求，审核每一个项目的承包经营指标，继续坚持任务经费切块承包，包干后的经费节约留用、超支不补、节约有奖。

在全面推进经济承包责任制中，总务处和生活服务部都认真引入竞争机制，开展公平竞争。1987 年前，学院只有两个学生食堂，实行承包制以后，两个食堂增强了活力，伙食大为改善，但仍人多拥挤，亟待改进。为此，1987 年从社会竞聘引入服务态度好、烹饪技术较高的个体户进校，承包开办第三学生食堂，经营地方风味小吃，全天开放营业近 17 个小时，第三学生食堂薄利多销，热情服务，广受欢迎。1988 年创造条件开办了经营面包、蛋糕、点心、风味小吃、小炒、宴席的第四学生食堂，满足了不同层次师生的就餐需要。新增的两个学生食堂，对原有两个学生食堂构成了无形的压力，促使他们千方百计改善花色品种，改善服务。四个学生食堂的公平竞争，有效地降低了伙食成本，承包者得到了盈利，广大师生就餐得到了实惠。

学院的汽车队在实行全面经济承包责任制中，坚持开源节流，在保证每天 24 小时校内用车随叫随到，保证行车安全和车辆完好的前提下，积极组织车辆对外创收，主要是为山区水电工程、煤矿、林区的有关单位服务，其创收收入不仅自主解决了职工工资、奖金、劳保、福利、税收、水电、车辆养路、保险、材料、油料、维修、年检费等，而且通过生活服务部向学院上交了一笔可观的创收费。学院将上交的创收费返还汽车队，加上汽车队的提留发展基金，更新了 5 辆新车，实现了以车养车的良性循环。汽车驾驶员培训中心以较强的技术实力，面向社会培训汽车驾驶员，也成为学院内学生学习驾驶的基地，为提高学生动手能力、增加学生就业机会做出了贡献。学院对驾培中心投入不多，但发展很快，在学院内外具有较好声誉。

总务处作为行政职能部门，对学生宿舍、水电、医疗卫生等公共服务设施或单位，根据实际情况实行承包管理或岗位责任制。成立了专门的学生宿舍管理办公室，负责学生宿舍管理。1988 年秋，将原有的一栋学生宿舍改造、装修成学生公寓，首次对当年入学的 600 多名新生实行公寓化管理。以此为起点，抓紧了对原学生宿舍的改造，至 1991 年，基本实现了学生宿舍公寓化的管理。水电管理方面，在对水电设施进行全面技术改造的基础上，实行"定额管理、计量收费、节约有奖、超额加价"措施，有效堵塞了校园的施工单位、第三产业、商业网店、个体户在水电使用上的"大锅饭"现象，较好地做到了开源节流、增收节支。

学院的后勤改革，通过改革后勤管理体制和全面推进经济承包责任制，初步实现了由传统的"福利型""服务型"向适应市场竞争需要的有偿服务型的转变，由"吃皇粮"向独立核算、自负盈亏、自我发展的企业化、社会化方向的转变；初步实现了"小机关(总务处行政管理机构和人员显著减少)、多实体(各种服务性实体增多)、大服务、企业化"的改革目标，比较好地发挥了人、财、物的综合效益，增强了后勤工作的活力。

基建办公室是学院的直属单位，全面负责学院的基建工作。1984 年 5 月以前，学院由葛洲坝工程局代管，葛洲坝工程局对学院的基建在经费和人力物力等方面都有很大投入，给予了大力支持；基建工程的设计任务主要由学院成立的建筑设计所负责，基建办公室和建筑设计所在管理体制上未能严格分开。葛洲坝工程局不再代管学院以后，学院抓紧基建工作的制度化、规范化、程序化建设。为确保基建工程质量，严格责任制，1985 年，学院将基建和设计严格分开，建筑设计所作为独立的建筑设计单位，不仅承担着校内建筑工程的设计任务，也开展对外服务，先后为宜昌地区和武汉市设计了多项建筑工程。至 1991 年，学院完成新征地近 240 亩，校园占地面积达 351 亩，完成建筑面积近 13 万平方米，基建投资 4620 万元；完成校园绿化面积的 84%。学院对 1987 年至 1990 年竣工工程组织了检验评估，大部分工程质量达到优良工程标准，节约投资超过百万元。

学院经过 1982 年至 1991 年近 10 年的不懈努力，得到全面的发展。学院建立了健全、完善的党政组织和领导体系，有了一支 974 人的教职工队伍，建设了一支已完全能胜任教学任务、具有较高教学科研水平的 368 人师资队伍，具有了较强的科研实力并取得了一批重要科研成果；教学上，有 15 个本专科专业，建成了四系两部 35 个教研室，图书馆、实验室、计算中心的建设均达到较先进的水平。建院以来，已为国家培养输送了各类毕业生 4925 人，其中本科毕业生 2115 人，普通专科毕业生 477 人，职工大学和各类成人教育专科生 2333 人，在校生已达 2209 人，其中本科在校生 1277 人。通过推进管理体制改革、教育教学改革、后勤改革，增强了学院的活力，有力地推动了学院的发展。学院党委书记纪万松 1991 年 12 月 24 日在学院第一次党代表大会的报告中说：1990 年经能源部教育司等领导机关多次检查考核，认为学院已达到国家规定的本科院校的"基本合格"标准。这表明学院已基本实现 1982 年确定的建成正规的、有特色的水电工程学院的目标，已经走过了起步和创业打基础阶段，开始进入一个充实提高的新阶段。

第三节　深化改革，争创一流

一、确定新阶段发展目标，加强党的建设和思想政治工作

能源部党组 1991 年 8 月 31 日发文，任命纪万松为学院党委书记，汪仲友为党委副书记。在新调整的党委班子积极筹备下，经报湖北省委批复同意，12 月 24 日至 27 日，学院召开了"中国共产党葛洲坝水电工程学院第一次代表大会"。纪万松向大会作了题为《加强党的建设，坚持社会主义办学方向，为创建部属一流院校而努力奋斗》的报告。纪万松在报告中回顾了学院创办 13 年的奋斗历程，总结了党委工作的基本经验，宣布学院已经基本实现 1982 年确定的目标，提出了新的奋斗目标是"创建部属一流院校"，其具体目标是在领导班子建设、思想政治工作、精神文明建设、校风校纪、师资队伍建设、专业和课程建设、科研和科技开发、后勤管理、办学效益等方面，尽快达到部规定的"整体优化"标准，在此基础上再全面达到部属院校的先进水平。汪仲友向大会作了纪检工作报告。大会审议并批准了两个报告，选举产生了 13 名党委会成员和 7 名纪委会成员。1992 年 1 月 16 日，湖北省委批复同意了学院党委和纪委的组成人员，纪万松、陈启新、汪仲友、徐大平、徐治平 5 人为党委常委，纪万松为党委书记，汪仲友为党委副书记兼纪委书记。

1993 年 1 月 5 日至 8 日，学院召开第三次教职工代表大会。大会以讨论、部署落实党代会确定的"创建部属一流院校"目标为主题，听取了徐大平所作的院

长工作报告，审议了学院的"八五"计划和十年规划。教代会代表一致拥护党代会确定的奋斗目标，表达了为实现奋斗目标而努力工作的决心，所通过的决议号召全院教职工继续发扬艰苦奋斗精神，团结进取，改革创新，努力实现新目标。

在学院筹备第一次党代会期间，1991年11月28日，能源部副部长陆佑楣到学院检查指导工作，为学院题词："立足水电、服务电力、面向社会、培养现代化建设合格人才。"1993年12月18日，电力工业部史大桢部长到学院检查指导工作，题写了"立足水电，服务电力，面向社会，紧跟时代"的题词，表示是对陆佑楣副部长题词的补充，并希望学院以这两次题词作为办学指导思想。学院党委于1994年初郑重确定在实现新阶段奋斗目标中，以"立足水电，服务电力，面向社会，紧跟时代"作为学院办学的指导思想，同时还确定以"教育上质量，科研上水平，管理上效益，办学创特色"（简称"三上一创"）作为新阶段学院办学的总要求。

党委在领导实现新阶段的奋斗目标中，把加强新阶段党的建设和思想政治工作放在突出地位。尤其是1995年《中共中央关于加强党的建设几个重大问题的决定》发布后，党委做出了《关于加强党建工作的若干规定》，明确提出围绕中心抓党建，抓好党建促中心，为实现学院新阶段发展目标而扎实工作，使党建工作渗透到各个方面，切实增强党组织的战斗力和凝聚力。

党委坚持把党的思想建设放在加强党的建设的首位，重点是抓好邓小平理论的学习，规定以邓小平南方讲话和《邓小平文选》第三卷为主要学习内容，并印发了《建设有中国特色社会主义文件汇编》。党委中心学习组和下属中心学习小组带头学习；对全体党员以党校为基地进行每期两周的脱产轮训；学院"社会主义讲师团"围绕改革和发展的重大问题，在全院组织系列专题讲座，系统宣讲有中国特色社会主义理论；党校还举办中层干部理论研讨班，运用邓小平理论指导探讨学院深化改革、加快发展的思路，增强紧迫感和责任感。

领导班子建设和干部队伍建设始终是党委加强党的建设的一个重点。电力工业部党组在1993年11月将徐大平院长调任他职后，于12月任命徐治平为院长，曾维强为副院长并增补为党委常委。党委则先后制定了《党委常委会议事规则》《领导干部廉政建设责任制》和《干部管理条例》。党委常委会和各党总支坚持了半年一次的民主生活会制度，以党风和干部廉政自律为重点，进行对照检查，接受党内外群众监督；重大决策出台前，党委坚持调查研究，广泛听取各方面意见，努力建立民主的、科学的决策制度，以提高决策水平。在对干部的教育管理方面，着力于制度化、规范化建设，主要包括：干部的任免按德才兼备和"四化"要求，严格遵循群众推荐、组织考核、党委常委会集体讨论决定的程序，不搞临时动议；本着有利于全面提高干部素质和水平的原则，坚持对副处级以上党政干部实行定期交流的制度；建立、健全以实绩为中心的干部考核制度，对各单位的考核要把党建工作与行政工作的成绩结合起来，建立综合考核指标体系，对党政干部一起监督、一起考核；每学年对干部进行常规的任职期的述职和全面考核，并坚持干部离任审计制度；大力培养和大胆使用年轻干部，处级单位的领导职数达到三人者，至少配备一名 35 岁以下干部；在处级单位为年轻干部设置"助理"职务岗位，使年轻干部的领导才能得到实际锻炼。为确保领导干部有可靠的后备基础，党委一直抓紧后备干部队伍建设。1994 年已建立有 28 人的院、处级后备干部队伍。1995 年 6 月，党委在全院组织了一次民主推选系处级后备干部的活动，此次活动以"公平、透明"为特色，向全院公布了后备干部条件，推荐、选拔的范围和对象、程序。经广泛酝酿、群众评议、无记名投票，共推荐了 113 人进入后备干部队伍。对后备干部除坚持选派到上级党校培养提高外，还注意换岗锻炼，以培养适应性强的"复合型"干部，并每年考核一次，实行优存劣汰动态管理。1991 年以后，从后备干部中选拔了院处级干部 17 人，有效地保持了干部队伍的生机与活力。

在思想政治教育和思想政治工作方面，党委坚持把德育放在首位。1994 年，《中共中央关于进一步加强和改进学校德育工作的若干意见》和《爱国主义教育实施纲要》发布，学院制定或修订了《德育大纲实施细则》《教书育人、管理育人、服务育人工作条例》《关于马克思主义理论课教学改革的若干意见》《关于加强思想政治工作队伍建设若干问题的意见》《政治辅导员岗位职责及考核办法》和《班主任岗位职责及考核办法》等。1995 年 7 月，党委召开全院德育工作会议，认真学习中央有关文件，进一步确立了"坚持德育首要地位，强化全员育人意识"的指导思想，强调要进一步发挥"学生思想政治工作委员会"和"教职工思想政治工作委员会"的作用，审议了所制定的各项德育工作文件。党委调整、加强了党委的德育工作领导小组，新成立了学院精神文明建设指导小组，形成了党委领导下的以院长为主实施德育的管理体系。实行系（部）德育工作主任负责制，并采用了系（部）党总支副书记兼系（部）副主任的办法，以利于党政一体抓德育工作。按照电力工业部的要求，对教师和干部实行"一岗两责"制，既承担本职岗位职责，又负有教书育人或管理育人或服务育人职责，将业务要求和德育要求都列入岗位职责，将两个指标体系一起考核；要求各教研室党支部和党员教师在教书育人中发挥骨干作用，把教书育人落实到教育教学的全过程。

党委采取措施加强"两课"这一德育教育的主渠道。一是在管理体制上进行了归口调整，明确马列主义理论课归口宣传部管理，思想品德课归口教务处管

理。二是充实、健全了德育的考评指标体系。三是增加了德育教育经费。四是把
"两课"之一的"中国革命史"课程作为学院首批重点建设课程之一，1992年5月
批准立项，1995年5月组织了专家评审组按照部颁课程建设评估标准进行了评估
验收，最终被评为部颁二类课程。专家评审组认为，此课程教学大纲稳定，教学
环节规范，教学改革有成效，任课教师有良好的教风和敬业精神，能为人师表、
教书育人，教学质量和效果都较好，在德育教育上发挥了重要作用。

本着全员、全方位育人的精神，学院开展精神文明建设活动，宣传部、团
委、学工处在学生中开展的创"三好学生"活动、第二课堂活动、社会实践等活
动，从不同侧面对学生进行思想品德教育。大家把"三个育人"视为思想政治工
作的一项综合工程，强调全局意识和全局观念，互相协调，互相促进。

在精神文明建设方面，一是重视校园环境建设，包括进行经常性的校园综合
治理整顿，加强校园安全保卫，按照相关要求，改造学院园林布局，增建文化景
点，搞好校园绿化美化，努力营造一个安全、优美、文明的校园育人环境。1995
年，学院被宜昌市评为"花园式"先进单位。二是坚持每年10月开展"做文明职
工"和"做文明学生"的"双文明月"活动。1995年起，还在学生中开展了创建"十
佳文明班级""十佳文明宿舍""十佳文明个人"的活动，简称"310"活动。通过创
建、考核、评比、答辩，1995年在全院125个班级中评出了"文明班级""文明宿
舍""文明个人"各10个，形成了一个争先创优热潮；涌现了一批品学兼优的学
生，学院每年评选表彰一批"三好学生""优秀团员""优秀学生干部"。1992年有
5名学生被湖北省水利学会评为水利优秀学生；1995年8月，16名本专科学生获
中华电力教育基金会1995年度奖学金，其中本科生李文斌、张华珍、何善根3
人获一等奖学金，各奖1000元，9名本科生获二等奖学金，各奖700元，4名专
科生获二等奖学金，各奖600元；1996年"五四青年节"时，本科学生许月萍被
评为湖北省"三好学生"，并同时获得"湖北省优秀学生跨世纪发展奖励基金"的
"三好学生"奖学金200元，本科生黄杰、吕映霞则获得湖北省"希望工程大学生
特别奖学金"，各获奖学金300元。

为了更好地推动校园文化建设，加强对学生第二课堂活动的管理，学院成立
了第二课堂指导委员会。院团委实施"大学生第二课堂活动方案"，成立学生社
团联合会，以加强对学生社团活动的指导；支持各学生社团开展多形式、有特
色、有教育意义又有吸引力的活动，提高大学生的自我教育、自我管理、自我约
束的能力。院团委积极推进了"跨世纪青年文明工程""跨世纪人才工程"等活动，
开展了"团徽在闪光""青年志愿者奉献日"等活动。宣传部、团委、学工处还共
同组织了"爱国爱校普通话大赛""学风与自律演讲赛"等，长期坚持"学雷锋、树

新风"、文明礼貌月、爱国主义教育月等活动;大力组织"暑期支教扫盲和科技文化服务""暑期社会实践"以及大学生科技活动。1996年1月15日,省委宣传部、省委高校工委、省教委、团省委、省教育工会联合表彰1995年大中专学生暑期社会实践活动的优秀活动营队和先进个人,学院的"赴香溪官庄坪村社会实践队""赴湖南老区社会实践队"以及王聪、李晓峰、张若、张建有、洪磊一5人受到表彰。1995年10月,学院组队参加第二届全国大学生电子设计竞赛的湖北赛区比赛,学生刘家敏、徐满清、周赛新组成的参赛队获湖北赛区一等奖,另一个由3名学生组队的参赛队获湖北赛区二等奖,学院获优秀组织奖。

学院成立勤工助学指导委员会,院团委实施了"勤工助学活动方案"。学院在校内设立了146个长期性的勤工助学岗位和一些临时岗位,建立了完善的用工制度和考核考勤制度,形成了"奖学金、贷学金、特困生补助、勤工助学"四位一体、联动助学机制,有力地发挥了救助解困和竞争激励的双重作用。

二、以搞活系(部)为重点,深化内部管理体制改革

1992年春,中共中央发布了邓小平南方讲话,随后,中共中央、国务院发布了《中国教育改革和发展纲要》,国务院批转了国家教委《关于加快改革和积极发展普通高等教育的意见》。这是学院深化改革,实现新阶段办学目标的巨大推动力。而1992年4月3日全国人大七届五次会议通过的《关于兴建长江三峡工程的决议》,则为学院立足水电、服务三峡提供了前所未有的历史性机遇。党委以此为契机,确定以深化内部管理体制为突破口,进一步推进综合改革,把深化内部管理体制改革的重点放在搞活系(部)一级。为此,学院成立深化改革工作小组,认真分析研究已推进的各项局部性改革,深入调查研究,广泛征询意见,着手制定学院的深化改革方案和系列的改革配套措施。从1992年秋季开学起,先对学院的职能部门逐步推行简政放权的改革,主要是撤科并处,减少层次,进行人员分流,突出服务职能,提高工作效率。此项改革至1993年上半年全面展开,取得初步成效。

1993年暑期的7月15日至17日,党委在宜昌市大老岭林场召开扩大会议,讨论、落实系(部)改革方案,进一步推动学院改革朝着全面、系统、配套的方向不断深化。参加会议的人员有党委和纪委委员及各系、部、处主要负责人,共39人。与会同志在深入学习领会邓小平南方讲话和中央发布的《中国教育改革和发展纲要》等文件精神的基础上,全面分析了学院的改革形势,认真讨论了学院深化改革方案和各项配套措施。会议确定的主要改革措施包括:(1)实行院、系

(部)两级管理体制。学院着重加强宏观调控和对重大问题的统一调度和协调；各系(部)则实行责、权、利互相关联和制约的工作目标责任制。(2)全院推行"三定一聘"(定编、定员、定责、聘任制)，制定出机构、岗位设置方案，划分各类人员专业技术职务系列，明确各类人员聘任条件，健全各类人员的考核指标体系。各系(部)在完成"三定一聘"基础上实行事业经费和工资、津贴总额包干，扩大系(部)办学自主权。各系(部)在总额包干范围内，按照"减人不减资，增人不增资；增事能增收，增收能多分"的原则，自主分配，自求平衡，多劳多得，奖优罚劣。通过经济激励和思想教育，调动教职工的积极性。(3)实行系(部)主任负责制。系(部)主任在职权范围内有人、财、物权。建立系(部)党政联席会议或有系(部)党总支书记、副书记参加的系主任办公会议，作为系(部)的行政决策机制。(4)系(部)是一级办学实体，主要任务是坚持以育人为中心，做好思想政治工作，调动所属师生员工的积极性，全面完成教学计划，保证教学质量，抓好所属教师的培养提高，组织开展学术科研活动。(5)对系(部)行政人员实行逐级聘任。学院与系(部)主要负责人签订聘任期工作目标责任书，聘任期三年；在聘期内，每学年进行工作目标责任和实绩考核，考核结果与本人奖金、津贴直接挂钩。

这次会议讨论的各项改革配套措施，会后经过修改、充实，于1993年10月正式出台，主要有：《机构人员编制管理暂行办法》《系(部)工作目标责任制实施办法》《聘用制干部管理实施细则》《一般干部聘任暂行办法》《处、科级党政干部聘任暂行办法》等，不久又相继出台了《学院企业编制管理暂行办法》《教职工调配暂行办法》《内部津贴分配办法的补充规定》等。

党委扩大会以后，党委严抓各项改革措施的落实。一是抓好干部的聘用。1993年下半年完成了党委扩大会后的第一轮党政干部逐级聘任工作，并进一步实现了班子年轻化。将机关分流人员充实系(部)职工队伍，配齐学生政治辅导员和各班班主任。二是落实"三定一聘"。对校内职工实行事业编制和企业编制两种管理方式，根据每年的发展变化情况，及时核定各单位的编制和岗位数。三是不断修改、完善各类人员的考核指标体系，建立了一套较规范的教职工考核程序和方法。坚持学年末的全员考核制度，坚持"效益优先、兼顾公平"，认真落实内部分配制度。四是坚持发扬民主，加强民主管理、民主监督。完善教代会制度，民主评议、考核干部制度化、规范化。学院设置了校长信箱、教务处信箱、纪检信箱，听取群众意见。建立公示制度以增加工作的透明度，对职称评定结果、非教学人员的调入和涉及干部职工的配偶子女调入、涉及群众利益的重大问题等，实行张榜公开，接受群众监督。

从 1991 年开始实施的以搞活系(部)为重点的深化内部管理体制改革,建立起了院、系(部)两级管理体制,较好地理顺了关系,实现了管理重心下移。机关较好地面向系(部)改善了服务,各系(部)较好运用了获得的人、财、物权,调动了系(部)的积极性,增强了系(部)的活力,壮大了系(部)的力量。

三、全面加强教学建设,突出教学主体地位

学院第一次党代会的决议中强调:在学院的建设和发展中,必须始终坚持以教学为主体,以提高教学质量为中心。为此,学院把全面加强教学建设放在突出地位。

(一)调整专业结构

在专业结构的调整方面,学院立足于优化知识结构,提高本科教学质量,培养复合型人才。一是对原有专业进行结构性调整。原水利水电工程建筑专业和水利水电工程施工专业,经调整,成为统一的"水利水电建筑工程"专业的两个不同的专业方向;原电力系统及其自动化专业,经调整,其内部分为"继电保护"和"自动远动技术"两个专业方向。二是适应新情况,发展新的本科专业。学院1988 年创办了一个"工程概预算"专科专业,培养了一批工程建筑单位急需的人才。根据社会调查,为满足工程建筑单位对此类人才更高层次的要求,以适应基建管理体制改革的需要,报经国家教委批准,1993 年以"工程概预算"专科专业为基础,开办"基本建设管理工程(工程造价管理)"本科专业,培养从事基本建设中造价管理的高级经济管理人才。此后,还相继增设了机械电子工程、焊接工艺及设备、机械设计与制造、水利水电建筑监理、设备管理工程等本科专业。三是在专业内容结构上,为适应培养复合型人才的需要,自 1992 年起,按照加强基础,扩大选修,拓宽专业面,强化实践的思路,全面修订了各专业的教学计划。1992 年,还召开了全院教材工作会议,研讨学院教材建设规划,完善教材编写有关制度,以提高教材编写的质量。

在进行本科专业结构调整的同时,学院还于 1992 年制定了《专业建设综合改革试点计划》,确定从 1993 年开始在水利水电建筑工程专业进行专业建设的综合改革试点。综合改革试点的内容主要包括:全面修订教学计划,着重加强基础理论课,处理好基础课、专业基础课和专业课之间的关系,专业课内容坚持精选和更新,提高教学效果;在继续实行"按系招生、拓宽基础、后期分流、按需培养"基础上,试行"定向招生、定向培养"的"双定向模式";强化实践性教学环

节，增加学生工程实践和动手能力的训练，提高学生参加工作后的适应能力；探索厂校协作、产学结合的路子，积极在葛洲坝、丹江口、隔河岩、三峡工程等处建立稳定的校外实习基地，既为学生的实习提供可靠的场所，又争取进行合作性的科研和科技开发。

本科专业结构的调整和专业建设的改革，较好地适应了培养复合型人才的需要，也进一步形成了学院的强势学科。1994年10月，学院的强势学科"水工结构工程"被确定为省部级重点学科，得到电力工业部和湖北省教委的大力扶持。

学院的普通专科和成人专科教育(不含夜大、函授等)长期占有很大比重，1992年以前，专科专业数量与本科专业相等，在校专科学生通常占40%，有时达50%。但随着学院的发展壮大和成熟，必须做到加强本科，并争取发展研究生教育，以提高办学层次；同时，还面临着成人专科学历教育逐步淡出、普通专科生源逐渐减少的局面，因此对专科教育层次和专科专业结构的调整势在必行。一是不再代管葛洲坝工程局职工大学。由于葛洲坝工程局的职工成人专科学历教育基本完成，职工大学的办学重心已转向继续教育，因此，1993年6月，经电力工业部批准，该校与学院正式脱钩，划归葛洲坝工程局管理，另觅校址独立建校。二是适时增设或调整服务三峡工程和地方建设的短线专科专业。1992年，根据三峡工程前期的移民试点经验和工程建筑的长期需要，受三峡区域经济开发办公室的委托，学院率先开办了"区域经济规划与开发(移民工程)"专业，培养各类从事开发建设工程的规划、技术经济分析的管理人才。根据协议，此专业每年招生30人，主要招收三峡库区移民子女入学。1992年还对秘书专科专业的内容结构进行了必要改造，增加了适应电力企业需要的内容，使之能成为适应电力企业需要的应用型秘书人才。1993年，又从秘书专业中分离出一个财会专业，培养适应财会制度改革需要的人才。这些为适应新情况而新设或调整的短线专科专业，为学院的普通专科教育增添了活力。

(二)抓好重点课程建设

学院先后开展了两轮重点课程建设。第一轮重点课程建设始于1992年。学院在1991年9月出台的《关于课程建设实施方案(修改稿)》基础上，于1992年5月13日公布了第一轮15门重点建设课程，其中学院级重点建设课程7门，包括高等数学、电路、机械原理、中国革命史、材料力学、理论力学、大学英语；系(部)级重点建设课程8门。1992年6月24日，能源部颁发部属电力高等学校课程建设评估指标体系，此评估指标制定了"师资队伍""学术水平""教学过程与质量""教学条件和管理"4部分22项指标，满分为100分，达到和超过85分者为一类课程，75 分至 84 分为二类课程，65 分至 74 分为合格课程。学院随即决定，学院的重点课程建设完全执行部颁课程建设评估指标体系标准，并制定了课程建设评估验收及实施办法，着重规定了验收程序和奖励办法。按照规定的验收程序，先由系(部)自评验收通过，再申请院级评估验收。而院级评估验收由专家评审组进行评审，写出评审意见，并实行无记名投票。奖励办法是：被评为一、二类课程的课程组或教研室，获教学质量优秀奖，并颁发一、二类课程合格证书；一类课程，给课程组奖金 2000 元，课程组的每位任课教师的教学工作量按上浮 10% 计算；二类课程则奖 1000 元，每位任课教师教学工作量按上浮 5% 计算；对建设一类课程有重大贡献的教师和实验技术人员，在提升工资、评定职称、聘任职务时优先考虑。

在第一轮重点课程建设中，"高等数学"最先通过评审验收。该课程综合评定为 80.40 分，达到部颁二类课程标准。1994 年 6 月该课程又通过湖北省高等工科院校"高等数学"课程评估专家组的检测评估，获得 92.6 分，被评为湖北省优质课程。此后，从 1994 年 12 月至 1996 年 7 月，先后有机械原理、工程地质、中国革命史、电路、材料力学、理论力学、液压与液力、金属材料及热处理、施工技术共 9 门重点课程建设通过了评审验收，其中工程地质和施工技术两门课程综合评分达 90 分以上，被评定为部颁一类课程，其他 7 门课程为部颁二类课程。至此，第一轮重点课程建设结束，通过评审验收建成部颁一类课程 2 门，部颁二类课程 8 门。

第二轮重点建设课程的立项始于 1995 年 9 月。经系(部)申报、学院教学委员会讨论批准，9 月 26 日，学院公布了第二轮重点建设课程目录，其中机械原理、高等数学为部颁一类建设课程，土力学等 8 门课程为部颁二类建设课程，另有 10 门系(部)重点建设课程。第二轮重点建设课程 1997 年起才开始评审验收。

学院对重点课程建设实行目标管理，凡申请并被批准进入重点课程建设的课程，都必须有明确的课程建设负责人，学院和系(部)与课程建设负责人签订目标责任书，明确责、权、利。学院还鼓励各系(部)开展系级重点课程建设，通过各系(部)自行组织评审验收，为申报学院重点课程建设创造条件。课程建设就是教学质量建设，凡达到部颁一、二类课程标准的课程，都是教学质量过硬的课程。学院持续不断地推进重点课程建设，对于提高教育教学质量起到了巨大的推动作用。

(三)全面推行学分制和主辅修制

学分制是本科高校普遍实行的一项教学制度。学院经过十余年的办学，在教学管理、师资水平、教学和实验设备、学生的教育和管理、后勤保障服务等方面已为学院推行学分制创造了必要的条件。1993 年秋季开学后,学院决定推行学分制,为此教务处对外学习取经,对内广泛调查研究,四易其稿,于 1994 年底制定出学分制实施方案,并经学院教学委员会讨论通过。1995 年初,开始编制学分制教学计划,制定了《学分制学籍管理办法》等配套文件,编写了方便学生制订学习计划的《教学一览》。1995 年秋,在 95 级新生中开始试行学分制。在试行中,为学生增设选修课,实行弹性学制。1995 年 10 月,学院公布了 8 门选修课程,至 1996 年底,选修课程逐步增至近 50 门,从而更有利于拓宽学生知识面,发展学生的个性和特长。学院于 1996 年全面推行了学分制。

1996 年,学院还推行了主辅修制,全院开设了 4 个辅修专业,编写了 350 余门课程简介,对学有余力的优秀学生允许在主修一个主专业的同时,辅修另一专业,以培养跨学科的复合型人才。实行主辅修制后,约有 20% 的学生进行跨学科的辅修。

(四)从联合培养研究生起步,积极发展研究生教育

1991 年,学院在尚未具备独立培养研究生条件的情况下,积极支持有条件的教师与外校外单位合作,共同承担培养研究生的任务。经过积极联系、协商和充分准备,1992 年首次完成了联合培养研究生任务:徐卫亚、潘昭汉、刘德富、田斌分别与中国科学院、武汉水利电力大学、河海大学的有关硕士研究生导师合作,共同培养 1 名硕士研究生。同时,学院在学科建设、师资、教学和实验设备器材等方面进行了积极准备。1993 年,学院首次申报硕士点。1995 年,经报请武汉水利电力大学评审,徐卫亚等 3 名教师获得学院首批硕士研究生导师资格。1995 年,培养研究生有新的突破:除教师陈和春仍与外校联合培养 1 名研究生外,胡翔勇则承担了独立培养 1 名研究生的任务。1996 年,胡翔勇、刘德富、游敏都承担了独立培养 1 名研究生的任务。从 1992 年到 1996 年,学院通过联合培养和独立培养方式,共培养了 9 名硕士研究生,为学院发展研究生教育积累了初步经验。

1995 年 10 月,经批准,以学院与武汉水利电力大学联合办学的方式,在学院内开办了一个研究生课程班,招收包括学院部分教师在内的 30 名学生。这是为了使学院获得培养硕士研究生办学经验的一次实践,也为学院教师提高学历层次开辟了一条新路。

(五)加强教学常规管理

在原有基础上,学院新阶段为进一步加强教学常规管理采取了以下三项

措施：

1. 建立现代化教学管理系统，进一步完善教学管理制度

教务处、学工处等部门和各系（部）都配备了教学管理的计算机排课和学籍管理系统，提高了工作效率，减少了人为差错。1995 年推行学分制以后，又自主开发了相应的教学管理软件，投入使用后效果良好。

学院进一步修订完善了《教学工作规范》《教学计划制订及执行的规定》《教学事故判定及处理办法》《生产实习工作条例》《毕业设计（论文）工作条例》《本科学分制学籍管理》《考场规则》等系列规章制度，并将各项教学规章制度分类汇编，保障了学院教学的制度化、规范化管理。

2. 落实责任制

学院充分发挥系（部）在教学管理中的主体作用，把搞好教学管理作为对系（部）主任考核的重要内容。

3. 进一步加强教学过程管理

一是从 1992 年起，建立学院和系（部）两级教学督导组，主要聘请有教学经验、责任心强的离退休老教授，通过随机听课、平时经常性检查来了解教学情况，不断反馈教学一线的信息，以改进教学管理工作，为学院对教学过程和教学质量实行宏观监控提供有效手段。二是学院领导或教学主管部门定期召开系（部）主管教学的主任会议，交流和分析教学情况，研究解决措施；坚持常规的教学检查；坚持各级干部的听课制度，坚持期中、期末召开教师和学生座谈会，听取意见；在学生中，建立教学信息员网，及时了解教学信息。

（六）重视现代化教学手段的建设

学院本着高起点、重实效、突出重点、逐步实施的思路，抓紧现代化教学手段的建设。至 1994 年，学院已累计有各类投影机 20 台，幻灯机 13 台，设置的电教中心有比较齐全的摄录设备，可以满足电化教学和 CAI 制作需要，并建设录像阶梯教室 2 个。

学院的计算机中心，至 1994 年已配备有 VAX 局部网络计算系统，有各种计算机位 76 个，加上各系（部）拥有的计算机，教学用计算机达 171 个机位。1996 年，学院对计算机中心和各系（部）机房进行了统一规划和调整，投入经费 120 多万元，兴建了多媒体教室等 4 个微机网络，增加了 100 多台 586 微机，使全院用于教学的计算机超过 200 台；购置了 18 台大屏幕彩电，使闭路电视教室增加到 13 个，进一步完善了视听教学系统。为提高学生的计算机操作和应用水平，各系（部）都十分重视加强学生的计算机操作训练，做到每个年级有不同的上机安排，实现计算机操作训练不断线。

1992年6月，国家教委发布《高等学校实验室工作规程》以后，学院各实验室对照《规程》要求，制定或修订了基本教学实验工作规范，开展了实验教学质量普查和测评工作；同时，注重增加现代化的实验设备，逐步增加了计算机、电子技术现代分析测试手段等。1994年10月，湖北省教委组织专家组对全省17所工科高校的67个实验室进行检查评估，学院的物理实验室、材料力学实验室被评为全省优秀实验室，电工基础实验室被评为良好实验室。尤其是重点实验室建设取得重大进展，学院投入经费重点建设水电站仿真实验室和岩土工程研究中心，使之具有现代化的实验手段。1995年12月，学院正式向湖北省教委、电力工业部申报其为省部级重点实验室，电力工业部和湖北省教委批准立项，给予了重点扶持，1997年以后两实验室(中心)均被批准为省部级重点实验室。

学院的图书馆配备了较先进的微机检索设备，被国家科委定为中国学术期刊文献检索咨询二级站，还被评为湖北省优秀图书馆。

学院为外语教学建设了多个语音室，使师生可充分利用闭路电视教室较完善的视听教学系统。1992年，学院开设了外语教学台，开通了两个频道，每周播出时间约18小时。1994年，修订了《学生英语成绩考核与管理办法》，1995年，成立了外语教学指导委员会，1996年5月召开了学院外语教学工作会，制定了奖励外语教学效果突出的教师的办法，这些措施有效调动了外语教师和学生的积极性。1996年学院党政工作计划中提出了"确保英语四级通过率达60%"的要求，由于各项措施得力，94级本科学生参加1996年英语四级考试，一次通过率达到60%，不仅满足了学院的要求，也达到了湖北省重点高校的平均水平。

(七)充分利用教育资源，积极发展成人教育

1992年前，学院的成人教育已有较大发展。1993年6月葛洲坝工程局职工大学从学院分离出去以后，学院的成人教育发展方向，一是充分利用学院的教育资源和在全国各地的联系渠道，大力发展函授教育；二是继续办夜大学；三是在可能情况下，坚持办脱产的成人专科学历班；四是办自修大学，组织成人自学考试；五是争取提高办学层次，发展"专升本"的成人教育。

自1992年2月起，学院先后在湖南长沙、武汉、四川绵阳、四川南充、重庆万州等地建立了15个函授教学站，这是学院拓展成人教育渠道的重要举措。这些函授站的任务是在当地进行函授的学历教育和非学历教育，行政上受当地所属单位的领导，业务上接受学院的指导，由学院提供教学资料并定期派出指导、辅导教师。学院开办有电气技术等16个函授专业，其中有一个"专升本"专业，

在册函授成教生最多时达 2400 人。

1994 年 6 月 27 日，经湖北省教委批准，学院成立自修大学。自修大学属学历教育性质，按照教考分离原则，对面向社会开考的专业开展助学辅导活动，学生的学业须经省自考办考试，成绩合格者由学院发给省自考办验印的毕业证书。为了加强对自学考试的领导，1995 年 9 月，学院成立了由学院院长、副院长担任主任、副主任的"高等教育自学考试管理委员会"。自修大学的自考生发展很快，从 1994 年至 1996 年 3 年间，在册自考生达 1900 人。

学院的成教中心重视对成人教育的规范化管理，不断完善成人教育的管理规章制度，1995 年还汇编了《葛洲坝水电工程学院成人教育学生手册》印发给学生。学院对成教中心实行责任承包制，有效地调动了工作人员的积极性。他们深入各省、地区进行调查，广设校外教学站点，拓宽办学路子；利用成人教育专业设置的适应性、针对性和灵活性强的特点，积极与企事业单位联系，寻找委托培养的办学途径，实行多种形式办学。因而，学院的成人教育较具活力，初步形成了以函授成人学历教育为主，以继续教育、岗位培训等非学历教育为辅的成人教育体系，为地方经济建设培养了大批实用人才。学院也获得可观的收入，1993 年成教收入 230 余万元，1995 年则达 300 万元，有效增加了学院的办学经费。

四、重点培养青年教师，抓紧学术梯队建设

对于师资队伍建设，党委书记纪万松 1991 年 12 月在学院第一次党代会的报告中提出："当前，特别要加强对青年教师的政治与业务培训，努力建设一支政治上坚强、业务上有所建树的专家、学者群体队伍。"学院的"八五"计划和十年规划均提出，师资队伍建设立足于优化队伍结构，全面提高师资队伍的素质，把青年教师的培养作为师资队伍建设的重点，尽快培养出一批骨干教师和学术带头人。规定"八五"期间新增教师，原则上只招录具有硕士学位以上的毕业生。

学院采取引进和培养相结合的方针，以提高师资队伍的质量。学院制定了引进高层次人才办法，提供优惠待遇，但把工作重点放在培养提高在职教师上面。1991 年以前，学院每年的教师进修培训费为 30 万元左右，1992 年以后，增至每年超过 50 万元，每年安排青年教师攻读博士学位或以委培、定向、在职等形式攻读硕士学位近 20 人；从 1992 年至 1996 年，学院先后选派了 80 余人到国内外高校做访问学者或进修学习。1994 年 12 月 19 日至 21 日，学院召开了首次师资工作会议，专题研究师资队伍的建设。这次会议制定了《师资队伍建设规划》《培养中青年学术带头人及骨干教师的实施办法》《青年教师培养工作暂行规定》等文

件。这次会议对于学院加强师资队伍建设起到了重要的推动作用。

　　学院坚持师资队伍建设与课程建设、学术带头人的培养等相结合，统筹规划，综合实施。能源部 1992 年颁布的《电力高等学校(本科)课程建设评估指标体系》中，"师资队伍"建设权重较大，占 25 分，为整个评分的 1/4。其内容涵盖了"职称结构""年龄结构""梯队建设与培养"各方面。因此，各系(部)各教研室在课程建设中对师资队伍建设都极为重视，都争取全面达标。1993 年至 1996 年第一轮重点学科建设中达到部颁一类和二类标准的各课程的教研室或教学组，都制定有师资培训规划，要求教师凡未达到研究生学历者，二三年内达到；所有教师都必须达到承担两门课以上教学任务的水平；每位教师必须承担科研任务，在教学和科研中上水平、出成果；鼓励每一位教师脱颖而出，成为学术带头人或骨干；对做出突出成绩的教师给予奖励。

　　从 1992 年起，学院把培养中青年学科带头人和骨干教师队伍放在突出的地位。1992 年 12 月 15 日，能源部批准公布了部属电力高等学校中青年学术带头人培养对象和优秀青年骨干教师名单，伏义淑、刘诗教、游敏、潘昭汉 4 位教师成为学院首批中青年学术带头人培养对象；刘德富、李建林、徐卫亚、胡翔勇、马克雄、朱大林、陈平、陈治业、孟庆义、孟遂民、张新亚、徐庆活、袁兆强、傅德君 14 人成为学院首批优秀青年骨干教师。1994 年，徐卫亚、刘德富等被确定为湖北省重点学科"水工结构工程"学术带头人。1995 年 12 月，经群众推荐、专家评审，学院学术委员会通过，党委审定、同意，向电力工业部呈报了李建林、刘德富、徐卫亚、游敏、蔡德所、胡翔勇、向方霓、刘建新等 8 人为"中青年学术带头人"。这是学院正式确定的首批"中青年学术带头人"。1996 年 3 月，学院在全院范围内经民主推荐、学术委员会扩大会议组织答辩、无记名投票评选，再次确认了这 8 名中青年学术带头人，并确定了 37 名中青年骨干教师。至此，学院初步有了一支学术梯队。

　　学院规定所有教师都必须担任教学任务，为此制定、完善了教师综合考评办法。1994 年起，对教师实行年度考核制度，从教学、科研、教书育人诸方面对教师进行综合考核评价。1995 年，学院制定了《关于实行教师任课资格证制的暂行规定》，实行任课资格认证制度，并对不同课程任课教师做出规范化的要求。这些措施对提高整个教师队伍的素质和水平起到了良好作用。同时，学院努力为教师改善工作条件和生活条件。在职称评定、课时津贴、住房分配等方面向在教学、科研工作中做出贡献的教师倾斜。1995 年采取学院、系(部)、个人各负担三分之一经费的办法，为全院 80% 的教师家庭配置了 PC-486 计算机，受到教师的普遍欢迎。

　　学院有一批在教学和科研工作中做出突出贡献的教师获得各种荣誉和奖励。1992年2月,教学上成绩突出、科研上有重大成果的4位青年讲师徐卫亚(30岁)、刘德富(30岁)、李建林(31岁)、游敏(34岁)被能源部破格晋升为副教授;徐卫亚、李建林、刘德富分别于1994年、1995年、1996年再次被破格晋升为教授,并破格晋升青年教师向方霓等人为副教授。徐卫亚还于1993年获国务院政府特殊津贴,1994年被评为国家有突出贡献的中青年科学技术及管理专家,1995年被评为湖北省百名跨世纪优秀青年人才和省新长征突击手标兵,1995年获中华电力教育基金会二等奖,获奖金1500元;他是“何梁何利”基金科学技术奖提名人,被聘为法国里尔科技大学岩石力学外籍教授和法国国家科研中心(CNRS)国家力学实验室客座研究员。刘德富1994年获国务院政府特殊津贴,被评为电力工业部先进教育工作者,1995年被评为湖北省有突出贡献的中青年科学家,并获中华电力教育基金会一等奖,获奖金2000元,多次以专家身份被邀请参加三峡工程科研及设计项目的审查鉴定工作。李建林1991年被评为能源部优秀教师,1995年获中华电力教育基金会二等奖,获奖金1500元,他在完成国家“八五”重点科技攻关项目的科研中取得重大成果,做出了重要贡献。刘国霖、甘以炎、陈练寒都荣获国务院的政府特殊津贴,其中,刘国霖还被评为国家有突出贡献专家,陈练寒还被湖北省评为1992年的“女强人”。胡翔勇1993年被评为湖北省优秀教师,游敏1994年被评为电力工业部优秀教师,他们同时于1995年获得中华电力教育基金会二等奖,各获奖金1500元。此外,1992年,张宁、查中伟分别被评为湖北省优秀教师、中国电力企业联合会优秀教师;1993年,胡宗英、马克雄、黄秋英被评为湖北省优秀教育工作者;1994年,沈春岩、肖建修、任德记、魏明果、郭文龙被评为电力工业部优秀教师。力学教研室1994年被电力工业部评为先进教研室,机械教研室党支部1994年被湖北省委高校工委评为先进党支部。这些荣誉和奖励充分表明,学院基本形成了一支由专家、学者群体组成的、有较高素质的师资队伍。

五、形成有特色的科研,推进科技开发服务

　　“一体两翼”是学院第一次党代会提出的一项重要任务。“一体”指坚持以教学为主体,“两翼”指要大力抓好科学研究和科技开发服务。大会要求,学院发展进入新阶段,必须加大科学研究和科技开发服务的力度,科学研究要进一步上水平,出更多成果,科技开发服务要更有成效。

　　党代会以后,学院在办学中明确了科研工作的中心地位,坚持教学、科研两

个中心一起抓。在工作部署上，对科研工作做出专项安排，并把开展学术科研作为考核评估系(部)工作和教师的重要内容。1992年全国人大通过关于兴建长江三峡工程的决议后，学院及时成立了由学院主管教学、科研工作副院长领导的"服务三峡工程协调委员会"，对面向三峡工程开展科学研究和科技开发服务工作进行组织协调和指导。1993年任命在教学和科研上有重要建树而破格晋升为副教授的李建林兼任科研处领导职务，以加强对科研工作的组织和管理。1993年还在原科技开发部基础上成立校办产业管理办公室，统一管理学院各校办产业。学院对各科研机构进行了调整，并设置了新的科研机构，在各系(部)共设置了土木工程、机械工程、电气工程、移民工程、环境与地质工程、焊接工程、水电设计研究、振动与控制、水资源应用技术等9个科学研究所(室)，由各系(部)主任或副主任或有造诣的教授、副教授兼任所长。1984年成立的水电工程建筑设计所在为校园建设和服务地方过程中不断发展壮大，1992年发展成为水电工程建筑设计研究院，1993年获得建设部颁发的乙级设计证书，1996年有10人获得国家二级注册建筑师资格并注册执业，从而成为学院一个重要的对校内校外开展科技服务的单位。1993年至1996年，学院先后召开了三次科技工作会议，学习贯彻上级科研工作政策，研究、部署学院的科研工作，制定加强科研管理、促进科研和科技开发服务的措施，在修订、充实原有科研管理规章制度基础上，新制定出台了《对系(部)科研管理工作考核办法》《教师、科研人员科研工作量考核办法》《博士科研启动费使用管理办法》《技术合同管理办法》《科学技术成果管理办法》等系列新规章。1996年，学院还拨出专款作为博士研究生返校后的科研启动基金。所有这些组织建设和制度建设措施，都为学院进一步开展科学研究和科技开发服务创造了良好条件。

学院在1993年以后的党政工作计划中一再提出：要瞄准三峡工程的需要，确定科研重点，增强服务实力，开展多方位服务工作，在主动服务中求发展。1992年至1996年，学院的科学研究和科技开发服务发挥自身优势，在服务三峡、服务社会方面打开了局面，突出反映在以下三个方面：

(一)以三峡工程为主战场，通过为三峡工程和其他水电工程建设服务，形成具有自身特色的科研方向，取得了一批高水平的科技成果

1992年至1996年间，学校获得国家"八五"重点科技攻关项目3项、子题8项，国家自然科学基金和部、省研究基金项目15项，企事业委托的研究课题360多项，其中承担三峡工程建设的科研项目22项，各类研究经费共820多万元。

在三峡工程建设的科研项目中，李建林承担并完成了多项国家"八五"重点

科技攻关项目。他和刘国霖共同承担完成的"三峡工程永久船闸岩石高边坡关键技术研究"项目，获科研经费 80 万元，其成果总体上达到国际先进水平；他承担并完成了这个项目中 5 个子题项目，作为第一主研人完成的"三峡工程永久船闸高边坡施工形成过程模拟及岩体稳定性研究"，1994 年 2 月通过中国长江三峡工程开发总公司组织的专家鉴定，认为达到国际先进水平，具有显著的经济效益和社会效益，可节约投资 2.3 亿元；作为第一主研人或第二主研人完成的其他 4 个子题项目，经专家鉴定均达到国内或国际先进水平。他 1993 年至 1994 年还完成了 4 项三峡工程专项科研项目，即"三峡工程船闸陡高边坡形成过程模拟及其岩体稳定性研究""三峡工程岩石蠕变断裂试验研究""三峡库区库岸边坡稳定的离散元法研究""三峡工程一期围堰基础细沙层液化与渗流稳定问题"，均通过了专家鉴定。1994 年他还完成一项水利水电科学基金项目"双轴受压应力作用碾压混凝土强度的试验研究"，这是国内首次进行碾压混凝土的试验研究，其研究成果具有国内先进水平。在完成这些科研项目的过程中，他 1993 年至 1995 年，先后在《岩石力学与工程学报》等国家级刊物及在"三峡工程岩土国际科学技术讨论会""第二届高层建筑国际会议""中美英新三峡工程技术交流会""中国岩土力学与工程学会"等重要学术会议上，发表有关中、英文论文 17 篇，向相关部门提交完成科研项目的专题报告 6 份。

学院积极参加了清江各项水电工程的科研。在参加湖北省重点工程清江隔河岩水电站科技攻关和科技咨询中，先后承担了坝区地形测量、库区地质评价、水库移民投资分析、水库优化调度等研究项目，其中完成的高边坡稳定性研究，解决了高边坡的技术难关；电气工程系成功开发了"隔河岩工程质量监理微机辅助监量系统"，填补了国内空白，还为工程研制了步履式振捣机、摩擦试验机综合测试台、引水洞压力钢管检修设备等装置。

在清江高坝洲水电工程建设中，学院承担了 5 项科研课题，其中由徐卫亚、谢守益、韩国权、李明生 1993 年完成的"清江高坝洲坝基工程岩体质量评价研究"，由王世梅 1994 年完成的"层间剪切带工程地质专家分析系统在清江高坝洲工程中的应用"，都经鉴定达到国内先进水平；王世梅的"层间剪切带工程地质专家系统"这一课题是跟踪国家 863 计划的重大课题，经鉴定此项研究成果达国际先进水平。

在清江水布垭水电工程和其他水电工程的科研方面，徐卫亚 1995 年 5 月主持完成了"清江水布垭库首及坝址重大滑坡研究"，为坝址选定提供了重要依据，随后又主持了水布垭坝址马岩高边坡与引水洞群开挖相互作用的研究。他还先后参与完成了"红水河岩滩水电站坝基岩体开挖研究""黄河小浪底坝区深厚覆盖层生成规律研究""盐关滑坡研究""岩体质量评价理论研究"等科研项目,均取得重要成果。

其他方面取得的科研重要成果和优异成绩还有:由游敏主研完成的能源部电力高校青年教师学术基金项目"金属结构胶接接头性能研究",1995 年 4 月经鉴定主要成果达国内先进水平,部分成果达国内领先水平。1993 年初由陈锡杰与同济医科大学一位副教授共同申请的课题"钉螺截流的水力学和生物学机理研究",成为学院首次获得的国家自然科学基金资助项目;由潘昭汉、刘德富等参与共同完成的"血吸虫中间宿主——钉螺沿水利灌溉设施扩散防治",1996 年经鉴定达到国际先进水平。何薪基是中华人民共和国行业标准《水利水电工程施工测量规范》(SL52-93)主要起草人之一,该规范被认定为国内领先水平,由水利、电力两部于 1993 年颁布实施。他的论文《修正回归方程系数拟合法在土石坝沉陷分析中的应用》,被俄罗斯能源杂志《文摘杂志》于 1993 年第 5 期摘登。潘昭汉在国家级学术刊物和国际国内学术会上发表科研论文 20 多篇,其中《自升式模板轻便提升机的研究》获水利水电施工网优秀论文一等奖。查中伟先后发表中英文学术论文 16 篇,其中《半线性抛物方程初边值问题解的 BIOW VP》在国家核心刊物《应用数学》1992 年第 1 期发表后,1993 年美、俄的权威数学学术刊物相继予以摘录或转载。向方霓 1995 年发表的研究论文《一类非线性变分不等式及其应用》以及 1994 年、1995 年先后在美国学术刊物上发表的相关论文,由于在不动点理论、变分不等式及相补问题的研究中取得的成果,引起国内外同行重视,其论文成果被美国《数学评论》等多种刊物摘登和引用。李宗华在理论研究上创立全球构造潋流理论,并在国内外发表相关论文 30 余篇,1994 年其被辑入《中国当代地球科学家大辞典》。

学院在以三峡工程为主战场以及其他水电工程的科研中,成绩显著,特色突出,在岩石力学、高陡边坡工程、坝基稳定、坝基岩体工程、施工围堰、水工结构设计理论与方法、水工材料、水库优化调度、地质灾害的预报与防治、水电站仿真技术等方面,形成了自身特色和较强的科研实力。1996 年初,湖北省科委和教委对全省 60 多所高等学校的科研工作进行评估排序,学院排名第 16 位,处于全省普通高校前列,学院科研处被评为省"优秀科研处"。

(二)发挥科技和人才优势,大力开展科技开发服务

学院的科技开发服务主要体现在两方面:

1. 开展以"移民工程"和防灾减灾、扶贫为主的科技开发服务

学院最早提出并开展"开发性移民"的科学研究,教学科研人员先后发表移

民研究的论文 20 多篇，主要有郑根保的《清江隔河岩水库移民投资分析研究》论文和编写出版的《水库移民工程学》等专著，在论文和著作中提出了"变淹没补偿为开发性移民投资"的建议，为政府决策提供了依据；提出了"三峡工程移民问题，不仅是个经济问题，而且是个包括经济问题在内的错综复杂的社会问题群"的论断，在全国社会学界引起了反响。在三峡工程论证及前期准备开展的减灾与扶贫工作中，学院集中地质学科力量，较早地投入了三峡地质灾害的普查、减灾与防治工作中，先后参与和单独承担了巫溪县中阳村、秭归新滩、北门坡、鸡鸣寺等地的滑坡预报及抢险救灾工作，成功预报了秭归鸡鸣寺滑坡、巫溪中阳村滑坡事件，有效避免了人员伤亡和财产损失，被当地群众称为"奇迹"，受到四川省和湖北省政府及减灾防灾部门的表扬。刘国霖、盘石、徐卫亚、魏廷亮四位教师在三峡著名险段链子崖危岩体和黄腊石滑坡地质灾害防治工程可行性研究中做出了优异成绩，于 1993 年初受到国家科委的通报表彰。学院先后承担了重庆云阳、万州、巫山及湖北秭归等市县 10 多个乡镇移民试点小区的规划设计和三峡坝区移民安置实施规划咨询，其中"秭归水田坝乡移民综合试点规划研究""三峡坝区移民投资分析"，经鉴定部分成果达到国内、国际先进水平；何薪基的"万县小周镇移民搬迁规划地形测量工程"深受国务院和当地移民局好评。学院先后承担了三峡库区和邻近县乡 5 座水电站的勘测设计任务，承担了兴山县古洞口电站工程全部监理任务。姜利汉、舒茂修等于 1992 年 10 月完成了三峡库区的巫溪县双通水电工程可行性研究；李明生则于 1992 年完成了巫溪县双通引水工程可行性工程地质研究。刘德富 1993 年完成"四川紫坪铺水库左岸堆积体数值模拟研究"。刘德富主持、李明生等参加于 1993 年完成的"长江三峡地区黄腊石滑坡地表排水设计的研究"，在地矿部组织的专家评审会上受到与会专家高度评价，认为该设计将地表排水设计理论向前推进了一步；刘德富、罗先启写的相关论文《滑坡地表排水布置及效果初探》获 1996 年湖北省优秀科技论文二等奖。李明生于 1994 年完成了三峡库区云阳县城镇新建区工程地质研究。

由徐卫亚主持的科技扶贫项目"枝城双龙洞洞穴旅游开发研究"，在洞穴理论研究上有建树，1993 年 5 月研究报告通过专家评审，认为具有国内领先水平。8 月 2 日至 8 日在北京召开的第十一届国际洞穴大会上，徐卫亚被推选为洞穴资源及旅游洞穴保护与专管专题的两主席之一（另一人为澳大利亚维多利亚大学著名教授），他在会上宣读的两篇论文获得很高评价。

2. 以学院的水电工程建筑设计研究院为主体，对外开展工程建筑设计服务

1992 年至 1996 年，水电工程建筑设计研究院独立设计或与建筑工程系合作，先后为宜昌市、枝城市、襄樊市、张家界市等城市承担了地方工业和民用建筑设计项目近百项。其中,1994年8月,承担并完成设计的中国长江三峡工程开发总公司培训中心,即坝区16小区,是三峡坝区已建工程中质量最好、外观最美的建筑群,被中国长江三峡工程开发总公司评为"全优工程",得到三峡坝区视察工作的李鹏、邹家华等中央领导同志的高度评价。先后完成的主要工程建筑设计项目还有:宜昌市西陵区政府大厦、21层的宜昌市交警指挥中心大楼、16层的宜昌市金龙大酒店、三峡综合交易市场4号楼和5号楼、宜昌市青少年宫、清江隔河岩坝区清馨楼、秭归县委县政府住宅小区、巫山县委住宅楼、云阳水电局办公楼、奉节国税局办公楼和住宅小区、钟祥祥达生物工程公司厂房和办公楼、宜昌大学图书馆、汉口花园大厦基坑护坡桩计算等,其中宜昌市交警指挥中心大楼的设计获省优秀设计三等奖,秭归县实验中学的设计获宜昌市优秀设计一等奖。

(三)发展校办产业,走产学研联合开发之路

学院的校办产业经历了逐步发展过程。学院成立之初,仅有实习工厂、印刷厂、汽车队、招待所这些为校内服务的单位。1983年起学院在这些单位推行经济承包责任制,逐步实行企业化管理。1984年7月,利用本院的技术力量正式成立的水电工程建筑设计所,逐步扩大发展为水电工程建筑设计研究院,成为面向社会开展服务的独立的建筑设计单位。同时,学院先后在各系(部)成立相关科研所,逐渐面向水电、面向社会承担科研任务。1988年学院成立了科技开发部,统一管理实习工厂、印刷厂、水电工程建筑设计研究院,并统筹协调各系(部)科研所的对外科研服务。科技开发部实行企业化管理,至此学院有了一个校办产业的雏形。

为加速对研制的产品的二次开发,1991年8月,学院成立了第一个正式生产产品的校办工厂——电子仪器设备厂,生产学院自己研制成功的"微机起重机力矩限制器"等产品。1992年10月又开办了一个高科技开发公司,生产计算机电源等产品。此后,校办产业逐步扩大,至1995年底达到11个,年产值和利润由1992年的170多万元和23万元,至1995年增至1300多万元和120多万元。高科技开发公司先后为清江开发公司等多个单位成功研制出行政办公系统、值班考勤系统、特保税库管理系统、职工信息系统等软件,受到用户一致好评。

1993年5月,国务院经贸办、国家教委、中科院联合发出《关于组织实施产学研联合开发工程的通知》,为高校发展校办产业指明了方向。根据文件精神,学院成立了校办产业管理办公室取代科技开发部作为学院行政管理职能机构,同时学院出台企业编制管理暂行办法,对各校办企业完全实行政企分开,全面推行企业化管理。为了推进"产学研工程",有利于科技成果尽快转化,学院主动向

外部争取支持,先后加入了长江动力集团公司和华中电力集团公司,以便通过企业渠道,推进"产学研工程",更好地为经济建设服务。学院通过校办产业管理办公室加强对校办产业的管理,在清晰产权、明确责权的基础上,完善责任承包制,并重视调整产业结构,优化资源配置,以促进校办产业向集约化、规模化方向发展。

六、大力推进学术交流,积极开展国际合作

学院成立之初,学术交流活动主要体现在三方面:一是与其他高校在专业上建立对口联系与交往,派人向对方高校学习取经,或派人去学习进修、参加专题性的学术研讨交流,互相交换相关资料,尤其是学院的教师来自水电系统各单位和相关高校,为学院迅速与水电系统各单位及相关高校建立起学术性交流关系提供了许多方便。图书馆与500多家单位建立了情报资料交换关系。二是利用学术交往的机会,尽量加入水电部和湖北省的一些相关学术团体。最初几年相继参加了水电部的企业管理学会,湖北省的电力工程学会、水利学会、机械学会、哲学学会等约30个学术团体。三是持续不断地请一些著名学者、专家到学院来讲学,作专题报告等,以增强学术氛围,提高学术水平。

1985年以后,学术交流活动日渐频繁,主要体现在:(1)在一些学术组织中,学院专家开始担任重要学术职务。1985年1月,学院院长吴国栋、学术委员会主任陈培根、讲师刘峻德被聘为水电部政策研究中心研究员。吴国栋1986年8月还被聘为中国水力发电工程学会施工机械化及施工管理专业委员会委员,1988年2月被聘为中国电力企业联合会电力系统研究员;陈培根1989年2月被聘为中国电力企业联合会改革规划研究员;刘峻德1985年6月被聘为中国电机工程学会电力环境保护专业委员会水电站环境影响分委员会副主任。还有一些同志被选为省或宜昌市的学术组织的理事。(2)参加国内或国际学术研讨会的人员逐渐增多,并且都在研讨会上发表论文。研讨会主要有"中国岩石力学与工程学会学术讨论会""全国原子与分子物理学术交流会""国际大型水力机械科学讨论会"等。(3)积极承办全国或湖北省的学术会议。从1986年到1989年,承办的学术会议不少于10次,锻炼了学院组织学术会议的能力,凸显了学院日益提高的学术水平。(4)开展初步的国际交流。自1985年起,经批准,学院聘请外籍英语教师到校任校,外籍教师来自美国、加拿大。他们是:美籍教师大卫·赫尔、杰克·海勒、罗伯特·普林斯、玛丽·普林斯、保罗·马尔;加拿大籍教师约翰·阿肯森、多拉·阿肯森;美籍华人教师熊药石博士。1985年起还先后请英国、

加拿大、美国等国的 6 位学者、专家到学院作学术讲座或进行短期讲学。学院院长吴国栋 1987 年 8 月应邀参加美国科罗拉多州立大学"国际水工结构设计"专题讨论会，在会上宣读了论文。1988 年，国际水力机械研究协调中心正式函告学院，同意接受学院为该协调中心研究联合体成员，学院的曾德安、胡赣生两位教师被聘为该中心的兼职研究员。这是由美国、英国、挪威和中国著名水力机械专家组织领导的国际学术组织，也是学院迈向国际的第一步。

1988 年以后，学院的学术科研水平日益提高，承担的国家"七五""八五"重点科技攻关项目，国家和部、省重点科研项目，国家自然科学基金项目均取得重要科研成果，在岩石力学、高陡边坡工程、坝基岩体工程、水工结构设计理论与方法、减灾防灾、水电站仿真技术等方面，徐卫亚、刘德富、李建林、游敏、胡翔勇等一批年轻学者脱颖而出，取得优异成绩，获得诸多国家级、部省级奖励和荣誉，提高了学院的知名度，学院的学术交流和国际合作出现了一个崭新的局面。(1)学院一批知名的学者、专家在国家级、部(省)级学术机构、学术组织中担任了众多的重要职务。徐卫亚分别担任了全国高等学校电力工程类专业教学指导委员会委员、高等学校水利水电类专业教学指导委员会委员、国际工程地质协会中国国家小组成员、中国地质教育学会理事、全国《水利水电工程地质》杂志编委，以及湖北省、宜昌市诸多学会及协会职务。刘德富分别担任了中国岩石力学与工程学会地面专业委员会委员、《湖北水力发电》杂志编委、湖北水力发电工程学会三峡分会学术部长，以及湖北省、宜昌市一些专业协会、学会多个学术职务。李建林、李明生、何薪基、李宗华、韩国权、舒茂修等分别担任了水利部水利水电类专业教学指导委员会委员、电力高校教师高级职务学科组评委委员、湖北省地质学会构造地质专业委员会委员、湖北省力学学会弹塑性力学学科委员，以及众多省市学会理事。(2)更多的教师参加了国内召开的全国性或国际高规格的学术研讨会。1993 年 8 月在北京召开的国际洞穴大会，徐卫亚被选为其中一个专题的两主席之一，这是学院前所未有的。(3)校际有更多高规格的学术交流活动，学院经常派出访问学者到有关高校做访问。(4)国际合作交流有重大进展。学院的国际合作交流活动已从最初只聘请文教专家发展到文教专家、科技专家并重，长期与短期并举，形成多元化国际合作与交流格局。从 1991 年到 1996 年，共聘请外籍文教专家 13 人，短期科技专家 20 人到校上课或讲学。1995 年 4 月，学院与法国瓦朗谢纳大学制造工程学院签订校际交流协议，随后相继与加拿大、乌克兰、韩国、越南等国的高校建立了合作关系。1993 年 5 月，潘昭汉应邀赴意大利帕多瓦大学工程系作水力研究访问学者半年。1994 年 4 月，徐治平参加电力部赴美加访问团，访问两个国家的 6 所高校。1995 年 10 月，学院的 4 名青年学者李文正、向学军、田启华、徐卫亚赴法国的瓦朗谢纳大学进行学术交流；12 月，徐治平等 3 人又应邀访问了该校；1996 年 4 月，该校制造工程学院院长等 2 人到学院回访，同时该校 3 名硕士研究生到学院实习 3 个月。此外，还有学院组团访问越南河内水利大学，乌克兰高校访问团来访等项活动。这些国际合作交流活动，提高了学院在国际上的知名度。

第六章 武汉水利电力大学(宜昌)
(1996—2000)

第一节 两校合并的筹备和宜昌校区的挂牌

1992 年,能源部将武汉水利电力大学列入力争进入国家"211 工程"建设的高校。1995 年初,电力工业部根据国家教委为扩大高校办学规模、优化教育结构和教育资源配置,而大力推进高校实行联合、合并的高等教育改革方向,决定将武汉水利电力大学和位于宜昌的葛洲坝水电工程学院实行合并,组建成新的武汉水利电力大学,以增强武汉水利电力大学跻身"211 工程"建设的办学实力。为此,电力工业部向国家教委发了《关于报送武汉水利电力大学组建方案的函》,正式报请国家教委按规定程序进行评审。

1995 年 3 月初,电力工业部召开两校主要党政领导干部参加党组专门会议,就两校实行合并的事项进行部署。3 月 16 日,葛洲坝水电工程学院党委召开扩大会议,党委书记纪万松、院长徐治平向与会党委委员和系、部、处主要领导干部传达了电力工业部的决定和部党组的部署、要求,进行思想动员,统一认识。4 月,电力工业部正式发出成立"武汉水利电力大学、葛洲坝水电工程学院联合筹备领导小组"的通知,筹备领导小组由 11 人组成,领导小组组长为电力工业部副部长查克明,副组长为华中电管局局长林孔兴和电力工业部人事教育司副司长杨昌元,两校的主要领导龚洵洁、纪万松为组长助理,其他成员中有学院院长徐治平、副院长陈启新。筹备领导小组先后在葛洲坝水电工程学院和武汉水利电力大学举行会议,听取各方意见,研究合并的指导思想、原则、运行机制和总体发展规划等。筹备领导小组及其工作班子的主要任务是制定出两校合并组建的方案。经过一年多的共同努力,筹备领导小组制定并上报了《武汉水利电力大学、葛洲坝水电工程学院合并组建方案》。

在筹备过程中,国家教委全国高校设置评议委员会派出由原北京大学党委书记王学珍教授为组长的专家组，于1995年10月下旬分别对葛洲坝水电工程学院和武汉水利电力大学进行考察。专家组于10月29日在筹备领导小组会议上通报了对两校的考察情况，对两校合并的决策和两校的办学条件、合并筹备情况给予了肯定。1996年1月上旬，在国家教委全国高校设置评议委员会的广州会议上，经投票表决，两校的合并获得通过。

1996年5月16日，国家教委向电力工业部发放《关于同意组建武汉水利电力大学的通知》，《通知》指出："在全国高等学校设置评议委员会评议的基础上，经研究，同意武汉水利电力大学和葛洲坝水电工程学院合并，校名定为：武汉水利电力大学。""合并后的武汉水利电力大学校部设在武汉，分设宜昌分部。该校实行电力工业部和湖北省人民政府双重领导，以电力工业部为主的管理体制。撤销原武汉水利电力大学、葛洲坝水电工程学院的建制。""该校全日制在校生应基本稳定现有规模，把工作重点放在提高教育质量、科研水平和办学效益上，努力提高学校的综合实力。"

1996年7月10日，电力工业部正式转发了国家教委的通知，并同时发了《关于组建武汉水利电力大学若干意见的通知》，《若干意见》指出："新的武汉水利电力大学经这一年多的筹建准备，已初步完成大学组建方案和规划方案的论证设计工作，组建方案业经部党组审核批准。"《若干意见》要求新的大学要认真贯彻落实电力工业部提出的教育改革和发展的"32字"方针，即"解放思想，深化改革；调整结构，增加投入；提高质量，注重效益；理顺体制，协调发展"。规定"新组建的武汉水利电力大学为电力部直属高等学校。学校实行电力部和湖北省人民政府双重领导，以电力部为主的管理体制。""原武汉水利电力大学为武汉校区，原葛洲坝水电工程学院为宜昌校区，校部设在武汉。""大学成立党委，实行党委领导下的校长负责制。宜昌校区建立校区党委。大学党委和宜昌校区党委建立相应的党务机构。""宜昌校区可根据实际需要设立相应的行政机构。"《若干意见》提出的新武汉水利电力大学的发展目标是在2000年前跻身国家"211工程"。1996年7月10日，电力工业部同时印发了经电力工业部党组审查批准的、由两校合并筹备领导小组制定的《武汉水利电力大学、葛洲坝水电工程学院合并组建方案》。《方案》包括"指导思想""基本原则""运行机制""机构设置""职责范围"等部分，对相关问题都作了具体规定。

电力工业部在发出两校合并文件的同时，宣布了经电力工业部党组7月3日决定任命的新武汉水利电力大学党委常委班子成员，陈燕璇为党委书记，龚洵洁为校长。汪仲友任校党委副书记兼宜昌校区党委书记，副校长林天宝兼宜昌校区校长，副校长曾维强在宜昌校区协助林天宝校长工作；同时，新武汉水利电力大学党委任命杨锋为宜昌校区党委副书记，刘德富、焦时俭为宜昌校区校长助理，由此组成宜昌校区党委常委班子。原葛洲坝水电工程学院党委书记纪万松、副院长陈启新被批准退休，院长徐治平新任武汉水利电力大学副校长不再参与宜昌校区工作。新的武汉水利电力大学正式运作，宜昌校区也正式成立。

为了庆祝两校合并成功，新武汉水利电力大学党委决定，于 1996 年秋季开学后的 9 月 17 日和 18 日分别在武汉校本部和宜昌校区举行挂牌庆典活动。9 月 18 日的校区挂牌庆典活动办得热烈隆重。宜昌校区全体教职工和学生参加了庆祝大会，水利电力系统和省市有关领导机关、高校共 68 个单位的领导同志和代表到会祝贺。会上，电力工业部人事教育司副司长杨昌元宣读了国家教委、电力工业部关于两校合并的文件，电力工业部副部长查克明和中国长江三峡工程开发总公司总经理陆佑楣共同为武汉水利电力大学宜昌校区揭牌，查克明副部长、宜昌市符利民副市长、武汉水利电力大学龚洵洁校长以及来宾代表、教师和学生代表先后讲话，共同祝贺两校成功合并和宜昌校区挂牌。查克明副部长、龚洵洁校长在讲话中，都希望宜昌校区作为新大学不可分割的一部分，要在尽可能短的时间内，实现由普通本科院校向重点大学的过渡，实现跻身"211 工程"的历史性跨越；要求宜昌校区要深化管理体制改革，进一步提高队伍素质，大力加强学科建设，积极改善办学条件，加强教风、学风、校风建设，把全体师生员工的兴奋点集中到提高办学质量和效益、共同实现"211 工程"的大目标上来。

第二节　顺利通过"211 工程"预审

一、在顺利通过"211 工程"预审中，校区获得积极评价

"211 工程"是指面向 21 世纪，经过 10 年或更长一段时间，集中资金，国家重点建设 100 所左右的高等学校和一批重点学科，使之达到或接近世界先进水平。这是一项跨世纪的教育改革战略工程，是国家推进高等教育发展所采取的重大战略决策。1991 年 12 月由国家教委等部门提出，经中共中央政治局常委会同意并经国务院批准后，1993 年 7 月 15 日国家教委出台《关于重点建设一批高等学校和重点学科的若干意见》，设想从此付诸实施。"211 工程"的建设内容主要包括学校整体条件、重点学科和高等教育公共服务体系建设三大部分。按规定，要进入"211 工程"的高等学校必须由管辖学校的部级单位组织专家预审，通过了

预审，才能获准进入"211 工程"建设行列。武汉水利电力大学与葛洲坝水电工程学院合并后，根据计划安排，1996 年 11 月，电力工业部将组织专家对新武汉水利电力大学进行部门预审。为此，两校合并挂牌庆典之后，校本部和宜昌校区都全力以赴地为迎接"211 工程"预审作准备。1996 年 10 月 8 日，大学党委书记陈燕璀、校长龚洵洁亲自到宜昌校区召开"211 工程"部门预审动员大会，亲自向校区教职员工作动员报告。陈燕璀在动员报告中把"211 工程"比作新大学的"生命线"。他说，学校要大发展，就必须进入"211 工程"。两校合并后，学校整体实力大大增强，加上原武汉水利电力大学 40 多年办学中形成的一整套完善的体系，拥有 11 个国家级和部省级重点学科，建立、健全了从学士到博士后完整的培养体系，学校有信心进入"211 工程"。龚洵洁在讲话中介绍了部门预审的基本步骤以及有关院校进行部门预审的经验，要求校区全体师生员工都积极行动起来，做好准备工作，要服从统一指挥，强化责任制，扎扎实实地做好项目论证工作。动员大会之后，宜昌校区一方面大张旗鼓地开展宣传教育活动，营造迎预审的浓厚氛围；另一方面进行全面的准备工作。

1996 年 11 月，以中国地质大学赵鹏大教授为组长，包括来自长江水利委员会、上海交通大学、武汉测绘科技大学、华南理工大学、西安热工院、华中电管局、河海大学和大连理工大学的 9 位预审专家组成的专家组，以及国家教委两位代表，电力工业部的 5 位有关负责人来到武汉校本部，从 11 月 12 日到 15 日正式进行"211 工程"预审。其中于 11 月 14 日专程到宜昌校区，听取了校区校长林天宝所作的《抓住机遇，深化改革，加速校区发展，为新大学跻身"211 工程"作贡献》的全面汇报，重点考察了校区的物理实验室、水工结构重点学科、水工厅、水电站仿真实验室等与进入"211 工程"密切相关的重点项目，实地考察了校区在三峡工程工地承担的工程项目，对校区提出的《"211 工程"整体建设子项目论证报告》进行了认真审查和讨论。在考察中，专家组对多次受到部（省）肯定和表彰的开放型物理实验室、被确定为部省级重点学科建设的水工结构工程学科所取得的成绩和进行的重点建设给予了充分肯定，对水工厅、水电站仿真实验室的建设规模和高水平的研究项目给予了高度评价。专家组对宜昌校区进入"211 工程"建设的必要性和可能性给予了肯定。

11 月 16 日，专家组对预审情况进行讨论、总结，随后向电力工业部领导和大学领导反馈了预审意见。专家组讨论形成的《武汉水利电力大学"211 工程"部门预审专家组意见》说，根据原武汉水利电力大学和葛洲坝水电工程学院数十年办学形成的综合办学实力和办学效益，已经具备了比较坚实的办学基础和良好的办学条件。学校的水利水电类专业比较齐全，规模大，具有重点学科优势突出、学科发展与国家重大建设项目紧密结合的特色，在培养人才、推动行业科技进步和解决国民经济及社会发展的有关重大问题方面，担负着很重要的任务，"因此，在国家实施'211工程'期间，重点支持该校建设是十分必要的"。专家组还认为，学校的自我评价报告和提出的建设总目标切合实际，建议根据学校分两地办学的特点进一步论证学科(群)结构的框架和布局，加强联合，合理分工，优势互补，协调发展，突出建设的重点，重视加强行业急需的高新技术和交叉学科的建设和复合型人才的培养；进一步完善办学体制，加强师资队伍建设、加强科学研究、加大科研成果转化为生产力的力度；积极开展多种形式的合作办学及联合办学，走一条"行业办学、多部门合作、产学研结合，共建'211工程'"的新路子。专家组全体成员一致通过武汉水利电力大学申请"211工程"建设的部门预审，建议电力工业部尽早向国家提出"211工程"建设立项报告。至此，包括宜昌校区在内，新武汉水利电力大学顺利通过"211工程"部门预审。随后，电力工业部根据部门预审专家组的意见正式向国家提交了"211工程"建设立项报告，1997年通过了国家立项审查，新武汉水利电力大学正式跻身"211工程"建设行列，成为国家重点建设的百所大学之一。

二、校区进入重点大学的建设行列

鉴于新武汉水利电力大学成功跻身"211工程"建设，宜昌校区决心以新大学进入"211工程"建设为契机，全方位抓好学校的发展，1997年9月2日召开的校区第一届教职工代表大会，正式通过了校区党委提出的新的校区建设目标，即：到2000年，在大学"211工程"建设总体目标的指导下，结合校区实际情况，通过进一步深化改革，加强学科建设，加强基础设施建设，使校区的教育质量、科研水平、办学效益和综合实力都有明显提高，实现从一般高等院校到重点大学的实质性转变。1998年，校区党委进一步提出，由于过去长期受部门办学的制约，形成了相对单一和封闭的办学模式，办学的路子较窄，面对着高等教育改革和发展的新形势，有必要对校区的办学思想、办学目标、办学特色等给予重新审视和准确定位。在新的教代会上，经过教代会代表的审议，取得了以下共识：

(1)办学指导思想。全面贯彻国家的教育方针，以人才培养为中心，面向现代化，面向世界，面向未来，全面实施素质教育，深化学校内部管理体制改革，积极推进产学研合作，主动为国家经济建设和社会发展服务，努力提高办学质量和办学效益，为国家培养基础扎实、知识面宽、现代化意识和创新能力强，既坚持德智体全面发展又突出个性发展的高素质的高级专门人才。

(2)校区定位。在办学层次上，以本科为主体，积极发展研究生教育；继续发展以高等学历教育为基础、以高等职业教育和继续教育为重点的成人教育；在学科及专业结构上，以工科为主体，以土木类、电气类、机械类、工程管理类专业为重点，协调发展管、文、理、经、法等专业；在服务面向上，服务电力，面向社会，主动适应行业、地方经济建设和社会发展需要；在培养目标上，培养理论基础扎实、知识面宽、综合素质高，既适应现代化工程建设和企业运行管理需要，又具有创新意识和实践能力的各类高级专门人才。

(3)办学目标。校区按照21世纪对人才培养质量的要求，继续把坚持社会主义办学方向放在首位，以邓小平理论为指导，解放思想，深化改革，调整结构，增加投入，提高教学、科研水平和综合效益，充分利用三峡工程等地理优势，坚持教学、科研与生产劳动相结合，通过5年至10年的努力，力争实现"三上一创两达到"的发展目标，即教学质量、科研水平、办学效益上档次；教学、科研、管理整体上创特色；主干学科的教学、科研达到国内先进水平，个别学科达到国际先进水平，拥有一批国内知名学者，并将校区建成以工为主，管、文、理、经、法等多学科协调发展，综合实力强，在国内外有较大影响的社会主义重点大学。

(4)办学特色。在葛洲坝水电工程学院时期，学院坚持以"学水电、爱水电、献身水电"为主线，对学生进行创业献身、建功立业教育，形成了"团结、求是、进取、创新"的良好校风。校区争取到2010年或更长一段时间，形成两方面的新特色：其一，积极发挥校区周围大中型水电工程优势，大力开展产学研合作，探索校区人才培养新模式。创造条件，让学生直接参与科学研究、技术开发和为社会服务活动，努力培养基础扎实，知识面宽，乐于吃苦，勇于奉献，具有现代工程意识和创新精神的各类高级专门人才；其二，积极主动地为地方经济建设和社会发展服务，从而大幅度地提高校区的教学科研水平和办学效益，增强校区的整体竞争实力。

(5)确定校区新校训。为了继承和发扬校区的光荣传统和优良校风，激励全体师生员工不断焕发精神，勤奋学习，爱岗敬业，严谨治学，开拓创新，奋发进取，在征求校区全体教职工意见的基础上，确定对原葛洲坝水电工程学院的"团结、求是、进取、创新"校训进行必要的调整，调整为"敬业、勤奋、求是、创新"，在保持原来的"求是""创新"基础上，突出爱岗敬业，艰苦创业，兢兢业业和勤于学习，勤于思考，勤于探索，勤于实践，奋发向上的精神。

校区在召开教代会通过相关决议为校区定位的同时，在全校区教职工中开展了转变思想观念的教育活动。在教育中，要求教职工练好内功、深化内涵、为加快校区的改革和发展多作贡献。要求在三个方面转变思想观念：一是要尽快从"一般院校"定位标准转变到"重点院校"的定位标准上来。学科建设、实验室建设、校园环境建设，教学质量、科研水平等都要在思想上和实际工作中按重点大学的标准来要求。二是要对教学、科研是高等学校的两个中心，是学校生存与发展的根本有十分明确、清醒的认识，要把主要精力用在提高教育质量和科研水平上，正确处理"抓水平"与"抓创收"的关系、眼前利益与长远利益的关系。三是要转变教育思想，要树立面向未来的素质教育观念，努力培养高素质、高水平的专门人才，鼓励拔尖人才脱颖而出。确定校区的定位，使校区有明确的新发展方向。开展转变思想的教育，为校区的发展打下了一个较好的思想基础。

三、围绕新的办学目标和定位深化内部管理体制改革

为了适应进入"211工程"建设后校区成为重点大学一部分这一新形势的要求，在原葛洲坝水电工程学院已有改革成果基础上进一步深化管理体制改革是一项紧迫的任务。大学校长龚洵洁和校区校长林天宝在向"211工程"部门预审专家组汇报工作中，都把理顺关系，建立起有效的管理体制和运行机制，逐步完善办学管理体制作为一个工作重点。为此，校区党委、行政在实现两校合并后即着手研究、制定深化管理体制改革的措施。首先，采取的一项重要措施是1997年初对干部队伍进行全面调整，以适应校区新的办学定位、办学目标的需要，为推进深化管理体制改革做好干部准备。2月26日，校区党委召开中层干部动员会，汪仲友作了动员报告，强调干部调整的目的是进一步提高干部队伍素质，更好地推动校区实现从普通本科院校向重点大学的转变。这次干部调整坚持"公开、公平、择优"的原则，并将调整与选拔相结合，方法是：①自荐或推荐。每一位副科级及以上干部、中级及以上职称的教师都可以自荐或推荐。②组织人事部门根据自荐、推荐情况进行综合考察。③将考察情况报经校区党委集体讨论研究，确定调整方案。这次调整中收到自荐表102份，推荐表256份，历时5周，共调整任命了65名干部，包括正处级28人、副处级37人，其中新选拔晋升正处级7人、副处级16人，原正副处级干部中有18人轮岗，有3人落聘后被免职。这批干部中，40岁以下者近一半，大专以上学历者超过80%，其中硕士、博士学历者有18人，实现了干部队伍进一步年轻化、知识化、专业化要求，这是一次干部制度的改革，体现了干部能上能下的用人要求，打破了干部终身制。

在此基础上，先后进行了两轮管理体制改革：

第一轮管理体制改革，始于1997年9月2日校区第一届教职工代表大会正

式通过《武汉水利电力大学(宜昌)深化内部管理体制改革方案》后，开始全面推进，至 1998 年底告一段落。《改革方案》提出的目标是加强新形势下党的领导，理顺管理关系，健全和完善各项管理制度，引入竞争机制、激励机制和自我约束机制，激发全校区教职工的积极性，向管理要效益，向管理要水平，从而推动校区各方面改革的深入进行，基本思路是"宏观调控、分类管理""按需聘任、竞争上岗""级岗分离、按劳分配""资源配置、有偿使用""民主监督、依法治校"。

第一轮改革措施主要有以下五项：

(一)强调校区和系(部)两级管理体制

为进一步理顺管理关系，校区对各单位加强宏观调控，减少过程管理，实施目标管理，强化系(部)一级管理职能，充分激发系(部)管理活力和教职工的积极性，使系(部)真正成为办学实体。

(二)大力推进人事制度改革

干部的选拔和任用在 1997 年初全面调整、选拔中层干部的基础上，下半年又对 4 个处级单位的 15 个科级岗位进行公开招聘试点，采用公开岗位和任职条件、自愿报名、公开答辩、招聘小组评议和组织部考核等程序，最后由党委审批聘任。这次试点成功后，学校于 1998 年 3 月对全校区其他全部 50 个科级岗位都实行了公开招聘。

在人事制度改革的其他方面，重点是强化编制意识，严格编制管理。根据国家教委和电力工业部新的编制标准，校区重新核定和调整各类人员的编制，严格区分事业编制和企业编制，在核定编制基础上，进一步修改、完善了编制管理办法；建立岗位责任制，实行全员聘任，竞争上岗；对非教学人员的调入全部实行公开招聘，严格控制，严格考核；对因工作需要调入的工人和临时用工，公开岗位和招聘条件，实行劳动合同制管理；建立校内人才市场，制定、完善人才交流服务中心工作条例，实行人才交流有偿服务，对落聘人员实行校内待岗和待业，由校内人才交流服务中心管理。

(三)完善校内分配制度

在人事制度改革基础上，在工资制度方面建立激励机制，体现按劳分配，打破平均主义；强化岗位职责，与考核结果挂钩；创造条件，逐步实行职务工资、岗位工资、补助工资、校内工资相结合的结构工资制。独立核算及经济承包单位的分配则与其经济效益直接挂钩。在对重点学科、重点实验室和校区内重点建设项目实行项目责任制的同时，加大物质奖励力度，以充分体现重效益的原则。

（四）后勤管理工作按照"小机关、大实体、大服务"的原则，逐步向后勤服务社会化推进

主要措施是将后勤部门的经济实体分离出去成为相对独立的实体，享有相应的人事和财务自主权，校区给予一定的政策优惠。总务处在 1997 年至 1998 年还注重抓好标准化食堂建设，努力为学生和教职工提供优质服务。

校区于 1997 年成立了国有资产管理委员会，出台了《国有资产管理办法》，完成了对校区集体企业的清产核资工作。同时，校办产业完全实行企业化管理，按照"产权清晰、权责明确、政企分开、科学管理"的要求，把改革同改组、改造和加强科学管理结合起来，继续在建立现代企业制度、转换经营机制、进行资产重组和资产经营方面下功夫。从 1997 年起，校办产业未再出现亏损企业，1997 年的营销额超过 1200 万元，利润超过 180 万元。

（五）启动了职工医疗保险制度的改革

1997 年教代会讨论通过了《职工医疗保险制度改革实施细则》，1998 年 1 月正式实施。

第二轮管理体制改革始于校区领导班子调整以后。武汉水利电力大学党委于 1998 年和 1999 年对校区领导班子进行了调整。1998 年 7 月 14 日，刘德富、焦时俭被任命为校区副校长，1998 年 11 月由大学副校长曾维强接替林天宝主持校区行政工作。新调整的校区领导班子，主持进行了第二轮管理体制改革，主要从三方面入手：

（一）精简办事机构，组建二级学院

校区从 1999 年春季开学后即着手进行以精简机构、压缩编制、理顺关系、健全调控监督机制为目标的改革。经过调整、合并、挂靠、撤销，校区党政机关机构由原来的 26 个精简为 15 个，精简、剥离了 42.3%；机关工作人员由 213 人减为 118 人，分流了 44.6%；处级领导职数由 36 个减为 29 个，精简了 19.4%；教职工事业编制数由原来的 711 人，压缩为 640 人，压缩约 10%。

为适应教学发展的需要，校区党委决定在原有各系（部）基础上扩大建立二级学院，建立了土木学院、机械学院、电气学院、管理学院、继续教育学院，保留基础课部和社会科学部，同时将军训及体育部和由计算中心重组后成立的教育技术中心升格为正处级单位，共组成了校区的 9 个二级单位。机关精减分流人员

充实了各二级单位，进一步加强了各二级单位独立的教学实体地位。

（二）进一步推进人事制度改革

一是严格编制管理，在落实"四定"（定编、定岗、定职、定责）的基础上，推进"平等竞争，双向选择，择优上岗"的全员聘任制，初步建立起了适应市场经济竞争机制的竞争上岗、职务能上能下、人力资源优化配置的用人机制。二是在机构改革的同时，再次对干部队伍进行了一次大的调整、选拔。晋升、选拔了正副处级干部10人，原正副处级干部低聘6人，原正副科级干部低聘10人，未聘10人。对中层干部实行了全面轮岗，科级干部全部实行竞争上岗。通过轮岗和竞争上岗，使校区干部在学历、年龄、职称结构上得到了进一步改善。

（三）组建了后勤集团和校区的产业总公司

作为后勤管理体制改革的重要举措，校区将经营性、服务性的水电管理、学生公寓管理、通信服务、餐饮服务等剥离出来，组建后勤集团统一管理。改变过去由学校拨款的方式，实行后勤集团为校区提供服务，学校按工作质量付费方式，逐步使后勤服务工作从计划经济管理模式向市场经济管理模式过渡，为后勤服务社会化创造条件。

在校办产业方面，则组建了校区的产业总公司。产业总公司对校办产业实行资产重组，优化资源配置，重点抓科技含量高的校办产业。

第三节　坚持以本科为主，稳步发展研究生教育

1997年5月20日至21日，校区召开了两校合并后的首次教学工作会议，曾维强作了《以合格评价为契机，加强教学改革，进一步提高本科教学质量》的主题报告。报告提出，校区的首要任务是进一步提高本科教学质量，力争在较短时间内实现从一般本科院校到重点大学的历史性跨越。要转变教育思想和教育观念，树立起科学教育和人文教育并重的教育观念。要把大学即将开展的合格评价作为对校区办学水平和办学实力的检验，以合格评价为契机，抓好"以评促改，以评促建，评建结合，重在建设，重在提高"。大学校长龚洵洁在会上明确指出，校区重点是办好本科教育，适度发展研究生教育。

根据教学工作会议精神，校区以本科教育作为立校之本，同时努力创造条件发展研究生教育。

一、按重点大学的规格和标准加强本科教育

校区在两校合并后的 1996 年秋季招生中就实现了按校本部相同的重点大学分数线录取本科新生。同时，根据电力工业部的指示和校本部的部署，从 1997 年起停止了专科招生。校区从此进入了全面加强本科教育的阶段。

校区在教学工作会议之后，成立了以校区三位领导曾维强、杨锋、刘德富为正副组长的"本科教学合格评价领导小组"，下设评价办公室，积极准备，迎接评价。这次按照国家教委颁布的《高等工科学校本科教学评价方案》所进行的评价，对校区加强本科教育起到了重要的推动作用。

校区在加强本科教育中，坚持以教育思想和观念的转变为先导，以人才培养计划改革为关键，不断推进课程体系、教学内容、教学手法、教学手段的改革，全面推进素质教育。

（一）在专业建设上，努力探索以素质教育为中心的人才培养新模式

对与校本部相同或相近的专业，按照校本部统一的培养规格，采用统一的主干课程学时和教材，并且统一主干课程的考试方法，以促进校区相关的本科专业尽快达到重点大学专业的水平。

在专业建设上，按照"厚基础，宽口径，知识、能力、素质协调发展"的原则，结合教育部 1998 年颁布的新专业目录，将原有 16 个工科专业的教学计划归并为 9 个宽口径专业的教学计划，形成了 9 个宽口径专业。对这 9 个专业的教学计划，本着探索人才培养新模式的精神，于 1997 年和 1999 年先后进行了修订。新的人才培养计划的指导思想主要包括：①实施素质教育，树立质量观，增强适应性。一方面体现进一步拓宽专业口径，另一方面体现扩充非专业、非智力因素的教育要求，把德、智、体、美、劳诸方面的教育，以及社会实践有机统一于教育全过程。②转变传统学习观，树立创新学习观念。③转变专业化教育思想，树立整体化知识教育观念。④转变整齐划一的教育观念，树立特色教育观念。充分利用周边诸多大中型水电工程这一优势，加强实验、实习与实践环节，探索一条校区人才培养的产学研合作的新路。人才培养计划突出了优化知识结构、重视能力培养、全面加强素质教育，将知识、能力、素质教育纳入一起综合考虑的设想。校区在实施新的人才培养模式过程中，采取了一系列配套改革措施，主要有：建立和不断完善学分制，实行主辅修制，开设全校性选修课，进行实验综合

改革，选择试点课程进行教学内容和教学方法的改革，设立课程外学分，加强外语和计算机教学以提高学生外语、计算机的水平等。

（二）加快部颁优秀课程建设的步伐

原葛洲坝水电工程学院的重点课程建设经历了 1992 年到 1995 年的第一轮建设，校区从 1995 年开始继续进行第二轮重点课程建设。至 1999 年底，经评估验收，又有高等数学、电路、机械原理、水工建筑物、大学物理等 5 门课程通过了专家组的评审验收，达到了部颁一类课程（部优质课程）标准，另有 11 门课程达到了部颁二类课程标准；1997 年，工程地质、高等数学两门课程还被评为湖北省优秀课程。这是一个持续不断的建设过程，1999 年以后，仍有一批重点课程在继续按部颁一类、二类标准进行建设。通过课程建设，不仅使立项建设的课程教学质量、教学水平有了明显提高，而且带动了全校所有课程的建设，为全面提高本科教学质量奠定了良好基础。

（三）推进优秀生特殊培养计划

1997 年，校区在水利水电建筑工程专业和电力系统及其自动化专业，选拔了部分优秀学生，试办了两个优秀学生试验班，进行特殊培养。这是树立特色教育观念，贯彻因材施教原则，培养拔尖人才的一次试验。校区为此制订了专门的培养计划，按照超常规的方式，高起点、高强度、高标准地进行培养，并在图书借阅、上机训练、参加科研活动等方面提供必要的方便，目的是能为国家培养出一批综合素质优良的高级专门人才，同时为校区的人才培养探索出一条成功的路子。从平时的表现和学习成绩看，试验效果较好。

（四）以加强实验室建设和网络建设为重点，着力提高实践教学质量

实践教学环节是校区全面加强素质教育的新课程体系中一个重要层次，是通过实践、实验、实习以提高学生的实践能力和创新能力的重要环节。

校区采取措施加大实验室建设的力度。为了更好地发挥实验室的综合效益，校区将原来的一些实验室进行调整、归并，整合成为 19 个综合实验室，在整合的基础上加大对实验室建设的投入，投入近 200 万元，购置了 PANDA 动力触探仪、地震仪、声波仪、光弹实验仪等先进实验研究设备，建设了先进的防灾减灾工程综合实验室；1992 年以后投入近 300 万元，建设水工实验大厅和省部重点学科"水工结构工程"实验室；投入 100 余万元建设的继电保护综合实验室达到国内

先进水平;先后投入300多万元建成了居国内领先水平的水电站仿真实验室;投入近200万元建设了有光时域反射仪、光纤全自动熔接机、稳定光源等一批先进实验研究设备的岩土工程研究中心;投入260万元建设了高性能微机工作站、先进的测试系统与数据自动采集仪和万能试验机等实验研究设备的现代设计与制造技术实验教学中心。其中水电站仿真实验室和岩土工程研究中心获准成为部省级重点实验室,物理实验室已建成为全开放式实验室,机械实验教学中心、电气实验教学中心建成为准开放式实验室。校区还建有金工实习工厂。校区内的实践教学场地总面积达17182平方米;教学、科研实验实习的仪器设备总资产达4331万元,生均达11741元,超过国家规定的普通高校生均合格标准5000元的1倍多;有专职的实验人员60多人。各实验室的实验开出率,按教学大纲的要求,总体上能开出实验总数的90%以上。加大实验室建设力度,实验室建设取得突破性成绩,是1996年成为宜昌校区后的一大特色,为提高学生动手能力、实验能力创造了良好条件。

从1997年起,校区加大对计算机网络系统等现代化教学手段和服务设施的投入。校区校园网建设于1997年5月启动,通过专家论证、项目招标、项目建设,在半年多时间内建成了三峡地区第一个以ATM为主干技术、高性能服务器SUN Netra为支撑的网络系统,网络覆盖了整个校区。随后进一步建成了与中国教育和科研计算机网及国际互联网联通的校园网。校区图书馆藏书已达46万册,具有了微机检索设备和管理手段,实现了与校园网联通。建立了校区计算机文献检索中心和中国学术期刊检索咨询一级站,面向教学科研第一线开展光盘检索咨询服务,还相继建成了拥有计算机、多媒体、图形处理、电化教学系统的现代教育技术中心。这些现代化设备,不仅为校区更好地开展教学和科研提供了根本保障,也为增强实践教学环节,提高学生的动手能力、计算机操作水平提供了广阔的平台。这些优越的条件,加上学生的刻苦努力,显现了突出的成效:1999年,校区97级学生参加英语四级国家考试,一次通过率超过66%,比全国重点大学的平均通过率高7个百分点;1999年9月,校区组织张克刚、陶衡、程安宇队,李益遵、隗义陇、莫知伟队,李永庆、钱逢兵、陈方耀队,共三个学生队参加了有279所高校1465个队参赛的"索尼杯"第四届全国大学生电子设计大赛,三个队全部获得湖北赛区一等奖,均被推荐参加12月的全国决赛,张克刚队和李益遵队进入了全国前10名,两个队均获全国一等奖。此前于1998年12月组队参加了全国大学生数学建模竞赛,获得两项湖北省赛区三等奖。这些成绩和殊荣,是校区加强实践性教学环节所取得的丰硕成果。

校区把周边诸多大中型水电站作为教学实习和学生毕业实习的最好基地,每学年在这些基地实习的学生班次约65个，实习学生超过2500人次。每届学生的毕业设计或毕业论文70%以上都与这些水电工程相关，从中选题，在这些实习基地结合水电工程实际进行考察、论证。从1997年起，每年都有一批学生的毕业设计获得电力工业部或校区的优秀毕业设计等级奖。这是校区毕业实习、毕业设计方面的一个显著特色。

二、努力创造条件，稳步发展研究生教育

校区本着"以本科教育为立校之本，研究生教育为强校之路"的办学思路，始终把研究生教育放在重要位置。1997年初，校区专门成立了研究生教育办公室。当年采用与校本部共享硕士点的方式，有12名教师共接收了18名硕士研究生与校本部硕士点的教师联合培养或个人独立培养。1998年，校区独立申报防灾减灾工程及防护工程专业为硕士专业点，经国务院学位委员会评议通过，成为校区第一个硕士点学科专业。1999年，校区独立申报，湖北省同意，又有机械设计及理论专业作为硕士点立项建设。从1998年起，校区有6个硕士专业招生，其中除校区获准的第一个硕士专业外，另5个硕士专业均为与校本部专业共享。这6个硕士专业是：防灾减灾工程及防护工程、水工结构工程、电力系统及其自动化、机械设计及理论、岩土工程、管理科学与工程。至2000年春，这6个学科专业已培养硕士毕业生21人、法国留学生20人，在读硕士研究生20人、博士研究生3人。1995年至1997年还获准连续三年开设在职研究生班，前两届共50人，1997年招收了两个班79人，在校生达129人。

在研究生培养方面，校区坚持"内涵发展，质量第一"的方针，突出一个"严"字，严格遴选研究生导师，注重培养质量。为了确保研究生教育得到稳步发展，校区始终把学科建设放在突出位置。以"211工程"建设为契机，校区6个研究生专业学科建设投入1800多万元，大大改善了校区培养研究生的教学和科研条件。同时注重突出学科专业的特色，充分发挥校区地处我国水电中心，毗邻三峡、葛洲坝、隔河岩等大型水利水电工程的地理优势，强化学科建设。校区还特别注重为研究生提供优良的学习、生活条件，研究生两人一间宿舍，室内配备有586微机，实验室为每个研究生都配有专用微机，在图书馆和校园网使用方面享受教师的待遇。

两校合并对校区研究生教育的发展有着重要影响。在校本部的带动下，按照"统一入口，统一出口，共同培养"的原则，校区的研究生教育起点高、发展快，在较短时间内就初步建立了研究生培养体系和研究生的教育管理办法，并已在研

究生教育方面积累了一定经验。

2000年2月，宜昌校区独立成校后，正式向教育部申报评审6个硕士专业点和硕士学位授予权单位。教育部和国务院学位委员会作为特例，通过了评审，确认了申报的6个硕士专业点，同意提请国务院学位委员会批准学校为硕士学位授予权单位，且"211工程"建设经费也得到保证。

三、加强管理，确保质量，适度发展成人教育

校区的成人教育早在葛洲坝水电工程学院办学时期就有很大发展，但随着干部专修科、专业证书班等成人教育形式的终止，葛洲坝工程局职工大学正式从学院剥离出去，成人教育发展的格局出现很大变化。两校合并后，校区承袭了葛洲坝水电工程学院办函授、夜大学、自修大学、成人自学考试等新办学格局，继续坚持"立足水电、服务电力、面向社会、注重质量"的指导思想，发挥区域和行业优势，使成人教育保持了良好的发展势头。

为了加强对成人教育的管理，1999年12月，校区成立了继续教育学院取代原来的成教中心。继续教育学院是各种形式成人教育的归口管理部门，设有函授部、培训部、自修大学办公室、自学考试办公室等机构。继续教育学院进一步充实、完善了原有的成人教育系列规章制度，坚持制度化、规范化管理，严密组织，严格考核，确保成人教育质量。

普通高等函授教育办有电气工程及其自动化、工程管理、工商管理、工业与民用建筑、机械设计与制造、计算机及应用、工程概预算、财务会计、公关与外贸英语、工业自动化等20多个本科和专科专业，2000年初在册学生2100余人。还在重庆、四川、湖南、陕西、浙江、广东和湖北省内建立了16个函授教学站，为当地的经济建设和社会发展培养了一批专业人才。

校区自修大学的自学考试助学工作有较大发展，电气技术、机电一体化、经济管理、法学、财务会计等长线自考专业的助学，教学组织管理得力，注重质量，通过率高，深受学生好评。1996年，经国家教委高等教育自学考试委员会批准，湖北省高等教育自学考试委员会确定校区为建筑经济管理、公关与企业营销、建筑装饰工程、供用电技术4个应用型专科专业的主考学校，其中建筑经济管理和供用电技术两个专业从1998年开始面向湖北省全省招生开考。1999年，经湖北省教育考试院批准，校区招收了自学考试试点班的计算机网络、建筑工程两个本科专业320人。

校区还承担了监理工程师培训和其他技术培训任务。1997年，经校区申请，

劳动部授予校区为计算机高新技术培训及考试点，湖北省人事厅也授予校区为计算机应用技术培训及考试点，校区为此投入 20 万元，新建了成人教育计算机机房。1999 年 3 月，经湖北省教育考试院批准，校区被指定为全国计算机等级考试考点。

据统计，从葛洲坝水电工程学院举办函授和夜大学以来，至校区续办的 2000 年初已为国家培养、输送了 6000 余名函授、夜大学毕业生。至 1999 年底，不含自考助学生，有脱产的夜大本科在校生 89 人，专科在校生 746 人；本科函授生 56 人，专科函授生 1627 人。在适度发展中，也为校区每年增加自筹资金 100 余万元。校区已形成了以函授教育、自学考试为基础的成人学历教育和以继续教育、岗位培训为发展重点的成人非学历教育的办学体系，为服务国家电力工业和区域经济发展发挥了应有作用。

第四节　围绕教学、科研两个中心，进一步推进队伍建设和教学、科研工作

高等学校是教学中心，又应是科学研究中心，这是衡量高等学校办学水平的一个重要标志。葛洲坝水电工程学院办学 18 年，经过不懈的努力，办学实力大大增强，师资队伍建设和教学、科研工作取得突出的成绩。两校合并进入"211 工程"建设以后，其对师资队伍、教学、科研水平提出了更高的要求。校区在坚持抓教学这个中心的同时，明确提出了"确立科研工作中心地位"。

一、适应全面推进素质教育的需要，努力建设高素质的师资队伍

国家改革的深化和经济的发展，对高等学校提出了以人才培养为中心、全面推进素质教育的新要求。1999 年 6 月，中共中央、国务院发布了《关于深化教育改革全面推进素质教育的决定》，明确提出要以提高学生综合素质为根本宗旨，以培养学生的创新精神和实践能力为重点。与此同时，教育部发布了《关于新时期加强高等学校教师队伍建设的意见》，规定不同办学定位的高等学校应达到的高级职务教师的比例和教师中具有硕士、博士学位的比例。为此，校区在进一步改善师资队伍结构、加紧建设高水平的学术梯队、平稳实现师资队伍新老交替，以及加强师德建设等方面都作了不懈的努力。

(一)加强培训提高

为了提高师资队伍的整体水平,1997年校区恢复了师资培训制度。一是校内培训。1995年至1997年校区获准办了三届在职研究生班,在129名学员中,有近30名是本校区的青年教师。二是派出和鼓励在岗在职进修相结合,至2000年初,有近80名青年教师攻读博士、硕士学位,还有6人被派往国内外进修。至1999年底,校区共有教师374人,其中,45岁以下的中青年教师288人,占77%;有博士、硕士学位者近50%。随着葛洲坝水电工程学院建院初期和中期调入的一批教师逐步退休,以具有博士、硕士学位为主体的中青年教师成为师资队伍的中坚力量,较顺利地实现了新老交替。

(二)努力形成以博士、硕士研究生导师为核心的高层次骨干队伍

在大学校本部的大力支持下,校区充分利用和依靠校本部的师资、人才优势,通过研究生教育专业共享,推出一批有实力的中青年教师与校本部联合培养或独立培养硕士研究生,使这一批教师在培养研究生实践中快速成长起来。从1995年、1996年徐卫亚等三人首批获得硕士研究生导师资格起,至1999年,刘德富、徐卫亚获得了博士研究生导师资格,潘昭汉、李建林、胡翔勇、游敏等25人获得硕士研究生导师资格,校区形成了一支以博导、硕导为核心,具有一批学科带头人或学术骨干的高层次教师骨干队伍。这支骨干队伍中,有15人荣获国务院政府特殊津贴,或被授予有突出贡献的中青年科技专家称号。这是校区办学的中坚力量。

(三)以改革为动力,推进队伍建设

校区在实施深化内部管理体制改革方案中,坚持在编制上严格教师岗位的设置,全部实行聘任责任制;在分配制度上,在校内工资、奖金向教学一线教师倾斜的同时,坚持适当拉开差距,奖优罚劣。对少数不适应校区提高办学层次需要的教师实行分流,改做其他合适的工作。强化竞争机制,在教学、科研上破除论资排辈,鼓励优秀人才脱颖而出,在职称评定、工资、奖金诸多方面给予政策性倾斜。设置了教学改革专项经费,每年拨专款10万元,用以资助教学改革项目。教学改革项目采取立项建设、签订责任书进行管理。设置了"优秀教师奖""青年教师讲课竞赛奖"等奖项,奖励在教学上做出显著成绩的教师。从1996年开始,每年都开展"青年教师讲课竞赛"活动,对获得讲课一等奖的青年教师,在职称、住房等方面给予重奖。青年教师屈琼在1999年讲课竞赛中荣获一等奖,校区授

予她"教学标兵"称号,并根据她的实际需要,奖售三室一厅住房一套,并由校区和所在系部各给予 3000 元奖励。这一举措在教师中引起巨大反响,有效地激励了教师的教学积极性。为稳定基础课教师队伍,保证基础课教学质量,校区对各主要基础课制定了多种鼓励和支持的政策。

(四)加强师德教育

校区在开展精神文明建设活动中,把加强师德建设、提高教师的思想道德素质作为一项重要任务。一是抓《教师法》和《高等教育法》的学习和全面贯彻,要求教师通过学习,熟知"两法"对包括教师职业道德在内的各项要求,认清肩负的重大责任,树立献身教育、爱岗敬业的师德风范,切实做到教书育人,为人师表,当好学生成才和健康成长的指导者、引路人。二是在制度建设上进一步完善"教师工作规范"和教书育人、齐抓共管的系列制度,坚持对教师的年度业绩进行全面考核,将考核结果同职称评定和评先、评奖直接挂钩,实行师德一票否决制。

二、确立科研工作中心地位,促进教学、科研协调发展

1997 年 6 月 5 日,校区召开了两校合并后的首次科研工作协调会。这次会议的主题是就校区今后的科研工作统一思想,明确方向,提出措施。会议达成的一个重要共识就是要在校区确立科研工作的中心地位。林天宝在讲话中说:随着校区跨入重点大学行列,必须要确立科研工作的中心地位,今后要坚持教学、科研两个中心一齐抓,做到教学、科研协调发展。科学研究和教学研究是提高师资队伍素质和全面推进素质教育,提高人才培养质量的重要手段,教学和科研互相促进,相辅相成,因此要下大力气抓好科研,促进学术科研水平大幅度提高。会议确定和提出的主要措施包括:(1)主动服务,积极竞争,适应市场。突出抓好服务三峡工程和服务清江水电开发这两件大事。(2)发挥好校区自身的科研基地作用,特别是随着"211 工程"立项建设的启动,应抓好"水电站仿真实验室""岩土工程研究中心"这样的重点实验室建设及其科研工作。(3)进一步规范科研管理,抓好科研管理的计划立项、过程管理、成果管理等各个环节,修订、完善科研管理规章制度。(4)完善科研激励机制,加强科研经费管理,加强对系(部)和教师、科研人员科研工作的考评力度。(5)重点扶持有学术科研潜力、取得重要成果的青年学科带头人。会后,校区相继出台了《系(部)科研及管理工作考核办法》《国际三大检索论文奖励办法》,并修订、完善了科研管理的其他各项制度。

校区在各二级学院的相关系(部)先后建立了土木工程、电气工程、移民工程、焊接工程、信息工程、网络及多媒体技术、机械工程、水资源应用技术、工程造价等16个专业科学研究所,所长由相关系(部)有造诣的教授、副教授兼任,各科研所设有办公室,配备有少量专职科学技术人员。校区还一直代管着属于原水电部、能源部的劳动保护科学研究所,这是一个有100多名科研人员和其他职工、颇具科研实力的部属科研所。1979年11月水电部委托葛洲坝工程局代建代管,1991年7月能源部、水利部决定委托葛洲坝水电工程学院代管该研究所,设置基层党委,由学院任命党政领导班子。两校合并后,再次明确由宜昌校区代管。该科研所设有防尘防毒、噪声与振动控制、工业卫生与职业病、安全技术、检测中心、建筑规划设计、科技信息7个专业研究室,设有全国公开发行的《水利电力劳动保护》杂志编辑部,还设有劳动环境监测监督站和电力劳动保护培训中心,办有两个经济实体,获得了国家环境防治工程设计乙级证书和湖北省环境评级乙级证书。该科研所在为葛洲坝水电工程学院、武汉水利电力大学宜昌校区的师生提供实验、实习场所,对科研项目和学生的毕业设计、毕业论文给予必要的协助、指导,提供科研、实验设备的使用等方面发挥了重要作用,科研所本身也先后产生了一批重要的科研成果。

1996年以后,校区各系(部)的科研所和教师个人承担的国家重点攻关课题、国家自然科学基金项目,以及其他纵向、横向科研项目,1997年为65项,落实科研经费406.4万元;1988年为78项,落实科研经费503万元;1999年为63项,落实科研经费465.7万元。在完成的科研项目中,获得省部级奖励的有:陈洋波的"水库优化调度——理论·方法·应用",获1997年水利部科技进步二等奖;游敏、郑小玲、郑勇的"金属结构胶接接头性能研究",获1997年电力工业部科技进步三等奖;何薪基、任德记的"清江隔河岩库区重要滑坡的监测分析及预测模型",获1999年湖北省科技进步三等奖;伏义淑、吴汉明的"三峡电站钢衬钢筋混凝土压力管道大比尺结构模型试验研究",获1999年水利部科技进步三等奖;李建林、刘国霖的"长江三峡工程永久船闸边坡卸荷岩体力学研究",获1999年建设部科技进步二等奖。完成的重大科研项目还有:刘德富1997年完成的国家自然科学基金三峡工程重大课题资助项目"神经网络理论与三峡船闸高边坡反馈设计",1998年完成的"三峡大江截留计算机仿真及决策支持系统开发研究""水布垭水利枢纽马崖高陡坡加固优化研究""三峡工程计算机多媒体仿真模拟研究";吴汉昭、田斌、刘德富1996年至1998年单独研究或分别合作研究完成的"长阳三背河水利枢纽溢洪道设计""隔河岩水利枢纽安全监测资料分析""三峡工程大江截流及二期围堰工程基础数据系统""尼泊尔上波迪·柯西水电站工程首部枢纽三维渗流场有限元分析"等。刘德富、田斌还承担了国家"九五"攻关项目"小湾拱坝封拱温度场优化研究"，刘德富承担霍英东基金项目"水利水电工程施工过程计算机多媒体仿真模拟研究"，田斌承担国家重点项目"三峡工程三维实体模型建立"等。由原葛洲坝水电工程学院、原武汉水利电力大学和葛洲坝集团公司合作开展的"三峡电站下游坝面管1∶2大比尺平面结构模型试验研究"，1996年11月下旬经中国长江三峡工程开发总公司技术委员会北京会议评审，给予了很高评价，标志着校区在大型仿真试验方面的研究水平上了一个新台阶。

发表学术论文和出版著作方面，1996年发表论文308篇（三大检索论文2篇）、出版专著或教材10部；1997年发表论文377篇（三大检索论文2篇）、出版著作或教材15部；1998年发表论文440篇（三大检索论文1篇）、出版著作或教材8部；1999年发表论文402篇（三大检索论文2篇），出版著作或教材3部。论文中有42篇获省级论文奖，其中徐卫亚、孙广忠的《链子崖危岩体整治工程地质适应性》，获1998年湖北省优秀科技论文特等奖；朱大林的《门式启闭机门架结构强度可靠性研究》和曹诗图的《梁启超的人地关系研究及学术思想》，分别获得湖北省1998年、1999年优秀论文一等奖；刘德富与罗先启，朱大林与胡宗武，吉培荣与何振亚，游敏、郑小玲和郑勇，徐卫亚与孙广忠，谢守益、许兵和徐卫亚，何薪基与任德记，蔡德所、张继春和刘浩吾等人分别合写或个人撰写的10篇论文，分别获得湖北省1997年、1998年、1999年的优秀科技论文二等奖，还有29篇论文获湖北省1997年、1998年、1999年的优秀科技论文三等奖。

1996年以后，校区的国际合作与学术交流有新的发展。1997年4月，校区与加拿大罗仁田大学共同举办了"中加岩石力学"国际学术会议；与法国克莱蒙大学开展了"动力触探仪"联合研究。1997年10月，陈洋波应邀参加在加拿大举行的第九届国际水资源会议，主持了"三峡工程及长江开发"专题讨论。1996年、1997年徐卫亚连续两次被法国教育部聘为里尔科技大学一级客座教授，并与该大学合作进行"岩石—水—热耦合研究"。1996年，宜昌校区4名青年学者游敏、王苏建、刘乐星、朱志成赴法国瓦朗谢纳大学进行学术交流；12月，曾维强副校长访问了该校。校区还与德国柏林应用科技大学合作进行水科学研究，与荷兰春提大学合作进行"水库优化调度"等合作研究。副校长林天金等4人于1998年6月，应邀访问了德国柏林应用科技大学、柏林工业大学。1999年，校区与法国、美国、荷兰、德国、加拿大、俄罗斯、乌克兰、日本、越南等国的十几所高校签订了合作协议；接受了国外和我国港、台、澳地区的10多个代表团来校区访问或讲学。校区承接葛洲坝水电工程学院与法国瓦朗谢纳大学的合作，两校交流继续深入发展。1998年至1999年，校区在法国瓦朗谢纳大学索艾伦教授的友好合作和通力协助下，争取到了享受法国艾菲尔奖学金的留学名额，先后由校区派出 3 名留学生到法国瓦朗谢纳大学读研究生；校区也先后接纳了 20 名法国留学生，双方互派留学生活动正深入进行。

第五节　保障转制期平稳发展

一、凝聚人心，共同为建设重点大学不懈努力

1996 年，葛洲坝水电工程学院由一所普通高等学校转变为武汉水利电力大学宜昌校区，这是领导体制和组织机构上的重大转变，也为学院提升办学层次，由普通本科高校进入重点大学建设提供了历史性机遇。这一重大转制，受到全学院师生员工的热烈拥护，师生普遍热情高涨。但在两校合并以后，由于校本部在武汉，两校异地办学，交通不便，同时，在专业调整和其他实际运作中也出现一些实际困难和问题。校区党委注重充分调动校区师生员工的积极性，冷静面对、力求妥善解决实际困难和问题，保障宜昌校区在稳定中继续得到全面发展，在实现建设重点大学的目标进程中取得重大成绩。

校区党委主要抓好两方面的工作：

（一）增强组织凝聚力，充分发挥各种组织的作用

首先是始终注重加强校区党委自身建设。校区党委先后出台了《校区党委党建工作责任制》《校区党委议事规则》《关于对领导干部实行诫勉的实施细则》等，坚持党委集体领导，坚持民主集中制，坚持党委领导下的校长负责制，坚持民主生活制度和双重组织生活制度，坚持党委中心组学习制度，保证党委在政治上同党中央保持一致，保持党委成员之间在重大问题认识上、行动上的一致。

校区党委十分重视干部队伍建设和各级党组织建设。两校合并初期，针对干部队伍中对机构变动、干部安置的某些思想疑虑，校区党委召开专门的中层干部会议，进行思想动员和教育，对中层干部提出了坚守岗位、加强团结的具体要求，明确提出了"稳定压倒一切"的口号，要求各级干部必须在各自岗位上大力做好团结稳定工作。随后在办学过程中坚持以改革精神，调整干部队伍，并坚持对处级领导干部加强年度考核。对中层干部坚持开展党性、党风教育，开展了创建"团结、廉洁、实干、开拓"好班子活动，对各党总支和各党支部工作进行定

期评议。坚持在校区党校举办干部轮训班和党员、党的积极分子培训班。在全校区党员中持续开展了"新时代、新要求、新奉献"的大讨论，调动广大共产党员的积极性，切实在转制中发挥先锋模范作用。

坚持推进校区的民主建设，完善教代会制度，充分发挥各级工会组织的作用。两校合并后，1997年至1999年坚持每年召开一次教职工代表大会，发扬民主，接受教职工代表的民主监督。工会参与"公有住房分配办法"和"职工医疗保险制度改革实施细则"的审定和组织实施，开展扎实细致的工作，认真解决教职工的实际问题，为稳定校区大局发挥了重要作用。

校团委和学工处积极探索学生工作和开展学生思想政治工作的新途径，在抓好学生日常行为管理的同时，持续地大张旗鼓地抓以评先创优为主要内容的"310工程"。在校团委的组织管理下，校区积极开展第二课堂活动和勤工助学活动，组织学生暑期"文化、艺术、卫生"三下乡等社会实践活动，开展青年志愿者活动。在第二课堂活动中开设"教授专家论坛""厂长经理论坛"，组织对共青团员的教育评议等。生动活泼的各项活动，展现了广大团员青年奋发向上的精神风貌，有效促进了校区的稳定发展。

在全校区上下齐心、共同增强团结、促进稳定发展的工作中，涌现了一批先进单位和个人，受到湖北省和校区党委、行政的表彰。受到省级表彰的有：1996年11月，校区党校被评为全省高校先进党校，党校副校长陈中秋被评为优秀党校工作者；党委办公室主任黄浩被评为全省高校党办先进工作者；宣传部长魏文元，系（部）党总支副书记肖明洲、钟青林被评为全省高校宣传思想工作先进工作者。1996年12月，校区工会副主席杜远堂被评全省高校优秀教育工会工作者。1999年9月，党办的唐培育、校办的徐斯亮分别被评为全省高校党办先进工作者和校办先进工作者。校团委书记何伟军从1997年到2000年1月连续受到奖励：1997年至1999年，他分别与杨雪峰、秦朝均撰写的有关学生思想工作的论文先后获得中国电力教育协会、全国电力高校思想政治教育研究会、湖北省高校政治教育研究会的优秀论文奖；1999年7月他被评为湖北省优秀共青团干部；2000年1月，又被评为全省高校宣传思想教育先进工作者。《武汉水利电力大学（宜昌）报》编辑部也于1997年12月被评为全省高校校报先进集体。

（二）以学习邓小平理论为中心，大力开展精神文明建设

校区党委把组织邓小平理论的学习放在思想建设的首位。在全校区教职工中组织专题学习，在党校举办干部学习班，结合校区实际，深刻领会"发展才是硬道理"的思想。组建特色理论讲师团，发挥校区专家的作用。在对学生进行"两

课"教育中，突出安排邓小平理论的学习教育。校区党委多次召开专门会议，研究落实在"两课"教育中邓小平理论的"三进"（邓小平理论进教材、进课堂、进学生头脑）工作，校区领导亲自参加备课、上课，教学取得良好效果。

校区党委于 1997 年决定将每年 10 月定为"社会主义精神文明创建月"，把群众性精神文明创建活动和树立校区良好形象作为精神文明建设的重点，印发了《关于加强校区社会主义精神文明建设的通知》。后来，校区党委又专门做出了《关于加强校区精神文明建设的决定》，《决定》提出校区精神文明建设要着力于加强师生员工的思想道德建设、校园文化建设、校园环境建设和舆论阵地建设。在精神文明建设中，狠抓校风、教风、学风建设，努力营造良好的育人环境；机关的精神文明建设以转变机关作风为重点，总务后勤则以改善服务、文明服务为重点。适时在庆祝党的十五大、新中国成立 50 周年等重大活动中开展爱国主义教育。1998 年 10 月，还举办了办学 20 周年活动，极大地鼓舞了广大教职工。

二、二次转制，独立成校，为新的合并作准备

2000 年 2 月 12 日，国家电力公司任命曾维强为武汉水利电力大学（宜昌）校长。2 月 18 日，汪仲友、曾维强奉命到北京参加国家电力公司召开的所属高等学校体制调整工作会议。会议传达了国务院 2 月 15 日召开的各省、部主管教学领导参加的有关会议情况。在国务院召开的会议上，传达了《国务院办公厅转发教育部关于调整国务院部门（单位）所属高等学校管理体制和布局结构的实施意见》（国办发〔2000〕11 号），文件确定武汉水利电力大学宜昌校区正式同武汉水利电力大学分离，独立成校，领导体制调整为"中央与地方共建，以地方管理为主"，即以湖北省政府管理为主。为此，国家电力公司陆延昌副总经理在会上正式宣布，武汉水利电力大学（宜昌）从此是一所独立高校。他要求武水（宜昌）要认真做好再一次体制转轨的思想政治工作，妥善解决分离后的有关问题，做到平稳过渡。2 月 22 日，湖北省政府召开高校体制调整工作会议，湖北省政府正式接手直接管理武水（宜昌）。会上，湖北省政府领导向参加会议的汪仲友、曾维强表示热烈欢迎。2 月 27 日至 28 日，湖北省副省长王少阶率省教育厅路钢厅长及省政府有关干部 12 人专程到校检查指导工作，听取学校情况汇报，就一些实际问题现场研究解决办法。

面对学校由部属高校转制为省属高校，由重点大学转换为普通本科大学，中层干部和教职工情绪上有一些失落，思想上有一些疑虑。学校领导班子敏锐地抓住这一思想问题，召开党委扩大会和中层干部大会。组织大家学习国务院文件，

引导大家认识第二次转制，是国家在 21 世纪之初调整部属高等学校管理体制和布局结构的一项重大举措，应当立足全局，拥护国家的决策；同时一致认为这是学校继续发展的一次难得机遇和挑战，一定要认清形势，统一认识，抓住机遇，坚定信心，团结奋斗。党委要求各级领导干部和各党总支、党支部一定要顾全大局、负起责任，团结、带领全校师生员工立足岗位，积极工作和学习，确保学校在新的转制中平稳过渡。

学校仍称为武汉水利电力大学（宜昌），独立运作。因此，校内的教学和行政工作没有变化。学校党委和行政在保障正常的教学和工作秩序的同时，着重是抓好思想教育。全校师生员工从没有思想准备的突然性状态，通过教育和学习，以平和的心态拥护并适应这次变革和转制，学校保持了平稳发展的良好局面。

学校的第二次转制实际上是国家从整体上调整高等学校管理体制和布局结构的一个过渡性阶段。2000 年 5 月 25 日，湖北省人民政府发布《关于组建三峡大学的通知》，并转发了教育部《关于武汉水利电力大学（宜昌）与湖北三峡学院合并组建三峡大学的通知》文件。在几个月时间内学校开始了第三次转制。这次转制是全新的起点，学校进入了一个新的历史性发展进程。

从 1978 年葛洲坝水电工程学院建校到 2000 年 6 月合并成为三峡大学，经过 22 年的创业和奋斗，学校从小到大，由弱到强。校园占地从最初约 110 亩发展到 460 亩，校舍建筑面积从 3300 平方米增至超过 20 万平方米；教职工从 70 余人增至 914 人，其中教师从 23 人发展到 374 人，并且从最初没有一名中级职称以上的教师，发展到有教授、副教授 179 人，形成了一支以博士生导师、硕士生导师和一批具有博士、硕士高学历教师为中坚的梯级教师队伍；教学、学术和科研上取得诸多突出成果；图书馆建成为湖北省优秀图书馆，实验室建成了数个省部级重点实验室；办学专业形成了以工科类水、机、电专业为主，管、文、经、艺术等学科门类兼有的系列；办学层次发展到以本科为主，同时办有研究生教育并培养国外留学生；办学形式发展到多层次、多形式的格局；办学规模发展到有在校本专科学生、研究生、留学生 3800 多人。22 年间，培养了研究生、本科、专科、成人教育等各类毕业生近万人。1996 年与武汉水利电力大学合并成为宜昌校区后，学校以进入"211 工程"建设为契机，按照重点大学的目标进行建设，取得了许多实质性的重大进展，进一步增强了办学实力。学校以骄人的成就告别过去，以坚实的步伐迎接崭新的未来。

附录1 武汉水利电力大学(宜昌)
历届校领导名录

一、葛洲坝水电工程学院(1978年4月至1996年7月)

姓 名	职 务	任 职 时 间
张 浙	(葛洲坝工程局党委书记) 党委书记(兼)	1978年11月至1979年12月
吴玉田	党委副书记	1978年11月至1982年8月
易运堂	党委副书记	1978年11月至1981年3月
沈国泰	副 院 长	1978年11月至1986年2月
孟昭峰	副 院 长	1978年11月至1982年8月
黎锋瑞	副 院 长	1978年11月至1982年12月
刘书田	(水利部副部长、 葛洲坝工程局党委第一书记) 党委书记(兼)	1980年1月至1982年5月
陈培根	副 院 长	1980年7月至1982年11月
陈启新	党委副书记 副 院 长	1981年11月至1987年8月 1987年8月至1996年7月
盘 石	副 院 长	1981年11月至1984年10月
郭光先	副 院 长	1982年2月至1984年10月
赵 树	党 委 书 记	1982年5月至1987年8月
吴国栋	院 长	1984年5月至1990年8月
曾德安	党委副书记	1985年5月至1990年8月

续表

姓　名	职　　务	任 职 时 间
徐大平	副　院　长 院　　长	1985 年 5 月至 1990 年 7 月 1990 年 8 月至 1993 年 11 月
纪万松	副　院　长 代理党委书记 党 委 书 记	1986 年 6 月至 1987 年 7 月 1987 年 8 月至 1991 年 7 月 1991 年 8 月至 1996 年 7 月
徐治平	副　院　长 院　　长	1990 年 8 月至 1993 年 11 月 1993 年 12 月至 1996 年 6 月
汪仲友	党委副书记	1991 年 8 月至 1996 年 6 月
曾维强	副　院　长	1993 年 12 月至 1996 年 6 月

二、武汉水利电力大学(宜昌)(1996 年 7 月至 2000 年 6 月)

姓　名	职　　务	任 职 时 间
汪仲友	武汉水利电力大学党委副书记 兼宜昌校区党委书记	1996 年 7 月至 2000 年 6 月
林天宝	武汉水利电力大学副校长 兼宜昌校区校长	1996 年 7 月至 1999 年 12 月
曾维强	武汉水利电力大学副校长 负责武水(宜昌)行政工作 武汉水利电力大学(宜昌)校长	1996 年 7 月至 2000 年 6 月 1998 年 11 月至 2000 年 2 月 2000 年 2 月至 2000 年 6 月
杨　锋	党委副书记	1996 年 7 月至 2000 年 6 月
刘德富	副　校　长	1998 年 7 月至 2000 年 6 月
焦时俭	副　校　长	1998 年 7 月至 2000 年 6 月

附录2 武汉水利电力大学(宜昌) 机构设置一览表

一、党群系列

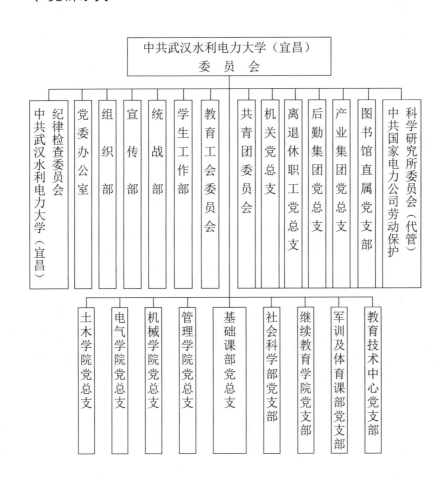

（图中文字）

中共武汉水利电力大学（宜昌）委员会

中共武汉水利电力大学（宜昌）
纪律检查委员会
党委办公室
组织部
宣传部
统战部
学生工作部
教育工会委员会
共青团委员会
机关党总支
离退休职工党总支
后勤集团党总支
产业集团党总支
图书馆直属党支部
中共国家电力公司劳动保护科学研究所委员会（代管）

土木学院党总支
电气学院党总支
机械学院党总支
管理学院党总支
基础课部党总支
社会科学部党支部
继续教育学院党支部
军训及体育课部党支部
教育技术中心党支部

二、行政系列

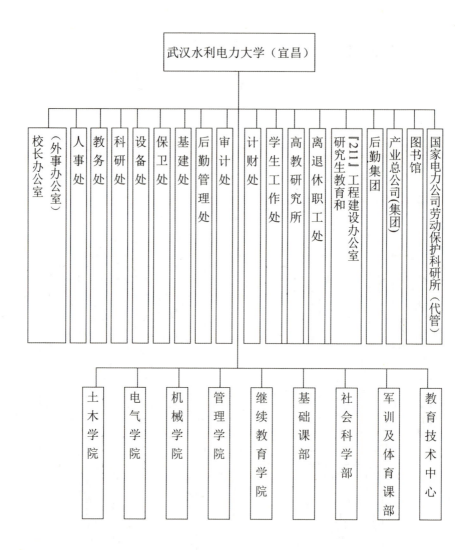

附录3 武汉水利电力大学(宜昌)
专业设置一览表

院 校 时 间	专业设置名称	学制
武水(宜昌)本科专业 (1996—2000)	建筑工程、水利水电建筑工程、水利水电工程施工、火电厂建筑工程、机械设计与制造、焊接工艺及设备、机械电子工程、设备工程与管理、电力系统及其自动化、工业自动化、电力安全工程、基本建筑管理工程、市场营销、行政管理、工业设备安装工程、管理工程、人力资源管理、环境艺术设计	4
武水(宜昌)专科专业 (1996—2000)	输电线路工程、旅游与饭店管理、发电厂及电力系统、电气技术、工程概预算、区域经济规划与开发、财务会计、文秘、焊接工艺及设备、安全工程、房地产经营与管理、市场营销	3

附录4 武汉水利电力大学(宜昌)普通本专、招生、在校生一览表

项目 年度	毕业人数		招生人数		在校生数	
	本科	专科	本科	专科	本科	专科
1978			124		124	
1979			164	198	288	198
1980			176		462	
1981			171	37	632	37
1982	123		163	25	668	102
1983	156	43	213	43	710	113
1984	164	47	285	19	839	84
1985	174	24	318	105	984	167
1986	154	41	307	109	1126	224
1987	200	17	300	138	1211	339
1988	271	90	318	236	1255	481
1989	306	94	279	241	1218	615
1990	277	125	320	255	1228	721
1991	297	228	309		1240	493
1992	314	234	434	409	1387	914
1993	275	244	478	472	1590	1140
1994	272	246	512	368	1774	1230
1995	342	408	617	301	2040	1091
1996	422	434	773	171	2384	815

续表

项目 年度	毕业人数		招生人数		在校生数	
	本科	专科	本科	专科	本科	专科
1997	450	311	776	37	2704	517
1998	483	285	785		2986	204
1999	657	170	1197		3520	34
2000						

编　后　记

　　抚今追昔，感慨万千，每当我们追忆那似水年华时，心里总随着时代的变迁而升腾，时感自豪，时感深沉，那一首首交响曲，陈述着学校过去的历史，那一首首奏鸣曲，奏响了学校走向新世纪的辉煌乐章。肇始于 1923 年的三峡大学，迎来了她成长百年的难忘时刻，迎来了她发展的最好时期。在这难忘时刻，学校组织编修的《三峡大学校史》(以下简称《校史》)出版了，以此奉献给全校师生员工，奉献给海内外的广大校友，奉献给关心、支持学校建设与发展的各级领导和社会各界人士。这是一次新的尝试，尽管这次尝试可能十分稚嫩，但她却倾注了学校领导、各有关单位(部门)及广大编修人员的心血和努力。

　　其一，学校党政领导均十分重视编写出版工作。为编写《校史》，学校主要负责同志亲自过问，分管校领导具体负责，宣传部、档案馆组织实施。从编写体例、编写大纲入手，多次讨论、反复研究；及时解决编写过程中的实际困难，及时协调学校各方面支持配合；采用多种形式，收集资料，组织撰写，审查、修订初稿，为编写工作的顺利进行夯实了坚实基础，发挥了十分重要的组织保障作用。

　　其二，学校各有关部门、单位给予了大力支持和配合。根据《校史》编撰的要求，学校各有关部门、单位积极主动配合。每个单位确定一名负责人和一名工作人员负责此事：或提供资料，或拟订有关方面的初稿，或参与讨论，或积极提出建设性的意见。《校史》是广大干部、职工集体智慧的结晶。

　　其三，编写小组及编写人员付出了辛勤劳动，尤其是对历史资料的收集、甄别、整理，下了很大功夫。为了对历史负责，编写组的同志对《史迹钩沉》中涉及的 20 多个办学实体的历史发展脉络，重要的时间关节点，坚持求真务实的态度，务求逐一查证落实，尤其重要的是对以下两项重大史料的查证：

　　一是对宜昌医学高等专科学校历史源头及其发展脉络进行了全面调查、考证。宜昌医学高等专科学校在 1996 年并入湖北三峡学院之前，多次写有简要校史，都是以 1949 年 12 月成立的湖北省公医专科学校为最早源头，但也曾根据老职工的回忆而写了未查到史料的"博医技专"和中南卫生专科学校为另一历史源头的存疑。档案馆和编写组的同志从记载的存疑入手，首先在湖北省档案馆和湖北中医学院获得重要历史资料和重要线索，循着线索，查询了中央档案馆，先后派人到合肥、南京、重庆、武汉等地的档案馆、有关医院和学校收集资料，实地考察，从"博医技专"到中南卫生专科学校，到中南卫生干部进修学校和湖北省卫生干部进修学校，直到与湖北省医学专科学校合并成为武昌医学专科学校的历史发展进程中的各个时段，都获得了准确的史料，形成了系统的历史链条，将宜昌医学高等专科学校的历史源头追溯到了1923年。

二是对宜昌师范高等专科学校的源头丰富了重要史料。宜昌师范高等专科学校的源头是成立于1946年的宜都师范学校，但宜都师范学校成立的历史背景、缘由，原有的史实不够准确；该校成立后有以学生运动为特征的活跃的革命活动，只有传闻而未获实据。编写组的同志先后多次到宜昌市图书馆、宜昌市公安局、宜都市图书馆、宜都市公安局、宜都市政协史志办收集和查证史料，尤其是通过宜都市公安局、史志办的渠道，获得了十分珍贵的宜都师范学校成立前后的史料，包括参加学校革命活动当事人的革命回忆录、政协系统中当时国民党阵营有关人士写的文史资料以及1949年后对敌特人员的审讯记录资料等，使宜都师范的史实得到了确证。

《三峡大学校史》的编写是建立在广泛收集历史资料，认真进行历史考证的基础上的。

《三峡大学校史》之《史迹钩沉》，2005年由裴玉喜、张磊生撰写初稿，裴玉喜统稿，金道行文字校核。2022年，校史编修组在广泛征求意见的基础上进行了修订。

《三峡大学校史》之《史绩新萃》由校史编修组撰写。

图片资料来源于宣传部、档案馆。宣传部、档案馆、编写组的人员为搜集历史资料、图片，得到了湖北省档案馆、南京第二历史档案馆、重庆市档案馆、武汉市档案馆、华中科技大学协和医院档案馆、湖北中医学院档案馆、合肥市档案馆、安庆市档案馆、宜昌市公安局综合档案室、宜都市档案馆、宜都市公安局史志办公室、重庆市第五人民医院等单位协助。在此，深表谢意。

在编写《校史》和筹办校史馆的过程中，还得到了兄弟院校的支持，他们为我们提供了宝贵的经验。在此对云南师范大学、云南大学宣传部、上海交大档案馆、南京大学档案馆、重庆大学档案馆表示衷心的谢意。

在《校史》编写、出版的过程中。我们衷心感谢原宜昌医专、宜昌师专、宜昌职业大学、湖北三峡学院、武汉水利电力大学(宜昌)及三峡大学历届领导和各部门(单位)、各学院的负责人，感谢他们多方面的帮助和支持。一部分专家、教授也对本书提出了许多补充修改意见和建议,使其不断完善。在此,向支持和帮助过本书编写的所有人员表示诚挚的谢意!

　　尽管我们尽了最大努力,但由于水平有限,对史料的收集和考证也难免有疏漏和不妥之处,敬祈全校师生员工、校友、各级领导和老同志们提出宝贵的意见和批评,以作为今后再次修订、出版本书之参考。

三峡大学校史编修组

2022 年 12 月